高等院校旅游专业系列教材

旅游经济学

（第四版）

徐虹　秦达郅　编著

南开大学出版社

天　津

图书在版编目(CIP)数据

旅游经济学 / 徐虹，秦达郅编著. —4 版. —天津：南开大学出版社，2016.6(2023.1 重印)
高等院校旅游专业系列教材
ISBN 978-7-310-05106-9

Ⅰ. ①旅… Ⅱ. ①徐… ②秦… Ⅲ. ①旅游经济学－高等学校－教材 Ⅳ. ①F590

中国版本图书馆 CIP 数据核字(2016)第 102896 号

旅游经济学(第四版)
LÜYOU JINGJIXUE (DI-SI BAN))

南开大学出版社出版发行
出版人:陈 敬
地址:天津市南开区卫津路 94 号 邮政编码:300071
营销部电话:(022)23508339 营销部传真:(022)23508542
https://nkup.nankai.edu.cn

天津泰宇印务有限公司印刷 全国各地新华书店经销
2016 年 6 月第 4 版 2023 年 1 月第 8 次印刷
230×170 毫米 16 开本 17.25 印张 315 千字
定价:50.00 元

如遇图书印装质量问题，请与本社营销部联系调换，电话:(022)23508339

前　言

随着 21 世纪的到来，我国旅游业进入快速发展期。迅猛发展的旅游业不仅带来了巨大的旅游客流，而且也极大地促进了旅游供给规模的扩大和旅游供给结构的多元化。伴随着旅游供求的剧烈变化，旅游供求矛盾也在激化，如何应对新形势下旅游供求矛盾，借鉴国内外旅游发展中的经验，提高对实践中出现的新问题、理论研究中的新课题的认识水平成为学习旅游经济学的必然要求。为此，在此次修订中，没有对教材结构做调整，因为我们认为该书的结构设计逻辑还是有道理的，即以旅游活动的时空变动为基础，以旅游供求矛盾及其调节和调节效应为主线的分析思路，如旅游活动是旅游客源地的旅游需求者前往旅游目的地消费旅游供给品的过程，并由此产生了各种经济关系与经济矛盾，对这些矛盾进行市场调节和政府宏观调控，实现旅游经济活动主要利益相关者的利益均衡，促使旅游经济发展实现可持续发展目的。而随着旅游经济全球化发展的进程不断推进，这种可持续发展目标的实践过程需要在全球化视野下展开分析才更加贴近实际，也更有价值。当然在继续保持原有教材基本框架下，此次修订也做了相应调整和补充完善。一方面，在每章开始增加了一个案例导学，紧扣该章的主题，引发学生从实际案例中思考该章的主题；另一方面，在各章中增加了一些国内外实践经验的分享，供学生们学习思考，并从思考中形成自己的观点和看法。由此锻炼学生举一反三的能力和习惯。

本书的修订思路是由徐虹设计提出的，修订初稿由秦达郅博士完成，终稿由徐虹进行审校、修改和排版等。在本书的修订过程中，得到了南开大学出版社王冰老师的帮助和支持，在此对以上参与者一并表示感谢。

受作者水平所限，奉献给读者的《旅游经济学》难免会有一些不足之处，欢迎读者不吝指正，以便今后修订时改正。

徐　虹

2016 年春于南开园

目　录

第一章　旅游活动与旅游经济活动

【案例导学】

2012 年，我国旅游业总体保持平稳较快发展。国内旅游市场继续较快发展，入境旅游市场基本持平，出境旅游市场继续快速增长。全国国内旅游人数 29.57 亿人次，收入 22706.22 亿元人民币，分别比上年增长 12.0%和 17.6%；接待入境旅游 1.32 亿人次，实现国际旅游（外汇）收入 500.28 亿美元，分别比上年下降 2.2%和增长 3.2%；中国公民出境人数达到 8318.27 万人次，比上年增长 18.4%；全年实现旅游业总收入 2.59 万亿元人民币，比上年增长了 15.2%。

1. 国内旅游。全国国内旅游人数 29.57 亿人次，比上年增长 12.0%。其中：城镇居民 19.33 亿人次，农村居民 10.24 亿人次。国内旅游收入 22706.22 亿元人民币，比上年增长 17.6%。国内旅游人均花费 767.90 元。在春节、“十一”两个“黄金周”中，全国共接待国内游客 6.01 亿人次，实现旅游收入 3119.00 亿元人民币。

2. 入境旅游。入境旅游人数 1.32 亿人次，比上年下降 2.2%。入境过夜游客人数 5772.49 万人次，比上年增长 0.3%。国际旅游（外汇）收入 500.28 亿美元，比上年增长 3.2%。

3. 出境旅游。2012 年，我国公民出境旅游市场继续快速增长，旅游目的地不断增加。我国公民出境人数达到 8318.27 万人次，比上年增长 18.4%。出境首站人数列前五位的国家和地区是：中国香港、中国澳门、韩国、中国台湾、泰国。2012 年经旅行社组织出境旅游的总人数为 2830.57 万人次，比上年增长 40.0%。

资料来源：中华人民共和国国家旅游局. 2012 年中国旅游业统计公报，2013（9）.

【学习目的】

通过本章的学习，认识旅游经济活动与社会经济发展水平之间的关系；了解旅游经济活动的特点及其运行条件；认识现代旅游经济发展的地位和作用；了解全球化背景下世界旅游经济发展的基本趋势；掌握旅游经济学研究的对象、任务和内容；了解旅游经济学的学科地位和研究方法等。

第一节 旅游经济活动的产生与发展

一、旅游活动与旅游经济活动

旅游是旅行与游览的结合，其中旅行是手段，游览是目的。旅游活动就是以游览为目的的旅行，是人们出于各种个人的或社会的动机，离开惯常环境到另一地区或国家旅行游览一段时间再返回原居住地的整个过程。

旅游活动就其性质来说，是一种以游客为主体，以旅游资源和旅游设施为客体，通过游客的流动来实现的一种社会经济文化活动。这种流动不是简单的空间位移，而是以固定居住地为轴心向外延伸，并为满足个人消费需要而进行的一种活动。也就是说，它是“非定居者的旅行和暂时居留而引起的现象和关系的总和”（亨泽克尔和克雷夫）。作为一种社会活动，它体现了人与自然、人与社会以及人与人之间复杂的关系。

旅游活动转变为旅游经济活动是市场经济发展到一定阶段的产物。在早期人类社会发展中，由于受到生产力发展水平的限制，旅游只是一小部分人的活动，尚未作为一种广泛的社会现象存在。一方面，早期还没有形成社会化大生产，财富的增长尚不充分，从支付能力和闲暇时间上还不具备必要条件；另一方面，在自给自足的自然经济条件下，人们的消费意识和价值观念还没有根本变化，还处于追求物质资料享受的阶段，从主观动机上还不成熟。如中世纪的学生旅游、十字军东征和欧亚朝圣。只有到了18世纪英国产业革命后发展起来的市场经济社会中，旅游活动才成为一种广泛的社会现象，旅游经济活动就是在旅游活动社会化过程中发生的。在市场经济条件下，游客消费需求的满足必须通过向旅游经营者购买活动来得以实现，旅游经营者也只有通过将旅游服务产品卖给游客才有可能盈利。游客与旅游经营者之间这种供需关系既是旅游活动向旅游经济活动转化的反映，也是推动旅游经济发展的动力。由此可见，旅游经济活动就是在旅游活动商品化的基础上所形成的各种经济现象和经济关系的总和。

二、旅游经济活动的产生

资本主义社会之前的各种社会形态下的经济结构中，商品经济始终处于从属地位。反映在旅行活动中，除经商旅行外，不少旅行活动并未发生商品交换关系，如帝王将相的巡游、僧侣和教徒的宗教朝拜、远涉重洋的探险等，有的是下属州县承担旅行费用，有的是行万里、吃八方，有的是自带干粮。因此，这类旅行活动对社会经济发展的推动作用是有限的。

历史证明，旅游经济活动是建立在旅游活动产生和发展的基础上的，而旅游活动则是以商品经济的发展为前提的。

18 世纪 60 年代，英国首先开始了产业革命，使以前的工场手工业生产转变为工厂式的大机器生产，大大促进了劳动生产率的提高。而生产的发展，一方面需要消耗和运输更多的原料和燃料，另一方面大量的产品也需要运送到各地销售，从而推动了交通运输的革命性变革。1804 年火车出现了，1807 年第一艘蒸汽发动的轮船也诞生了。可以说自 18 世纪 60 年代至 19 世纪初，英国的产业革命已遍及纺织、采掘、冶金、化学、机器制造等行业。伴随着产业革命范围的不断扩大，社会经济结构发生了极大的变化，一方面产业革命的成功为资本主义的大发展奠定了物质基础，促使经济的发展速度更快；另一方面又大大推动了商品经济的发展，使商品经济在社会经济中居于支配地位。据麦迪逊教授的研究显示，西方资本主义发达国家在公元 1000 年时，其国内生产总值不到世界国内生产总值的 12%；到 1820 年该比重已提高了一倍，上升到 25%；而到了 1950 年时，则进一步上升到 57%。生产的迅速发展，促进了城市化程度的提高，大批农村人口流入城市成为雇佣大军，彻底摧毁了封建经济的根基，使资本主义的商品经济获得了空前发展。

产业革命给社会经济带来的巨大变化也为旅游业的产生和发展以及旅游经济活动的产生和发展创造了必要的条件，具体表现为：

1. 改变了人们的消费观念。产业革命以后，随着一批新兴资本家的出现以及产业工人的不断增加，在生产率不断提高、机器对人类的异化加剧、财富日益增加等因素的作用下，人们的消费观念在潜移默化中发生着剧烈的变化，人们渴望外出去放松身心、扩展业务、逃避现实等，从而在某种程度上奠定了旅游活动的主观基础。

2. 为人们外出观光、度假旅游奠定了经济基础。据麦迪逊教授的计算，1820 年至 1915 年，世界人均国内生产总值平均每年增长 1.17%，而人口平均只增长 0.96%。其中在 19 世纪，欧洲的人均收入提高了两倍，美国的人均收入甚至提高了三倍。这是产业革命前的人类历史上所不曾有过的。居民收入水平的快速提高使人们出外旅游具有了支付能力，如 1845 年托马斯·库克旅行社刚刚成立，就一次组织了 350 人乘火车从莱斯特经曼彻斯特、爱丁堡到格拉斯哥的长途旅游。到 1875 年，英国全年客运周转量已超过 1.6 亿人公里。

3. 快速的交通运输为旅游活动的开展提供了便利。1825 年英国人斯蒂芬森建造了世界上第一条铁路，至 1865 年，英国铁路总长已达 21382 公里。在水路运输上，1820 年横跨英吉利海峡的蒸汽轮船正式开办班期航运，1838 年起，英国开辟了横越大西洋、太平洋的定期航线，不仅为人们在英国国内旅游创造了良好条件，而且为欧美大陆之间的旅游活动的开展提供了便利。

4. 促进了旅游服务机构和设施的完善以及服务质量和舒适程度的提高。首先，在旅游服务机构方面，自 1845 年托马斯成立了世界上第一家旅行社起，欧洲和北美的不少国家以及东方的日本先后组建了旅行社或类似的旅游机构。旅游业务从一日游发展为包价旅游，从国内游扩展为全球游。为方便旅游活动的开展，还相继编印了旅游报纸，发行了火车环游票、旅馆住宿代用券和旅行支票，不仅扩大了旅游的规模和经营范围，而且为旅游业成为一个世界性行业奠定了基础。其次，在住宿和餐饮业方面，设施齐全舒适的旅馆取代了简陋的小旅店，自 1774 年美国波士顿建成了带有室内卫生间、私人餐厅、宴会厅、舞厅、弹子房等设施拥有 300 间客房的纽约城旅馆起，至 1902 年美国全国已建起 50 间以上客房的旅馆 15135 座。在英国，铁路车站附近也建有许多大旅馆。这些旅馆不仅为客人提供了比以前更为舒适的住宿条件，而且在餐饮上也更为考究。与此同时，餐饮业也迅速发展起来，不仅咖啡屋、酒吧和餐馆比以前更多，而且餐饮设施和服务也大为改善。这些都为旅游活动的开展创造了舒适和便利的条件。最后，在娱乐业方面，不仅一些旅馆附设有相应的娱乐设施项目，而且一些海滨度假地的建设也陆续出现，如 1846 年，位于英格兰西海岸的布莱克普建起了海滨修养地。这些设施的建设不仅为人们提供了观光度假的场所，而且进一步推动了旅游活动的开展。

上述情况表明：一方面，产业革命除大大推动了社会生产力的发展和社会经济的变革之外，也促进了旅游活动的产生和发展，使更多的人参与到消遣性旅游中来；另一方面，产业革命促进了旅游需求和旅游供给对应局势的形成，即社会上不仅出现了具有一定支付能力的旅游需求，也出现了满足需求的旅游供给行业体系；另外，在旅游需求和旅游供给中起桥梁作用的旅行社也产生了，它们以盈利为目的，将旅游这一社会现象作为经营对象，从而导致旅游业这一新兴行业崭露头角。并在旅行社的推动下，形成了旅游活动中更为广泛的旅游经济行为和经济关系。

三、旅游经济活动的发展

19 世纪末期以后，尤其是 20 世纪 50 年代以来，由于科学技术的进步和世界经济的快速发展，西方发达国家的人均收入迅猛增长，闲暇时间不断增多，促使旅游活动逐渐演变为一种范围广泛的大众性消费活动，从而呈现出新的发展特征。具体来说，可以概括为以下几个阶段：

1. 初步发展时期。这个时期，虽然资本主义世界经历了1929年至1933年的经济大危机和两次世界大战，旅游活动受到很大冲击，然而从整个时期来看，由于新的科学技术在生产中的应用，西方资本主义国家仍然取得了较快的发展。新的科学技术的应用主要表现在被人们称之为第二次产业革命的电力的应用，不仅导致了相关电气机械产业的诞生和发展，而且也带动了其他产业的发展，促进了劳动生产率的大大提高。与旅游密切相关的交通运输也发生了革命性的变革，自1885年发明了用内燃机为动力的汽车后，1879年德国西门子公司研制了世界上第一台电力机车，美国通用电器公司1905年制造了世界上第一台内燃机车，使铁路运输效率大为提高，水陆运输方面，英国人帕森斯于1896年发明了汽轮机船，20世纪初效率更高、油耗更低的柴油机船问世了。更为重要的是，1903年美国人莱特兄弟成功地试制了世界上第一架飞机，随后美国和欧洲一些国家先后成立了航空公司，开始了定期航班客运，从而揭开了航空运输的历史篇章。

鉴于需求的增长和供给条件的改善，这一时期不仅旅游人数大量增长，而且旅行方式也日趋多样化。由此形成了旅游经济活动的新发展，即旅游需求和旅游供给的矛盾向纵深发展，具体体现在：首先，矛盾牵涉的领域比以前更为广泛，不仅涉及住宿业、餐饮业和铁路运输业，而且还涉及汽车运输、航空运输和水陆运输以及政府部门；其次，旅游活动对社会经济的作用比以前更强，从而引发了政府职能的变化以及行业组织和专家学者的高度重视。

2. 蓬勃发展时期。二次世界大战后尤其是进入20世纪70年代后，世界旅游经济活动进入了大发展时期。这个时期由于许多高新技术如电子技术、信息技术、生物工程技术等运用到生产中，使社会经济获得了快速发展，为旅游经济活动的蓬勃发展奠定了经济基础。与此同时，世界经济更加开放，关贸总协定的签定促进了双边、多边贸易的大发展，为旅游经济活动在世界范围内的蓬勃发展提供了良好的社会环境。

随着大众旅游活动的不断增多，以团队旅游为主的大众化旅游日益占据主导地位，旅游经济在世界经济中不可替代的地位和作用得以确立。进入90年代以后，旅游经济活动在蓬勃发展的基础上又有了新的特征，具体表现在：旅游需求方面日益呈现出需求的个性化、多样化、高标准化和生态化的态势；旅游供给方面则日益呈现出以人为本的发展理念，技术化运用不断加强。伴随着旅游经济活动的蓬勃发展，现代旅游经济的发展具有以下几个特征：旅游经济的地位日益重要；旅游市场竞争日益激烈；旅游需求队伍不断壮大；旅游消费行为日益复杂。

第二节 旅游经济活动的特点及其运行条件

一、旅游经济活动的性质与特点

（一）旅游经济活动的性质

由上面的分析可以看出，旅游经济活动是在旅游活动发展到一定阶段的基础上，围绕着旅游者的活动展开的，因此可以从两个方面来思考旅游经济活动问题：一方面是旅游者的需求及其消费活动中存在的大量经济现象和问题，另一方面是旅游业为满足游客各种消费需求而提供的经营活动中存在的大量经济现象和问题。这两方面综合在一起，构成了包括食、住、行、游、购、娱在内的综合性社会经济活动。虽然旅游者消费活动的目的是追求一种社会文化享受，但在旅游需求决策地做出和消费选择等方面仍然面临许多经济上的问题。从这个意义上说，旅游消费活动是一个包含着经济问题的文化现象。虽然作为旅游服务提供者的活动，离不开深刻文化内涵的挖掘，但其经营目的从根本上来说是要获取利润。从这个意义上说，旅游业经营活动是一个包含着文化问题的经济现象。

如果综合起来进行分析的话，可以从三个方面认识旅游经济的性质：

1. 旅游经济是一种受客源地需求推动的敏感性经济

旅游经济是在旅游活动的基础上产生的，而旅游活动是旅游客源地居民出于某种追求或逃避需要而到异地进行的消费活动。作为一种对服务产品的消费活动，客源地需求形成的推动力对旅游经济的发展起着决定性作用。因为没有旅游需求，任何旅游供给都将因没有服务对象而失去了存在的价值，由旅游供求形成的经济体就难以存在。而客源地的旅游需求是受多因素影响的易变量，任何影响旅游需求的因素（正向或负向）发生作用都会导致旅游经济出现敏感性的反映。换句话说，旅游经济的需求依赖性决定了旅游需求的敏感性必然会影响到对旅游经济性质的判断，从而使旅游经济具有敏感性。

2. 旅游经济是一种受目的地供给约束的波动性经济

为满足游客多方面需要，旅游供给必须依赖于国民经济各部门的配合和支持。社会经济技术发展水平不仅决定了旅游目的地各部门能为旅游供给提供多大的配套能力，而且也制约着各种配套资源的整合水平。相对于物质产品的可储存、可移动特性来说，旅游产品与服务的不可储存和移动的特点就会在旅游供给约束的条件下表现出旅游经济的波动性。

3. 旅游经济是一种受主客文化差异影响的跨文化经济

旅游活动是一种以人的移动为基本特征的消费活动，而人是具有不同文化背景的消费主体和服务主体，在旅游供求矛盾的运动中，这种文化差异不可避免地反映在供给方的产品设计和提供以及需求方的产品消费和体验上。从旅游者的角度来看，旅游是一种社会文化活动，而实现这种文化消费活动必然离不开服务的提供者，作为旅游企业为游客提供服务的同时，必然要求经济上获利。最大化经济利益的前提是能够提供满足游客文化消费特征的旅游服务，所以旅游经济具有跨文化性质。

（二）旅游经济活动的特点

1. 综合性。随着旅游消费的日益个性化和多样化，满足多种消费需求的旅游供给也更加具有多面性和综合性。在产业融合不断加强的今天，这种涉及多部门、多行业、多地区及其交叉融合的综合性旅游经济活动的特征更加明显。

2. 大众性。随着社会经济的发展和人们生活水平的不断提高，不仅支付能力逐步增强，闲暇时间日渐增多，而且人们更加追求精神消费需求，这些都为旅游经济活动的大众化发展奠定了坚实的基础。在新经济时期，旅游活动已成为现代社会人们的一种生活方式。

3. 国际化。旅游经济活动的空间范围受旅游者移动范围的大小影响，在各种内外因素的有利作用下，旅游经济活动已超越国家的界限，无论是旅游消费活动还是旅游企业经营活动，都已成为一种全球性国际化的活动。

二、旅游经济活动的运行条件

旅游经济活动的运行条件无外乎从两个方面进行分析：一方面是旅游需求，另一方面是旅游供给。因为旅游供需矛盾是旅游经济运行的基本矛盾，供求矛盾能否在一个合理的空间健康运行，将决定旅游经济自身的发展前景。因此，深入研究旅游经济的运行问题，对旅游经济和国民经济的健康发展具有重要的意义。

1. 旅游需求方面的运行条件

旅游经济活动的运行离不开旅游需求者，影响人们成为旅游需求者的条件也就是旅游经济活动从需求方面来分析的运行条件，主要包括主观条件和客观条件。主观条件就是人们的旅游动机，它不仅受人自身内在因素的影响，也受外在消费风气和媒体舆论的影响；客观条件主要包括闲暇时间和可自由支配收入，这两个因素都与社会经济发展水平呈正相关关系。也就是说，社会经济发展水平越高，这两个因素就越充裕。不同国家和地区的社会经济发展水平差异较大，在形成旅游经济运行的需求条件方面也水平不一，所以旅游经济活动在不同国家和地区呈现出不同的发展规模。

2. 旅游供给方面的运行条件

具备了一定规模的旅游需求后，必须有相应的旅游供给才能实现旅游经济活动。如果从旅游业的角度来分析的话，也可以分别对内在条件与外在条件来认识。内在条件就是旅游吸引物状况和旅游管理与服务的水平。一般来说，旅游吸引物的赋存丰度（数量的和质量的）往往决定着某一国家或地区旅游业的发展规模和发展水平，但需要注意的是两者之间并不必然存在因果关系。因为一方面，旅游吸引物相对于特定顾客群体而言，它只是一个资源性优势，只有将旅游吸引物有效开发成市场欢迎的产品，才能说资源优势已转化为经济优势；另一方面，有些旅游吸引物赋存并不具优势的国家或地区，经过后天大投入的开发，也可能形成市场竞争优势。所以旅游吸引物状况好坏只是一个前提条件而已，而旅游管理和服务水平的高低才会在很大程度上影响旅游吸引物水平的发挥程度。良好的旅游服务与管理水平可以提升旅游吸引物的吸引力，形成正强化效应，进而促进旅游经济运行的有序发展，反之亦然。供给方面的外在条件就是该国家或地区的社会经济发展水平，这是旅游业发展的基础，因为社会经济发展水平从多角度（基础设施和旅游设施的完备程度与发展水平、社会商品和服务的供应能力、投资规模和能力、管理水平、居民购买力和消费水平、国民的见识与素质等）促进或制约旅游业的发展规模、发展水平和管理水平，进而促进或制约旅游经济活动的正常运行。

随着旅游者旅游活动范围的扩大，旅游活动的地域已不再局限于某一国家范围内，而日益成为一项跨国家和地区的全球范围的经济活动，进而不同的地区和行业之间形成了错综复杂的经济现象和经济关系。但无论这些经济关系多么复杂，本质上都体现了与旅游者出游有关的各利益主体之间的经济关系，各利益主体在各自目标效用函数的指引下追求各自利益的最大化，其中重要的利益主体包括旅游者、旅游企业和目的地政府。旅游者利益的最大化是指，旅游者在支付了一定的成本（货币、时间、精力）的情况下，在旅游消费过程中获得的精神上和物质上的最大化满足；旅游经营者利益的最大化是指，通过为游客提供与其需求相适应的产品服务，实现以尽可能少的投入获取最大化的利益（有形的和无形的）；政府利益的最大化是指，通过有效的管理和引导，促进各项资源的优化配置和持续利用，实现旅游目的地经济、社会、环境和文化效益的最大化。虽然三方利益主体都有各自的利益诉求，但是要想实现自己的利益，就必须协调好与其他各方利益间的关系，任何损害其他利益主体利益的行为，最终都会危及自身利益的实现。三方利益或者更扩大一些说，更多方的利益主体正是在相互之间既对立又统一的矛盾运动中，在多种调节手段的运用中，实现着彼此间的和谐共生，从而推动旅游经济活动健康有序发展。

第三节 旅游经济学研究对象与研究结构

一、国内外对旅游经济的研究

（一）国外对旅游经济的研究

国外对旅游经济的研究起步较早，可分为两个时期，第一个时期是 19 世纪后期至二次大战，第二个时期是二次大战后至今，基本上与旅游经济活动发展的两个时期相一致。

在第一个时期，由于旅游活动的发展主要限于欧洲、北美一些国家范围内和它们之间，旅游活动的规模还不是很大，旅游对社会经济的作用还未完全显现出来。但是一些专家和学者还是敏锐地觉察到了国际间旅游者的流动及其在异国的消费带给两国政治经济生活的重要影响，并展开了一些基于统计方法下的研究。学术界普遍认为，意大利政府统计局官员鲍迪奥于 1899 年发表的《在意大利的外国人的移动及其消耗的费用》一文，是最早涉足于旅游经济研究的文献。这种从业务角度出发，利用统计研究成果分析社会现象，是早期科学研究的一个突出特点，但由于当时旅游活动规模尚不充分的限制，还不具备将旅游经济作为一个完整体系来认识的条件。1927 年罗马大学讲师马里奥蒂出版了《旅游经济学讲义》，他从对旅游活动的形态、结构和活动要素的研究中，第一次提出了旅游活动是属于经济性质的一种社会现象。在其理论体系中，他创造性地提出了旅游中心地的理论，这说明他已注意到了一个地区的旅游吸引力是旅游地形成的主要因素。与鲍迪奥不同，马里奥蒂的分析并没有局限于旅游产生的国际间的收入和花费问题，而是将大量篇幅研究了旅游代理商、旅游产业组织、旅游资源及旅游中心地等相关问题，扩大了旅游经济学研究领域。更为重要的是他还首次提出了旅游经济学的研究对象、结构和内容，为后来旅游经济学理论框架的形成奠定了一定的基础。1935 年德国柏林大学葛留克斯曼教授出版了《旅游总论》，该书论及了旅游的经济社会作用，论述了促进旅游业发展的政策措施和手段。1942 年瑞士的克拉蒲·芬扎伊卡出版了《一般旅游论概要》，他从经济学和社会学两方面对旅游进行了研究。总之，这个时期人们对旅游经济的研究多属探索性的，还未深入涉及旅游经济活动的本质和规律。

在第二个时期，除了专家学者的研究以外，不少旅游企业集团、旅游行业组织和政府有关部门也分别从业务的发展和对工作的指导角度开展相关研究，这是因为此时旅游活动的范围迅速扩展到全世界，大众旅游成为时代的潮流，旅游经济活动已深入到国家和全球的经济体系之中，不能不引起各种国际和地区旅游组织和各国政府的高度重视，因此，这一时期的研究不仅领域拓宽，深度深入，而且对旅游经济活动的本质和规律性认识也取得不少成果，主要有：

1. 旅游业的性质与旅游经济活动运行的特点。不少专家学者认为旅游业是一个新兴产业，该产业主要由旅馆业、旅行社业、交通客运业组成。它的发展以旅游活动的发展为前提，反过来旅游活动的发展又推动了旅游业的繁荣。旅游业的发展不仅刺激了相关行业的发展，而且对整个社会经济产生了增值作用。

2. 旅游供需关系与市场营销。这方面代表性著作有罗伯特·门克因托希与夏希肯特·古普塔的《旅游的原理、时间和哲学》，布赖恩·阿切尔的《旅游需求预测》，彼德·格雷的《国际旅游贸易》，以及瓦汉·克拉蓬与罗斯菲尔德的《旅游市场营销》。他们分别论述了旅游需求与旅游供给原理，叙述了主要的旅游需求预测方法，探索了旅游市场的战略、策略及旅游产品的定价原则，宣传推销的手段和方法等。

3. 旅游业的经济效益。这方面的研究主要集中在旅游投资与效益的比较，旅游宏观经济效益与微观经济效益以及游客开支对旅游目的地国家或地区经济和社会产生的作用上。主要著作有 1955 年意大利特罗伊西的《旅游及旅游收入的经济理论》，1978 年南斯拉夫马斯克维奇的《旅游经济学》，英国布莱恩·阿切尔的《发展中国家的旅游业：某些经济考虑》，1983 年亚太经社理事会政府间旅游发展会议文件中《亚太经社理事会地区旅游业的经济作用研究回顾》与《旅游经济作用分析：方法论》。

4. 旅游规划与资源开发。从事这方面研究的主要是政府有关部门，如美国商业部经济发展局 1981 年的《他国发展旅游业创造经济增长与就业》的报告，全面论述了区域旅游业发展规划的内容、制定规划所需要的信息、对旅游资源的测量与评价以及规划的实施。亚太经社理事会 1983 年政府间旅游发展会议文件中的《旅游工程建设中优先次序的确定》与《通过标准分析促进旅游工程建设与实施》，着重探讨了亚太地区国家旅游规划的内容和旅游工程建设项目优先次序的选择与方法。当然，这一领域的专家学者的研究也不少，代表作有 1978 年的凯泽·赫尔伯的《旅游规划与发展》，朱卓任的《度假地开发与管理》，加拿大滑铁卢大学斯蒂芬·史密斯的《旅游决策与分析方法》等。

（二）我国对旅游经济的研究

我国对旅游经济的研究起步较晚，这不仅与我国旅游经济活动的发展阶段相吻合，而且与我国旅游教育发展阶段也是一致的，也就是说，无论是旅游业发展的实践性需要，还是旅游教育研究发展的理论性需要，都表明我国对旅游经济问题研究的时间都不可能太长。因此，在 20 世纪 80 年代初期，随着南开大学、杭州大学、西北大学、北京第二外国语大学、上海旅游高等专科学校、北京旅游学院等率先开设了旅游经济专业，不仅迫切需要旅游经济方面的研究成果问世，而且客观上也为我国旅游经济理论研究向纵深发展创造了一定的外部条件。

为适应高等旅游教育的需要，在初期引进国外部分研究成果及对世界旅游情况介绍的基础上，一些院校率先编撰了旅游经济学相关教材，南开大学出版的《旅游经济学》就是最早一批教材之一。但由于我国旅游经济活动本身发展的不足，这一时期的教材不可避免地存在一些不够深入的问题。进入 20 世纪 90 年代，随着我国旅游产业体系的逐渐形成和国内外旅游需求的日益增长，国内旅游经济学科研究领域开始拓宽，从最初以经济管理为主逐渐扩大到多个学科，如社会学、市场学、地理环境学、人类学等，形成了比较完整的研究体系。进入 21 世纪后，全球旅游经济活动日益扩大，旅游产业的融合和扩展也日益深入，我国旅游产业规模不断扩大，对旅游经济的研究也更加趋向于多学科交叉演进，无论是研究内容，还是研究方法都有了突飞猛进的发展，百花齐放、百家争鸣的研究氛围日益浓厚，我们有理由相信，我国旅游经济研究创新的时期正在到来。

二、旅游经济学研究对象和研究结构

（一）旅游经济学研究对象

毛泽东曾在《矛盾论》中指出："科学研究的区分，就是根据科学对象所具有的特殊的矛盾性。因此，对某一现象的领域所特有的某一种矛盾的研究，就构成某一门科学的对象。"不同的科学均有自己的研究对象，这是由各门科学不同的矛盾规定性决定的。所以，要认识旅游经济学的研究对象，就必须明确旅游经济活动中的主要矛盾是什么。认识这个问题可以从三个方面来理解：

1. 旅游经济学研究范围是旅游活动中的经济现象

关于旅游经济学的研究范围，理论界有不同的认识。基本上可以分为两种观点：一种观点认为旅游经济学研究范围应该是旅游经济活动，也就是说，旅游经济学是研究旅游活动中经济现象的学科；另一种观点认为旅游经济学研究范围应该是旅游产业经济活动，也就是说旅游经济学是研究旅游产业运行与发展中的各种经济现象的学科。

仔细分析一下，后一种观点是有局限的。一方面，旅游经济活动的进行不仅依赖于旅游产业能够向游客提供什么数量、什么结构的产品，还依赖于游客需求多少及需求结构等，离开了需求而只研究旅游产业显然无法展开旅游经济活动，以旅游产业为研究范围显然过于狭窄；另一方面，将研究范围局限于旅游产业运行，必然会导致照搬一般产业经济学框架的结果出现，无法创建旅游产业经济学，不利于学科发展和进步。

从上文对旅游经济产生与发展的论述中可以看出，旅游经济是在旅游活动基础上产生的，而旅游经济学理应是从经济角度对旅游活动进行的研究和分析，只有从旅游活动入手，分析其中的经济现象、经济关系与经济规律，才能从根本上理解和认识旅游经济问题，创建具有旅游特色的旅游经济学学科体系。

2. 旅游经济现象中的主要矛盾是旅游客源地需求与旅游目的地供给的矛盾

厘清旅游经济现象中的主要矛盾是正确认识旅游经济学研究对象的关键。旅游经济活动中的主要矛盾必须从旅游现象中去分析，旅游是一种客源地居民为寻求快乐通过空间移动而展开的一系列活动，而旅游经济正是伴随着人们的空间移动消费而产生的经济现象。与在常住地的消费不同，旅游活动受时空约束，表现为客源地的旅游需求与目的地的旅游供给之间经常存在着矛盾，这种矛盾始终贯穿于旅游活动之中。这种旅游供求矛盾构成了旅游经济运行中的主要矛盾。

3. 旅游经济学研究对象是旅游经济运行中的经济现象、经济关系以及经济规律

前面我们已经分析过了，旅游经济活动是在旅游活动基础上产生的，而旅游活动是旅游者的空间位移而形成的一系列活动的总和。旅游者为什么要进行空间位移、影响空间位移的因素是什么、向哪里位移等都是与旅游者作为旅游主体有关的决策问题，它主要发生在旅游客源地。而与旅游客源地有一定距离的旅游目的地能为旅游者的需求提供何种产品与服务组合，这种组合的规模、档次结构是否与需求相符，在没有发生之前都是未知的。将两者结合在一起的旅游媒介能否胜任有效的联接任务、是否能随供需变化做相应的调整和改变也是存在不确定性的。在旅游活动中，围绕旅游客源地的旅游需求、旅游目的地的旅游供给及其旅游联接体之间存在着错综复杂的经济联系、经济现象和经济矛盾，由此构成了旅游经济学的研究对象。

（二）旅游经济学研究结构

旅游经济学作为一门对旅游活动中的经济现象、经济关系以及经济规律进

行研究的学科，其研究思路与框架设计必然需要从旅游现象入手展开分析。旅游是一种以游客空间移动为前提、以旅游联结体为纽带、在旅游客源地和旅游目的地之间展开联系的一种经济现象，是一种由旅游需求引发的游客空间移动消费的现象。因此，本书在第一章概论的基础上，首先展开分析的是旅游客源地需求与预测，主要探讨旅游客源地含义、作用，旅游客源地需求及其基本内容、旅游需求的预测与方法等。旅游需求需要相应的旅游供给来满足，因此第三章分析旅游目的地供给与承载力，主要探讨旅游目的地含义，旅游目的地供给含义、内容和特点，旅游产品内容，旅游目的地承载力及其测算等。在分别介绍了客源地需求与目的地供给之后，需要将两者结合起来分析，于是第四章探讨两地间的旅游供求关系及其调节问题，主要探讨旅游供求关系的基本内容、基本表现、旅游供求关系调节的主要方式、市场调节的主要内容、政府宏观调控的主要内容等。在旅游供给矛盾发展演变过程中，需要通过调节手段，实现各利益主体利益关系的协调与平衡与问题，于是在接下来的三章中，分别从旅游消费者、旅游经营者和政府的角度探讨旅游经济运行的效益问题，其中第五章论述旅游消费结构与优化问题，主要探讨旅游消费的含义、作用，旅游消费结构的含义和意义，旅游消费结构的分类、变化、问题与优化等；第六章论述旅游收入分配与乘数效应问题，主要探讨旅游收入含义及其分配的主要内容，旅游乘数效应含义、类型等；第七章论述旅游发展的综合效益问题，主要探讨旅游发展的组合效益含义、内容及其关系，旅游经济效益、旅游环境效益、旅游社会效益的评价，旅游发展的微观和宏观效益等。在调节和处理旅游经济活动中的各种矛盾中，在配置旅游经济发展的各种资源的过程中，由于在不同的旅游发展观指导下，会形成不同的旅游发展模式和道路，并进而影响不同主体的利益分配，因此有必要从战略高度明确发展观问题，于是第九章论述了旅游发展观和发展模式问题，主要探讨旅游发展观含义、类型及其演变规律，旅游发展模式的主要内容，我国旅游发展模式分析等。当今的旅游经济运行已超越了国家的界限而纳入全球经济运行中，虽然旅游经济的性质未变，但是旅游经济运行的矛盾运动更加复杂，需要在全球视野下展开对旅游经济发展的分析，因此第十章论述了全球视野下的旅游经济发展问题，主要探讨世贸协定下的旅游经济运行规则，国际旅游经济贸易发展中的供求问题、汇率问题、收益问题及模式和趋势问题等。

第四节 旅游经济学研究方法

一、辩证唯物主义与历史唯物主义相结合的方法

辩证唯物主义和历史唯物主义是马克思主义哲学的基石，可以说是一切社会科学研究的指南。根据辩证唯物主义学说，事物发展的根本动因是其内在的矛盾性，外因通过内因起作用，在一定条件下，也可能对事物的发展变化起决定性作用。旅游经济学是研究旅游经济活动发生、发展与变化规律的学科，旅游经济活动发生、发展与变化的内在矛盾是什么，它是如何推动旅游经济活动运行的，在运行过程中还要受到哪些外部因素的影响，这些因素对旅游经济活动内部矛盾的作用如何，是否有规律可循，这些问题都需要用辩证唯物主义思想作指导，结合旅游经济活动运行的实际进行深入的探讨。

按照历史唯物主义学说，社会存在决定社会意识，人类社会的发展是一个自然的历史发展过程。在很长一段时期内，旅游活动并未成为经营的对象，只是随着生产力的发展，特别是商品生产和交换发展到一定历史阶段后，为游客提供各种旅游服务的行业才逐渐独立出来，形成旅游供求之间的经济关系。随着旅游经济活动范围的不断扩大，旅游经济活动已成为世界经济的重要组成部分。旅游活动的这一发展过程充分证明，在研究旅游经济学时，必须用历史唯物主义学说作指导，将逻辑的发展与历史的发展结合起来，观察和分析各种旅游经济现象、经济关系及其变化规律。

二、实证分析与规范分析相结合的方法

在经济学中，实证分析就是分析经济现象“是什么”的方法，也就是对客观事物的状况及客观事物之间的关系是什么的事实性陈述的分析；而规范分析就是分析经济现象“应该是什么”的方法，也就是对价值主体与价值客体之间的价值关系的分析。两者之间的主要区别是对价值判断的取舍不同。

任何旅游经济现象的产生都有其复杂的背景与原因，对旅游经济现象应该是什么的判断必须建立在对是什么的认识基础上，否则提出的规范性建议就缺乏事实基础，甚至提出的对策会导致事与愿违的结果。因此在对旅游经济学诸多问题进行分析时，必须将两者有机结合起来，才有助于正确认识旅游经济问题。

三、定性分析与定量分析相结合的方法

任何事物都是由质与量组合而成的，质是指一事物成为其自身并使之区别于其他事物的内部规定性，而量是指事物的规模、发展程度、速度以及其构成成分在空间上的排列组合等可以用数量表示的规定性。只有正确地认识了事物的质，才能把不同的事物区别开，才能把握事物变化发展的趋势。然而，由于定性分析的结论一般都是用语言描述的，对事物的认识还是初步的和模糊的，在此基础上，进一步考察事物的量，才能对事物的质达到清晰准确的认识，因此对事物做定量的分析，是对认识的深化和精确化。从前面的介绍可以看出，国外对旅游经济问题研究的最早起点是建立在统计学分析基础上的定量研究，它对证明一些研究假设是十分重要的，但仅限于此是不够的，必须将两种分析方法综合起来才更加科学可行。

四、静态分析与动态分析相结合的方法

静态分析就是指从相对静止的角度来认识处于相对静止状态之中的事物，专注于事物在某一时点上的现存状态。这样就可以考察某一时点上经济系统之间及其与非经济系统之间的发展水平、发展状况及其发展特点。而动态分析则是把事物置于其自身的历史过程中，从运动的角度来认识事物。这样就可以考察经济系统之间及其与非经济系统之间发展变化的速度、方向及其趋势。

【案例分析】

托马斯·库克与旅游业的诞生

英国人托马斯·库克生于1808年，出身贫寒，4岁时丧父。迫于家庭生计，托马斯·库克10岁时不得不辍学，到一园艺种植者那里打工学徒，每周的工钱仅为6个便士。该雇主死于嗜酒之后，14岁的托马斯·库克被介绍到他的一个经营木器作坊的姨父那里打工学徒。不幸的是，他的这位姨父后来也是因为嗜酒而亡。所以，托马斯·库克从少年时代起，心中便深深埋下了对酒害的痛恨。

1841年6月9号，33岁的托马斯·库克来到莱斯特，他发现当时（维多利亚时期）很多的社会问题都和酗酒有关，他认为如果人们不再酗酒并且接受更好的教育，生活质量将大为改观。为了帮助人们戒酒，他成立了一个戒酒会。为了帮助他们摆脱精神上的苦恼，库克决定让人们看看外面广大的世界，接近大自然。他把聚会安排在铁路沿线的几个重镇上，让会员们有旅行的机会，还要求铁路部门票价上打折。在托马斯的提议下，1841年7月5日，运载着500

名乘客的首列观光列车从莱斯特出发。游客周游了19公里后返回莱斯特，只花了1先令，包括交通费用、乐队演奏赞歌、一次野外午餐和午后茶点。库克为旅行者讲述旅途中的景物和历史渊源，由于他自小就在外面流浪奔波，对出门远行者的心情十分了解，生活起居上照顾得很周到。那次旅行组织得非常成功，由此很多人戒酒成功。托马斯·库克对这次活动的组织被当时的人们称为“伟大的创举”，并普遍被后人看作近代旅游业的开端。

1841年这次团体旅游活动的成功组织使托马斯·库克名声大噪。在这次成功的鼓舞下，1845年托马斯·库克在英国的莱斯特正式成立了托马斯·库克旅行社，开始专门从事旅行代理业务，成为世界上第一位专职的旅行代理商。托马斯·库克旅行社的出现标志着近代旅游业的诞生。

1851年，正值伦敦水晶宫举行世界博览会，库克抓住这个机会想大做一笔生意，库克父子总共带去15.6万多名参观者。他儿子负责在伦敦的接待工作，替客人安排交通工具和住宿，做得有条不紊，使客人感到没有一点不方便的地方。每批客人在去博览会之前，小库克都扼要地把值得看的东西说明一遍，而且把参观路线编成小册子，游客人手一本，好让他们参观时按图索骥。另外，为每个游客准备一份廉价的午餐，因为博览会里面的饮食贵得吓人，虽然游客不一定在乎，但能省钱总是让人高兴的。这些措施对现代的旅行社来说已算不上什么特别措施，但在那个保守年代的确是一种创举。

库克父子公司所组织的几个特殊性质的旅行团，最为人们津津乐道。例如创办百慕大蜜月旅行、巴厘岛观光等。到1864年，经托马斯·库克组织的参加旅游的人数已累计达100多万，他的名字也成了旅游的代名词在欧美地区家喻户晓。“经营旅行观光事业，不仅带别人去游山玩水，更是探求新知识、新事物的先锋队”，这是老库克的理想。

资料来源：根据李天元. 旅游学概论[M]. 南开大学出版社，2003：25-26及其他资料改编。

案例思考题

1. 托马斯·库克1841年组织的活动的深刻意义表现在哪里？

2. 从托马斯·库克的一系列实践活动中可以归纳出哪些有助于认识旅游经济活动发生、发展与变化的有价值的观点？它对现代旅游经济发展是否具有启示意义？

【复习思考题】

1. 如何认识旅游经济活动的产生与发展？
2. 如何理解旅游经济的性质？
3. 旅游经济活动的特点是什么？
4. 有关旅游经济学研究对象有不同的理解和认识，对此你是如何思考的？
5. 举例说明你对旅游经济学某一研究方法的理解。

第二章 旅游客源地旅游需求与预测

【案例导学】

夏威夷群岛是世界著名的岛屿旅游地，地处太平洋中心，由于远离亚欧大陆，没有现代工业的污染，保留了阳光、海水、沙滩等最纯净的部分，是以休闲、娱乐为主要旅游目的的地区之一。

夏威夷岛上大部分居民的劳动就业、个人收入以及州政府的税收都依靠每年络绎不绝到夏威夷游览观光的700万国内外游客。据夏威夷银行计算，游客在那里旅游支出的波及效应为2，即游客每支出1美元，将使当地的总产值增加2美元。旅游收入占当地总产值的60%，使夏威夷的经济增长率始终高于美国经济的平均增长水平。

据美国夏威夷州商务与经济发展及旅游部（简称DBEDT，the Hawaii State Development of Business, Economic, Development & Tourism）的官方统计数据显示，夏威夷群岛的前三位客源地分别是美国、日本、加拿大。日人均消费前三位分别是日本（$240.1）、亚洲地区（中国、中国香港和韩国，$176.2）、美国（$153.1）。游客年龄主要集中在25岁～59岁，女性游客明显多于男性。这些游客中高达73%是回头客，来访主要目的是休闲和娱乐。

根据上述数据反映出的游客需求，夏威夷创造了丰富的旅游景观和休闲内容。瓦胡岛上，威美亚（WAIMEA）瀑布公园恬静幽深的郊野风味充满魅力；怀基基（WAIKIKI）海滩宾馆林立，游人如潮；珍珠港可以去凭吊珍珠港战役中被炸沉在海底的亚力山号巡洋舰；波利西尼亚文化中心可以伴随着欢快的节奏跟导游小姐学跳草裙舞。离开瓦胡岛，可以到峡谷岛—毛伊岛去领略大自然的鬼斧神工，到公园岛—苦艾岛去看天然热带植物园的奇花异草，到兰花岛—夏威夷岛上去嗅嗅刚喷发出来的火山岩浆的气味。

旅游业的发展给夏威夷带来了巨大的经济效益和社会效益。自20世纪60年代以来，旅游业和为旅游业服务的建设一直是全州经济发展的主要动力，带来的经济结构和就业结构的巨大变化，给当地居民更多的就业选择和更高的收入。1970年，由于旅游业的发展，夏威夷人均收入赶超了全美的平均水平。

但是，由于过度依赖美国和日本市场，20世纪90年代初，夏威夷旅游业出现衰退。原因主要有：（1）政府宣传不足导致客源地的单一性；（2）在此期间旅游客源地经济（美、日）的衰退；（3）美国本土游客旅游方式和偏好的改变。

1993年后，夏威夷政府根据市场的新需求，及时调整发展方向，抓住机遇，走出一条不同以往的发展道路。主要是加大宣传力度，进行全球促销，促销员把夏威夷的小册子摆满了伦敦、东京、法兰克福、香港等国际大都市，并聘请专业的市场营销园（Marketing Garden）公司负责亚洲、东南亚的推广。夏威夷还承办职业高尔夫锦标赛等大型世界赛事。与此同时，市场调查机构每年都要向州旅游署递交调查报告，对游客的到访景点、活动方式、最喜欢的商品、来夏威夷的计划和形式、满意度等作出细致研判，旅游署据此调整自己的各项服务。

通过提供多元化的旅游活动组合和多种世界性的人文历史内涵，夏威夷群岛重振雄风，成为经久不衰的海滨度假旅游胜地，吸引着来自世界各地的游客。

资料来源：互联网资料整理。

【学习目的】

通过了解旅游客源地的概念和特征，认识旅游客源地对旅游目的地旅游业发展的重要性；知悉旅游需求的类型，掌握有效旅游需求产生的条件和主要特征；掌握旅游需求规律、旅游需求弹性、弹性系数以及旅游需求价格弹性系数与旅游总收入的关系；熟悉旅游需求的测量指标，掌握影响旅游需求的因素和定性与定量的预测方法。

第一节　旅游客源地概念与在旅游经济活动中的作用

一、旅游客源地概念

旅游客源地是指具有一定人口规模和社会经济能力，能够向旅游目的地提供一定数量旅游者的地区或国家。

旅游客源地首先是一个地域概念，即由一定规模的人口在特定的社会经济结构下所构筑的地域。其地域范围按行政区划为县、市、省（州）和国家。虽然它们在地域面积、人口规模和经济发展水平上存在差异，但其共同之处是能够产生一定数量的旅游者。其次，它又是一个空间概念，即相对旅游目的地而言存在着一定的空间距离。距离的远近会对客源地旅游者选择旅游目的地产生影响。

二、旅游客源地的共同特征

旅游客源地虽然在地域范围上差别较大，然而都具有如下的共同特征：

1. 旅游渐成一种社会时尚或人们生活需要中的一部分。人们在基本生活需要满足之后，越来越多的人将出外旅游作为改善生活质量、提高生活品质的一个重要手段，因而出外旅游的人次数在不断增加。

2. 社会经济发展水平较高，人均可支配收入在逐步增加。可支配收入在用于必要的日常生活开支外有较多的剩余，因而人们有能力参与旅游或其他休闲娱乐活动。

3. 一定时期内产生的旅游者人次较多或出游率较高。前者表示的是与地域面积相当的其他地区或国家相比，其出游人次的绝对数量大，它同客源地的人口规模和出游频率相关。后者表示的是与相当规模人口的其他地区或国家相比，出游的人数或人次所占比例高，例如，2000 年日本人口 1.27 亿，孟加拉 1.29 亿，前者出外旅游的人数为 1781.9 万，出游率为 14%，后者的出游率则不足 0.5%，显然对我国入境旅游来说，日本为我国的旅游客源国。

三、旅游客源地在旅游经济活动中的地位和作用

1. 旅游客源地在旅游经济活动中的地位

由于旅游经济活动是由旅游活动采取商品交换形式所形成的旅游者同旅游经营者之间的需求和供给关系，以及由这种关系引起的目的地旅游行业同政府和社会经济中其他行业之间的经济联系和经济关系的总和，而旅游客源地是产生旅游者，从而产生旅游需求的地区或国家，所以旅游客源地与旅游目的地是旅游经济运行的两极，前者是旅游需求方，后者是旅游供给方，二者通过市场联系起来，形成供需关系。在这种关系中，旅游客源地是需求产生的源泉，是推动旅游经济运行的原发力量。

2. 旅游客源地在旅游经济运行中的作用

（1）客源地旅游者的需要是目的地旅游产品供给的前提条件。旅游产品的生产与制造业产品的生产不同，旅游产品的生产与消费是同时进行的，即客源地的旅游者来到旅游目的地后，产品的生产与消费才会发生，各种旅游服务的提供均以旅游者的需要为前提，所以没有客源地旅游者的需要，旅游目的地产品的供给也不复存在。

（2）客源地旅游需求的规模对目的地旅游经济产生直接影响。客源地旅游需求规模的大小不仅影响目的地旅游供给规模和供给体系，而且直接关系到目的地旅游收入的多少，从而影响目的地旅游业发展的经济效益。例如，客源地

居民在休假期间，出游的人次数比较集中，会导致目的地客流量的相应扩大，收益增加；反之，在非休假时间，客源地出游的人次数可能相应减少，从而会引起目的地接待人次数的下降，收益减少。这种情况说明客源地需求情况的变化会对目的地旅游收益的波动性产生影响。

（3）客源地旅游需求的特点对目的地旅游供给结构产生重要影响。这种影响主要表现在客源地旅游者的偏好、出游目的和旅游消费结构上。旅游者的偏好和出游目的会对目的地供给的旅游产品类型提出要求，而旅游者的消费结构则会对目的地旅游供给体系中各部分之间的比例关系产生影响。

（4）旅游客源地旅游企业对目的地旅游经济产生巨大影响。由于旅游客源地旅游企业握有客源优势，因此不仅对目的地旅游企业提供的产品拥有更有利的计价还价能力，而且可以以输出客源为基础，推行资本输出，实施跨国（地区）经营，进入目的地的旅游市场，进而渗入目的地的旅游经济之中。

四、我国主要的入境旅游客源地

在新中国成立初期到十一届三中全会召开的 20 多年间，我国的入境客源市场由于受到国际政治经济环境及国内因素的影响，发展缓慢。改革开放以后，我国的旅游业才有了长足的发展。随着我国对外关系的调整，与世界诸多国家建立了友好往来关系，海外客源市场逐步走向全方位、多元化。

从海外旅游者来源国家分析，2007～2013 年我国的前 10 位客源国如表 2-1 所示。

表 2-1　2007～2013 年我国前 10 位客源国

	2007	2008	2009	2010	2011	2012	2013
1	韩国	韩国	日本	韩国	韩国	韩国	韩国
2	日本	日本	韩国	日本	日本	日本	日本
3	俄罗斯	俄罗斯	俄罗斯	俄罗斯	俄罗斯	俄罗斯	俄罗斯
4	美国	美国	美国	美国	美国	美国	美国
5	马来西亚	马来西亚	马来西亚	马来西亚	马来西亚	马来西亚	越南
6	新加坡	新加坡	新加坡	新加坡	新加坡	越南	马来西亚
7	菲律宾	菲律宾	菲律宾	越南	越南	新加坡	蒙古
8	蒙古	蒙古	蒙古	菲律宾	蒙古	蒙古	菲律宾
9	泰国	澳大利亚	澳大利亚	蒙古	菲律宾	菲律宾	新加坡
10	澳大利亚	泰国	加拿大	加拿大	加拿大	澳大利亚	澳大利亚

资料来源：根据国家旅游局相关数据整理。

从表 2-1 中可以看出，2007 年以来，我国旅游客源地基本没有变化，客源国只在排名上略有调整。东亚、东南亚、俄罗斯、北美、澳洲是我国入境游客主要的来源地区，分布主要呈现“亚洲为主、欧美为辅；中等发达国家为主、发达国家为辅”的特点。

第二节　旅游需求的特征与规律

一、旅游需求概念与类型

简单地说，旅游需求是指人们为了满足外出旅游的欲望所发生的对旅游产品的需要量。它分为有效或现实的旅游需求与受抑制的旅游需求。

有效或现实的旅游需求是指具有一定支付能力和闲暇时间的人们在一定时期内，愿意按照一定的价格购买的旅游产品的数量。它具体表现为一定时期内已经出外旅游的人数和正在境外旅游的旅游者人数之和。旅游目的地国家或地区旅游统计中的数字就是这种有效旅游需求的反映。

受抑制的旅游需求是指那些因各种原因在一定时期内不能或暂缓购买旅游产品的人。它又分为潜在旅游需求和延缓旅游需求。前者是指由于某些条件暂时不具备而有旅游需求的人，一旦条件具备了，如购买力提高了或有权享受更多的带薪假日，这部分潜在旅游需求就可转化为有效旅游需求。后者是指那些已具备了旅游基本条件但由于主客体方面的原因而推迟的旅游需求，在主体上，人们有时会受家中严重疾病成员或幼小子女的拖累而不能出游，在客体上，旅游目的地供给条件不足，或发生流行疾病等也会使人们出游的时间后推。当这类主客体条件改善后，延缓的旅游需求也同潜在的旅游需求一样会转化为有效的旅游需求。

受抑制的旅游需求虽然在短期内不像有效旅游需求那样成为旅游经济活动的一部分，然而它是有效旅游需求的基础，反映了旅游市场的潜力。所以，从长期来说，旅游目的地国家或地区以及旅游经营者对此应予以足够的重视，特别是在有效旅游需求不足的情况下如何创造条件，实现受抑制的旅游需求的有效转化。

旅游经济学所讲的旅游需求是指有效的或现实的旅游需求，而旅游市场学所讲的旅游需求除有效或现实的旅游需求外，还包括受抑制的旅游需求。

此外，还有无需求、替代需求和转移需求。无需求是指社会中有一些人不愿意参加旅游或不能旅游的情况；替代需求是指一种旅游活动的需求被另一种旅游活动所替代，如乘长途旅游车的旅游被自驾车旅游所代替；转移需求是指至某目的地的旅游由于主体或客体方面某种原因而转赴另一目的地的旅游。

总之，旅游需求是旅游市场形成的基础。没有旅游需求，也就没有旅游市场，目的地旅游产品的价值也无从实现。旅游需求的重要性表明，旅游目的地国家或地区旅游业的发展必须以旅游市场上的旅游需求为依据，在此基础上进行旅游规划，确定旅游的发展规模和发展速度，以实现旅游业发展的最佳效益；旅游经营者应根据对旅游需求的预测来评估其各项经营活动和实现盈利目标的可行性。

二、旅游需求产生的条件

旅游需求是在一定的社会经济条件下产生的。作为个人需求，必须具备一定的客观条件和主观条件。

1. 客观条件

客观条件是指人们实现旅游需求须具备的经济能力和时间保证，其中经济能力意味着人们要外出旅游需具有足够的财力，从经济学的意义来说，足够的财力主要体现为充足的可自由支配的收入，它是人们实现其旅游需求的经济基础；时间保证意味着人们要外出旅游需要具有一定的闲暇时间，即足够可用于旅游的时间。虽然闲暇时间似乎属于个人的事情，然而闲暇时间的多少是同社会经济发展水平密切相关的，是社会劳动生产率不断提高的结果。在研究旅游需求这一经济现象时，它已超出了个人的范畴，而成为旅游需求这一经济现象形成的要素。可见，可自由支配收入和闲暇时间是一个人能否外出旅游最基本的条件。当然，一个人要成为现实的旅游者，身体条件也很重要，但那不属于旅游经济学的范畴。

（1）可自由支配收入。可自由支配收入是指个人收入中扣除应缴个人所得税和日常衣、食、住、行所必需的生活消费开支以及必要的社会消费开支后的余额。余额越多，用于进行包括旅游在内的其他活动的条件就越充足。在谈及个人旅游需求的经济条件时，有些学者也使用可支配收入这一概念，它是个人收入中扣除个人所得税后的余额。因为在现实中确有一些人在其可自由支配收入不足以支付一次旅游活动经费的情况下，出于旅游的需要，采取了节省日常生活消费开支和某些社会消费开支的办法，用节省下来的钱参加了旅游活动。在这种情况下，可支配收入也可作为个人旅游需求的经济条件。当然，在现实中，还有很多人用于旅游消费的开支并不是来自当年的可自由支配收入，而是基于过去的积蓄或者利用信用方式来支付。然而前者使用的是过去的可自由支配收入，后者使用的则是未来的可自由支配收入。

（2）闲暇时间。由于旅游是离开常住地到异地的活动，没有足够的时间，出外旅游是不可能的。在旅游经济学中，出外旅游所需的时间称为闲暇时间。这里的闲暇时间不仅是相对工作时间而言，而且也相对于处理个人事务时间而言，例如一个人虽然有足够出游的可自由支配收入，但由于孩子很小或亲人患重病需要照料，所以无法出游。因此，实现旅游需求的闲暇时间是指人们在进行日常工作、学习、生活和参加必要的社会活动所需时间之外的可以自由支配的时间。这种可自由支配的时间越多，连续的时间越长，参加旅游的可能性越大。

各国的休假制度

韩国

韩国全年法定节假日共有 16 天，其中包括各为 3 天的春节和中秋假期。此外，韩国人的带薪年假为 15 天至 25 天。加上双休日，韩国人全年假期可达到 132 天至 142 天。

美国

由于是联邦制国家，美国没有统一的规定。美国联邦法定节假日有 10 天。如果新年、美国独立日、退伍军人日、圣诞节和新选总统宣誓就职日恰好是星期六或者星期日，那么假日将提前或推迟一天，形成“长周末”。

加拿大

加拿大除了每年圣诞节凑上元旦以及赶上双休日，没有黄金周。一般每年除双休日外，另有 10～12 个法定假日。通过立法程序，议会把劳工节、维多利亚日等法定假日，都安排在星期一或星期五，这样加上双休日就拥有一个三天的假期。

德国

德国《联邦休假法》规定，每人每年享有至少 24 个工作日的带薪休假。加上法定如新年、劳动节、统一日、圣诞节、复活节等节假日，每年假期超过 150 天。德国法律规定，人们可以根据自己实际情况分拆安排休假日期。德国 16 个州学校的放假时间都不一样，家长可根据学校放假时间提前同雇主协商何时休假。

澳大利亚

澳大利亚的公共假日虽然不少，但大部分假日只有一天的时间。澳大利亚实行的是“带薪假期”制度，除了公共假日外，澳大利亚公民每年至少有 20 天的带薪休假，还可获得相当于平时工资 17.5%的奖励工资。

荷兰

荷兰法律对不同工种休假作出明确规定。例如，荷兰媒体从业人员每年享有 25 天带薪假，而且包括雇主向员工额外发放的度假津贴。而荷兰大学研究人员的带薪假可达到40天，外加年薪8%的度假津贴。荷兰税法规定，如果放弃休假加班，员工年收入将增加，但同时将缴纳更多所得税，得不偿失。

印度

印度全年法定节假日和周末共120天，政府雇员每年还带薪享受最多30天病假和30天的“特权假”。由于印度的传统节日大多集中在春季和冬季，因此许多印度人喜欢选择在这两个时间段度假。此外，印度还有众多的宗教节日。尽管如此，印度并没有举国上下扎堆过节的现象，这或许与印度人的节假日比较分散有关。

资料来源：人民政协网. http://cppcc.people.com.cn/n/2013/1220/c34948-23899593.html.

上述两个客观条件主要是针对消遣型旅游者来说必备的基本条件，然而，对于商务旅游者、会议旅游者和公务旅游者来说，他们的出游是工作的需要，不存在出游的经费和时间问题。

2. 主观条件

实现旅游需求的主观条件是指人们须具有出游的动机。旅游动机是引发和驱使人们出外旅游的内在力量。心理学家认为，动机是人体内一种内在的、用以缓和某种紧张状态的积极的动力。它是由需要来推动的，一个人有什么样的需要就会产生为满足这种需要的动机。旅游动机的产生与人类其他行为动机一样，都是来自个人的需要。人们为了健康的需要到他地去疗养，为了开阔眼界、增长见识去异地游览风景名胜，为了消除疲劳、暂时避开紧张的工作或生活环境到另一个地方去度假等，都是为了满足自身某方面的需要。反之，一个人若没有这种需要，或没有意识到这种需要，其旅游动机也就不会产生。

同样，旅游需求产生的这一基本条件也是针对消遣型旅游者而言的，至于商务、会议和公务等类型的旅游者虽然也有出游的动机，但它不是由个人的需要推动的，而是由单位（政府部门、企事业、社会团体）业务工作需要来推动的。

个人出游动机虽然在很大程度上同人们的心理特征、文化素养以及年龄和性别等个人因素密切相关，然而也同外界的客观因素，如社会历史条件、经济发展状况以及一些微社会环境（家庭、邻里、朋友、同事等）相关。后者对一个人旅游动机的形成有时也会产生重要影响，比如一个人原不准备出游，但在朋友的诱导和激励下也打算一道出游。

三、旅游需求的主要特征

由于旅游需求不仅受个人出游条件的限制，而且还要受到社会、技术、经济和政治方面诸多因素的影响，因而使旅游需求表现出不同的特征。

1. 旅游需求的指向性

旅游需求的指向性包括旅游需求的时间指向性和旅游需求的地域指向性。

旅游需求的时间指向性是指旅游需求在时间上具有较强的季节性。这种季节性来源于两个方面，一是旅游客源地方面，不同的国家或地区的社会习俗、假日集中时间不同，使旅游需求在时间分布上存在着较大差异；二是旅游目的地方面，由于在不同季节存在自然气候条件上的差别，因而对旅游者的吸引力也表现出很大的不同。这两方面因素的结合形成了旅游需求的时间指向性，表现为旅游目的地的旅游者流量呈现出旅游淡季、平季和旺季的差别。在旺季，门庭若市，而在淡季，则冷冷清清，造成旅游设施的大量闲置。

旅游需求的地域指向性也包含两个方面，一是从旅游客源地来说，旅游需求的地域分布表现为旅游者流向的地域集中性，即多数游客流向风景名胜地区和文化特色显著的地区；二是从旅游目的地来说，旅游需求在地域上表现为旅游热点地区和旅游冷点地区并存，即多数到访游客往往集中在交通发达、旅游设施健全、旅游吸引物知名度高的地区。但是，这并不意味着冷点地区旅游吸引物吸引力弱，这一方面有冷点地区的旅游信息传递不力的原因，另一方面也有游客对冷点地区旅游吸引物的认知问题和不少游客从众心理的因素。

西班牙的马略卡岛（Mallorca）是德国游客最喜爱的地中海岛屿之一。6月至9月是马略卡岛的旅游旺季，成千上万的德国人乘坐飞机前来享受地中海的阳光、沙滩和海水。马略卡机场是欧洲最繁忙的机场之一，2009年旺季时共接待了2120万旅客。机场是西班牙本地的欧罗巴航空的主要基地，同时也是德国柏林航空的枢纽机场。夏季在岛上漫步，听到的都是德语，还能在“德国一条街”品尝到地道的德国啤酒，仿佛置身柏林街头。

2. 旅游需求的整体性

旅游需求的整体性是指人们对旅游活动的需求具有多面性或系列性，即行、游、住、食、购、娱等多个方面的需要。虽然在现实中并非每个游客都有这些方面的需要，然而多数游客，特别是团体游客都需要旅游目的地为其提供这些方面的服务。至于自助游的散客，虽然他们采取了零星购买的方式，但其旅游活动的顺利进行，也需要对这些方面逐步购买。即使一日游游客也需要目的地为其提供交通服务、景点游览、餐食供应、导游服务，乃至购物服务。这说明旅游需求不是单一的需求，而具有系列性。

3. 旅游需求的敏感性

旅游需求的敏感性是指人们对出游环境发生变化所作出的敏感反应。人们出游固然是为了满足其求新、求知、求奇、求异的需要，但是如果出游环境发生了不利的情况，如旅游目的地国家的货币大幅升值，大大超出了旅游预算，旅游者可能会取消到该国的旅游。如果旅游目的地国家或地区发生了政治动乱，或与其所在国的国家关系紧张，或旅游目的地国家或地区发生了流行性传染病或恐怖活动，危及其出游安全，旅游者也会放弃对该国或地区的出游计划。

2003年爆发的"非典"给我国旅游业造成了严重的打击。据国家旅游局估计，2003年上半年，我国国际旅游收入减少了36亿美元，国内旅游收入减少840亿元人民币。基于二季度的影响和对"非典"疫情趋势的判断，2003年全年，旅游外汇收入减少88亿美元，国内旅游收入减少2037亿元人民币，旅游业总收入损失2768亿元人民币。不包括原计划增加的部分，旅游业的外汇收入减少43%，国内旅游收入减少53%，旅游总收入减少50%。

4. 旅游需求的多样性

旅游需求的多样性是指人们在旅游地选择、旅游方式、旅游等级、旅游时间和旅游类型等方面存在的差异性。不同的游客，由于在职业、年龄、性别、受教育程度、社会地位、消费习惯和旅游偏好等方面不尽相同，因而旅游需求是多种多样的。旅游需求的多样性构成了旅游市场的复杂性，一方面，旅游需求的多样性要求旅游供给具有多层次性；另一方面，由于旅游供给在一定时期内具有相对稳定性，因而旅游需求的多样性和变化性与旅游供给结构之间有时会产生技术上的供求矛盾。

四、旅游需求规律

如前所述，影响旅游需求的因素很多，其中对旅游需求产生直接影响的是目的地旅游产品价格、旅游者的可自由支配收入和闲暇时间。旅游需求规律反映的就是在其他因素不变的情况下，旅游需求量与旅游产品价格、旅游者可自由支配收入、闲暇时间的相关性和变动关系。

1. 旅游需求量与旅游产品价格之间的关系

价格变化对旅游需求量的影响主要来源于两个方面：一是旅游产品价格的变化。当旅游产品价格下降时，意味着在人们的收入水平不变的情况下购买力提高了，从而会增加对旅游产品的需求；反之，当旅游产品价格提高时，则意味着在人们的收入水平不变的情况下购买力降低了，从而会减少对旅游产品的需求。这就是价格变化所产生的收入效应。二是与旅游产品成替代关系的替代品（如手提电脑、高档音响、液晶电视等）价格的变化。当替代品价格下降时，意味着旅游产品即使价格不变则其相对价格上升了，从而会减少对旅游产品的需求；反之，当替代品价格提高时，则意味着旅游产品即使价格不变则其相对价格降低了，从而会增加对旅游产品的需求。这就是价格变化所产生的替代效应。

以上叙述表明，旅游产品需求量与旅游产品价格之间是成反向变化关系，这种关系用函数表示为：

$$Q = f(P)$$

式中，Q 表示一定时期的旅游产品需求量；P 表示该时期的旅游产品价格；f 表示它们之间的函数关系。此外，这种关系还可以用坐标图表示，如图 2-1 和图 2-2 所示。

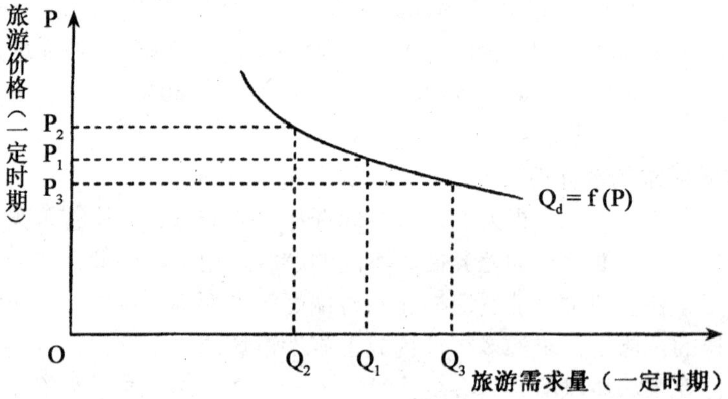

图 2-1　旅游需求与旅游产品价格之间的关系

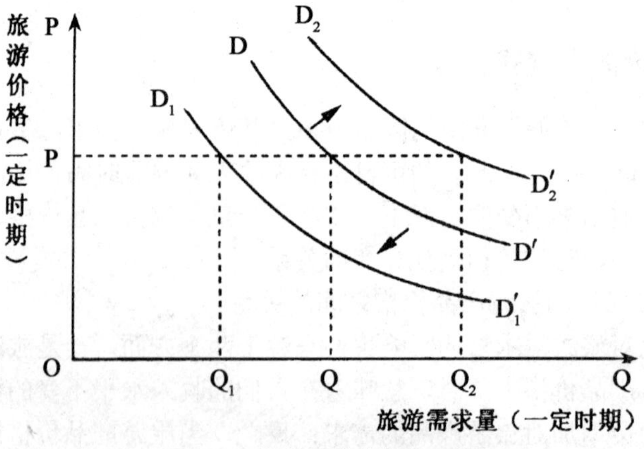

图 2-2　旅游需求曲线移动图

图 2-1 和图 2-2 表明，在其他情况不变的情况下，反映旅游需求量与旅游产品价格之间变动关系的旅游需求曲线 Q_d=f（P）是一条自左上方向右下方倾斜、斜率为负的曲线。当旅游产品价格为 P_1 时，旅游需求量为 Q_1；若旅游产品价格上升到 P_2 时，旅游需求量就降至 Q_2；若旅游产品价格下降到 P_3 时，旅游需求量就增至 Q_3。可见，旅游产品价格的变化会使旅游需求曲线的形状（陡峭或平缓）发生变化。

2013 年 4 月 10 日，凤凰古城风景名胜区对进入古城的游客收取 148 元“进门钱”，致使古城内外客栈入住率和门店销售量大跌，引发一系列社会关注与争议。古城内客栈入住率下降七成，房间价格由四五折跌至一折起。商家纷纷关门歇业，以应对无客可对的尴尬局面。即将到来的暑期，由于学生散客仅需 20 元即可进入凤凰古城，这成为古城内一些客栈老板心中的“转机”。目前客栈老板们推出的系列优惠措施，就是为了客栈能够撑到暑期。很多客栈下决心将优惠维持到 6 月底，因为 6 月底以后陆续进入学生暑期。一些客栈老板表示，如果撑不下去，那就只能搬迁或者关门了。

如果旅游产品价格不变，而影响旅游量的其他因素发生了变化，则会对旅游需求曲线产生什么样的影响呢？从图 2-2 可以看出，当对旅游需求量的增加起促进作用的其他因素发生了变化，如客源地政府放宽了居民出境旅游所携外汇限制，或目的地国家的货币相对客源国家货币贬值了，对目的地国家的旅游需求就会增加，其需求曲线会向右上方移动，即由 DD′向右上方移至 D_2D_2'；反之，当对旅游需求量起抑制作用的其他因素发生了变化，如目的地国家的通货膨胀率大大高于客源地国家，或客源地国家提高了出境税收，居民出境旅游需求就可能减少，其需求曲线会向左下方移动，即由 DD′向左下方移至 D_1D_1'。

旅游需求量同旅游产品价格之间的关系也存在着例外的情况。由于旅游产品是无形的，人们在购买之前难以揣度其质量，因而普遍认为，质量高其价格也高。在这种“优质优价”思想的指导下，当某种质量较高的旅游产品出于市场竞争的需要，将其价格降得较低，可能使一些购买者产生如下的疑问：这种低价是意味着低质，还是存在价格陷阱，而不采取购买行动。在这种情况下，旅游需求量与旅游产品价格之间不是呈反向变化，而是价格降低，需求也减少，如图 2-3 所示。

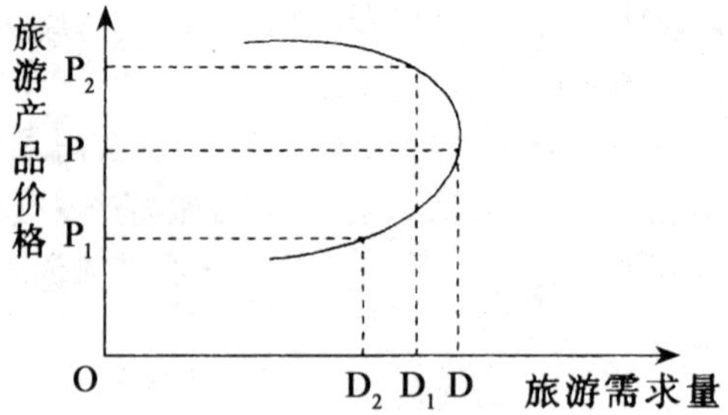

图 2-3　旅游需求量与旅游产品价格变化关系的例外

2. 旅游需求量与可自由支配收入的关系

如前文所述，旅游产品价格的变化意味着人们实际收入的增减，从而会对旅游的需求产生影响，它说明人们的收入水平同旅游需求量之间存在着密切的联系。一般说来，在其他情况不变的情况下，人们的可自由支配收入越多，对旅游的需求也会增多。主要表现为：一是出游的次数增多，二是出外旅游的天数增多，反之则相反。可见，可自由支配收入同旅游需求量之间是呈正向变化的关系，如图 2-4 所示。

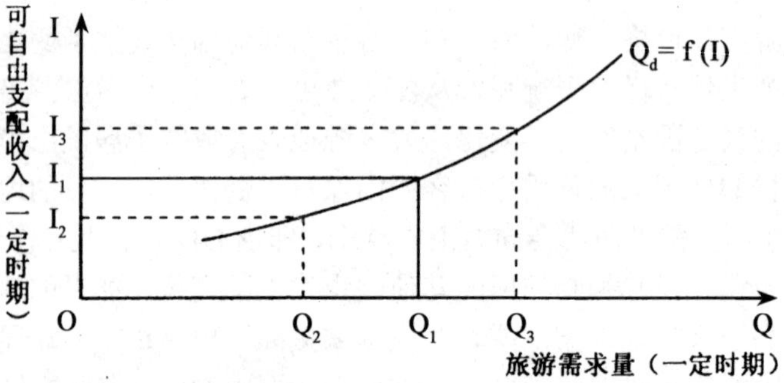

图 2-4　旅游需求量与可自由支配收入关系图

图 2-4 表明，当可自由支配收入为 I_1 时，旅游需求量为 Q_1；当可自由支配收入增至 I_3 时，旅游需求量增至 Q_3；而当可自由支配收入减少至 I_2 时，旅游需求量则降到 Q_2。它们之间的这种关系用函数表示为：

$$Q_d = f(I)$$

式中，Q_d 表示旅游需求量；I 表示可自由支配收入；f 表示它们之间的函数关系。

可自由支配收入同旅游需求量之间的关系有时也存在着例外的情况，即当人们缺乏闲暇时间时，尽管其可自由支配收入增加了，也不会引起人们的出游需求。这是因为出游不仅需要有支付能力，而且还要有一定的闲暇时间，图 2-5

反映的就是这种情况。

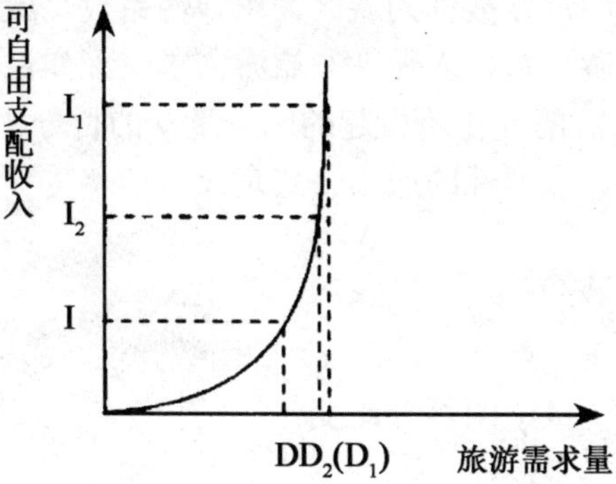

图 2-5　可自由支配收入与旅游需求量关系的例外

3. 旅游需求量与闲暇时间的关系

由于闲暇时间是产生和实现旅游需求的主要客观条件之一，因此闲暇时间的多少和连续时间的长短会直接影响旅游需求量的增减。一般说来，在其他条件不变的情况下，闲暇时间越多，连续性越长，人们对旅游的需求就会增加，反之闲暇时间越少或没有闲暇时间，人们对旅游的需求则会减少。可见，闲暇时间同旅游需求量之间也是呈正向变化的关系。

闲暇时间同旅游需求量之间的这种关系也存在着例外的情况，这是因为从经济学角度看，时间是有机会成本的。当某些人随着收入水平的提高，闲暇时间对他们来说比购买旅游产品更加宝贵，因而可能将来之不易的闲暇时间用于其他个人放松活动，而减少或放弃出游的需求。

根据上述分析，旅游需求规律可以概括为：在其他因素不变的情况下，旅游需求量与人们可自由支配收入和闲暇时间的多少成正向变化，而同旅游产品价格成反向变化。

第三节　旅游需求弹性与弹性系数

一、旅游需求价格弹性与弹性系数

1. 旅游需求弹性

上文提到，决定和影响旅游需求的因素有多种，它们的变化会引起旅游需求量相应的变化，这种变化关系被称之为旅游需求弹性，而测定它们的变化引起旅游需求变化程度的尺度被称为旅游需求弹性系数。旅游需求弹性主要有旅游需求价格弹性、旅游需求收入弹性、旅游需求交叉弹性和代用品弹性。

弹性是指自变量 x_1 的变化所引起的因变量 y 的百分比变化。它包括点弹性和弧弹性两种。其中，点弹性的通用公式是：

$$e=\frac{\Delta y/y}{\Delta x/x}=\frac{x\Delta y}{y\Delta x}$$

该式的含义是，在 x 点上，y=f（x）的函数弹性（e）是由于自变量 x 的百分比变化而引起的因变量 y 的百分比变化。

弧弹性的通用公式是：

$$e=\frac{y_2-y_1}{(y_2+y_1)/2}\div\frac{x_2-x_1}{(x_2+x_1)/2}=\frac{(y_2-y_1)/(y_2+y_1)}{(x_2-x_1)/(x_2+x_1)}=\frac{(y_2-y_1)(x_2+x_1)}{(y_2+y_1)(x_2-x_1)}$$

式中，x_2-x_1 和 y_2-y_1 分别表示 x、y 变化前与变化后的结合，即 Δx 、Δy；被 2 除是用来反映 x、y 的平均变化，并被用来作为衡量百分比变化的基础，它在算式中被消除了。

2. 旅游需求价格弹性与弹性系数的含义

旅游需求价格弹性是指旅游需求量随旅游产品价格变化而发生相应变化的关系。旅游需求价格弹性系数是用来测定旅游需求随旅游产品价格变化而变化的程度的尺度，它是用旅游需求变化的百分比与旅游产品价格变化的百分比的比值表示的。其中，点弹性的公式是：

$$E_p=\frac{Q_2-Q_1}{Q_1}\div\frac{P_2-P_1}{P_1}=\frac{\Delta Q}{Q}\div\frac{\Delta P}{P}=\frac{P\Delta Q}{Q\Delta P}$$

式中，E_p 表示旅游需求价格弹性；Q_1 表示期初旅游需求量；Q_2 表示期终旅游需求量；P_1 表示期初旅游产品价格；P_2 表示期终旅游产品价格；ΔQ 表示期终对期初的旅游需求增（减）量；ΔP 表示期终对期初的旅游产品价格上升（下降）量。

旅游需求价格弧弹性的公式是：

$$E_p=\frac{Q_2-Q_1}{(Q_2+Q_1)/2}\div\frac{P_2-P_1}{(P_2+P_1)/2}=\frac{(Q_2-Q_1)(P_2+P_1)}{(Q_2+Q_1)(P_2-P_1)}$$

例如，某旅行社 2013 年某种包价旅游产品为 4000 元，销售量为 1200 人次，2014 年由于燃油价格上调，该包价产品价格提升至 4500 元，销售量降为 1000 人次。其需求的价格弹性系数为：

$$Ep=\frac{1000-1200}{1200}\div\frac{4500-4000}{4000}=-1.33$$

由于在经济讨论中，负号可以略去，取其绝对值，所以上例中的旅游需求价格弹性系数为 1.33。弹性系数的绝对值越大，说明该种产品的需求越具有弹性。

3. 旅游需求价格弹性系数的三种情况

旅游需求价格弹性系数有大于 1、小于 1 和等于 1 三种情况。

（1）$|E_p|>1$，表明旅游需求价格弹性较大，即旅游产品价格较小的变化会引起旅游需求量较大幅度的变化，这时的旅游需求曲线在坐标图上表现得比较平缓，如图 2-6 所示。

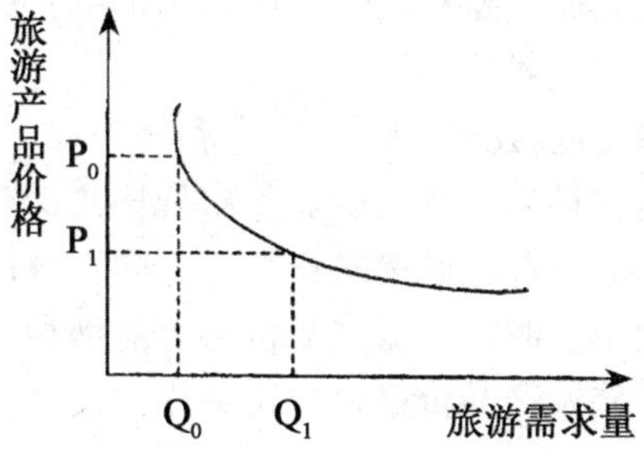

图 2-6　旅游需求价格弹性系数大于 1

（2）$|E_p|<1$，表明旅游需求价格弹性较小，即旅游产品价格的一定比例的变化只能引起旅游需求量更小比例的变化，这时的旅游需求曲线在坐标图上表现得比较陡峭，如图 2-7 所示。

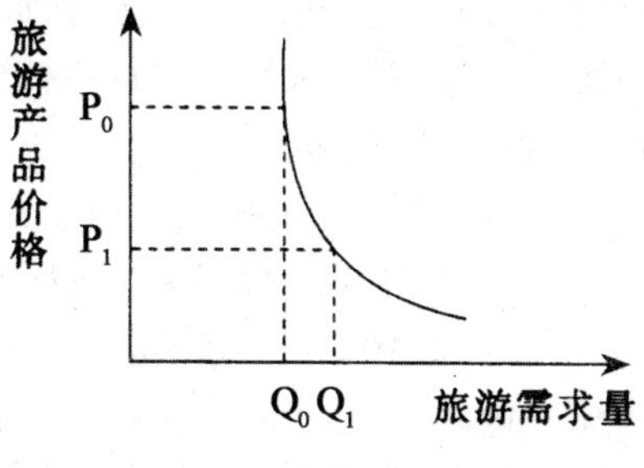

图 2-7　旅游需求价格弹性系数小于 1

（3）$|E_p|=1$，表明旅游需求价格弹性适中，即旅游产品价格一定比例的变化，旅游需求量也以同一比例发生变化。

形成旅游需求价格弹性系数大小不同的主要原因是：第一，不同旅游产品对旅游者的重要程度不同。重要程度越高，其需求弹性越小，例如，奥运场馆中的“鸟巢”和“水立方”目前都是人们一睹为快的项目，即使参观价格有一定幅度的提高，其需求量在一定时期内也不会减少；反之，重要程度越低，其需求弹性则越大。第二，不同旅游产品的替代程度不同。替代程度越高的旅游产品，其需求弹性越大，例如，同是溶洞旅游点，桂林的芦笛岩与七星岩呈互代关系，其中一处门票价格一定程度的降低，就会引起需求更大程度的增加。反之，替代程度越低的旅游产品，其需求弹性就越小。第三，旅游者对价格变化反应的时间长短不同。旅游者对旅游产品价格变化反应的时间越短，其需求弹性就越小，例如，航空票价突然调高，乘飞机出行的人数并不会马上减少。反之，调价的时间较长，一些人便可能改变出行方式，如乘坐高铁，航空旅游需求弹性就大。第四，某项产品在总产品价格中所占比重不同。所占比重越大，其需求弹性也越大，反之则越小。

4. 旅游需求价格弹性系数与总收入的关系

认识旅游需求价格弹性对于旅游企业作出价格决策具有重要意义，即旅游产品价格的百分比变化会引起旅游需求量相反方向百分比的变化。因此，当旅游需求价格弹性系数大于 1 时，降低产品价格可能增加总收入，因为此时需求数量的百分比变化大于旅游产品价格百分比变化；反之，当旅游需求价格弹性系数小于 1 时，适当提价有可能增加总收入，因为此时需求数量的百分比变化小于旅游产品价格的百分比变化。

由于旅游总收入是旅游产品价格与销售量的乘积，不同旅游产品，其需求价格的弹性不同，因而价格变动引起的销售量的变动也不同，从而旅游总收入也不同。例如，有两家饭店，它们某日销售的客房数均为 200 间，每间房价 500 元，其中甲饭店是一家面向度假者的饭店，需求富于弹性，假定为 1.2；乙饭店是一家面向会议旅游者的饭店，则需求缺乏弹性，假定为 0.85。它们当日的客房总收入均为 10 万元（500 元×200 间）。

当甲饭店的房价降低 10%，即每间 450 元，由于其需求弹性为 1.2，即房价降低 10%，客房需求量增加了 12%，则客房销售量为 200 间×（1+12%）=224 间。此时，该饭店的客房总收入为 10.08 万元（450 元×224 间）。

当乙饭店也将房价降低 10%时，由于其需求缺乏弹性，则其客房销售量仅增加 17 间［200 间×（1+8.5%）］，即 217 间，其客房总收入为 9.765 万元（450 元×217 间），比降价前少收入 0.235 万元。

旅游需求价格弹性系数与旅游总收入的关系归纳起来，如表 2-2 所示。

表 2-2　旅游需求价格弹性系数与总收入的关系

旅游需求价格弹性（E_p）	价格变动	需求变动	总收入变动
$\left\|E_p\right\|>1$	上升 下降	下降更多 上升更多	下降 上升
$\left\|E_p\right\|<1$	上升 下降	下降较少 上升较少	上升 下降
$\left\|E_p\right\|=1$	上升 下降	同比例下降 同比例上升	不变 不变

总之，当旅游需求为富于弹性的产品时，其销售收入与价格成反方向变化，即总收入随价格的提高而减少，随价格的降低而增加；而当旅游需求为缺乏弹性的产品时，其销售收入与价格则是同方向变化，即总收入随价格的提高而增加，随价格的降低而减少。

二、旅游需求收入弹性与弹性系数

旅游需求收入弹性是指旅游需求量随着消费者可自由支配收入的变化而相应变化的关系。旅游需求收入弹性系数是测定旅游需求量受可自由支配收入变化影响程度的尺度。它是旅游需求量的百分比变化与可自由支配收入百分比变化的比值。它也有点弹性与弧弹性两种。点弹性的公式是：

$$E_i=\frac{Q_2-Q_1}{Q_1}\div\frac{i_2-i_1}{i_1}=\frac{\Delta Q}{Q}\div\frac{\Delta_i}{i}=\frac{\Delta Q_i}{Q\Delta_i}$$

旅游需求收入弧弹性的公式是：

$$E_i=\frac{Q_2-Q_1}{(Q_2+Q_1)/2}\div\frac{i_2-i_1}{(i_2+i_1)/2}=\frac{(Q_2-Q_1)(i_2+i_1)}{(Q_2+Q_1)(i_2-i_1)}$$

式中，i_1、i_2 分别表示期初、期终的可自由支配收入；Δi 表示期终对期初可自由支配收入的增量；Q_1、Q_2 和 ΔQ 同上。

由于旅游需求量随消费者可自由支配收入的增减而增减，所以旅游需求收入弹性系数始终为正值。当 $E_i>1$ 时，说明旅游需求量受可自由支配收入影响程度大，即可自由支配收入一定程度的变化会引起旅游需求量更大程度的变化。在坐标图上，旅游需求曲线较为平缓，如图 2-8 所示。反之，当 $E_i<1$ 时，则说明旅游需求量受可自由支配收入影响程度小，即可自由支配收入一定程度的变化只引起旅游需求量较小程度的变化。在坐标图上，旅游需求曲线则比较陡峭，如图 2-9 所示。当 $E_i=1$ 时，则二者的变化按同一比例增减。

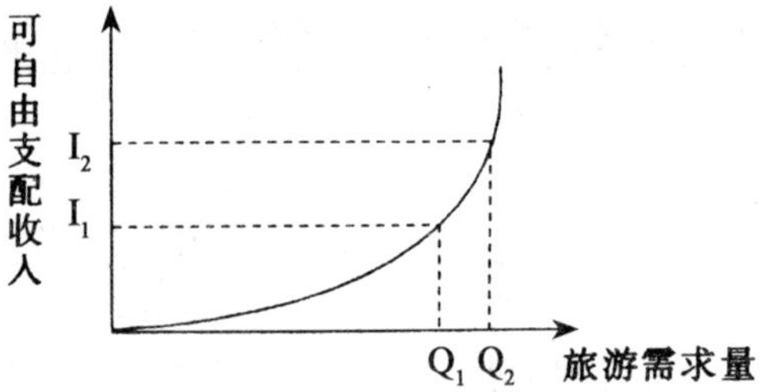

图 2-8 旅游需求收入弹性系数大于 1

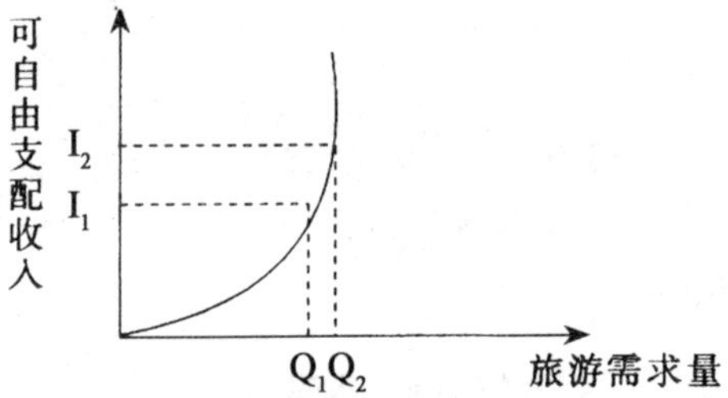

图 2-9 旅游需求收入弹性系数小于 1

形成旅游需求收入弹性系数上述三种情况的主要原因是：消费者的旅游偏好不尽相同，不同旅游目的地的旅游产品存在差异，从而产生了不同的旅游需求。在人们可自由支配收入增加的情况下，导致了对某些旅游产品的需求大幅上升，而对另外一些旅游产品需求的影响则较小。

一般说来，若某一产品的需求收入弹性系数等于或大于 1，则该产品的销售将同整个国家经济的变化相一致。一些高档产品，如汽车的需求收入弹性系数较大，约在+2.5 至+3.9 之间，在经济衰退时其销售量会急剧下降，而在经济繁荣时则大量增加。消遣性旅游产品属于一种较高层次的消费，其需求的收入弹性也比较大，较容易受经济形势影响。

认识和把握旅游产品需求收入弹性系数大小的意义主要在于，提醒旅游目的地和旅游经营者要密切关注旅游客源地的经济发展状况以及居民可自由支配收入的变化情况，以预测这种变化对其旅游产品需求的影响，从而采取必要的措施，扩大市场需求或降低可自由支配收入减少时对其产品的需求产生的负面影响。

三、旅游需求相互制约弹性与弹性系数

旅游需求相互制约弹性又称旅游需求交叉弹性，是指一种旅游产品价格的变化对另一种旅游产品需求所产生的影响。而测定这种影响程度的尺度称为旅游需求交叉弹性系数。它也有点弹性和弧弹性两种。其中，点弹性的计算公式为：

$$Exy = \frac{\Delta Qx}{Qx} \div \frac{\Delta Py}{Py} = \frac{\Delta QxPy}{\Delta PyQx}$$

或

$$Eyx = \frac{\Delta Qy}{Qy} \div \frac{\Delta Px}{Px} = \frac{\Delta QyPx}{\Delta PxQy}$$

旅游需求交叉弹性弧弹性的计算公式为：

$$Exy = \frac{Qx_2 - Qx_1}{(Qx_2 + Qx_1)/2} \div \frac{Py_2 - Py_1}{(Py_2 + Py_1)/2} = \frac{(Qx_2 - Qx_1)(Py_2 + Py_1)}{(Qx_2 + Qx_1)(Py_2 - Py_1)}$$

或

$$Exy = \frac{\Delta Qx}{Qx} \div \frac{\Delta Py}{Py} = \frac{\Delta Qx}{\Delta Py} \times \frac{Py}{Qx}$$

$$Eyx = \frac{Qy_2 - Qy_1}{(Qy_2 + Qy_1)/2} \div \frac{Px_2 - Px_1}{(Px_2 + Px_1)/2} = \frac{(Qy_2 - Qy_1)(Px_2 + Px_1)}{(Qy_2 + Qy_1)(Px_2 - Px_1)}$$

或

$$Eyx = \frac{\Delta Qy}{Qy} \div \frac{\Delta Px}{Px} = \frac{\Delta Qy}{\Delta Px} \times \frac{Px}{Qy}$$

式中，Qy_1、Qy_2（或 Qx_1、Qx_2）分别表示一种旅游产品期初与期终的需求量；ΔQ 表示该种旅游产品期终对期初的旅游需求增（减）量；Px_1、Px_2（或 Py_1、Py_2）分别表示另一种旅游产品期初与期终的价格；ΔP 表示该种旅游产品期终对期初价格上升（下降）量。

旅游需求交叉弹性系数有正负或零与大小之分。若两种旅游产品之间成替代关系（如航空旅游产品与铁路旅游产品之间），则旅游需求交叉弹性系数为正数，表明当一种旅游产品价格的提高会使另一种旅游产品的需求增加，增加的数值越大，说明替代程度越高或竞争的程度越强，反之则相反。例如，2013 年 y 国与 x 国的某包价旅游产品每人每天均为 80 美元，其中 y 国产品的需求量为 10 万人次，x 国产品的需求量为 8 万人次。2014 年，y 国产品仍维持原价，x 国则将其产品每人每日价格降为74美元，使该国产品的需求量增加至9万人次，y 国产品的需求则减少至 9.5 万人，那么当 x 国产品降价 10% ，对 y 国产品需求的影响程度是：

$$Eyx = \frac{95000 - 100000}{100000} \div \frac{74 - 80}{80} = \frac{0.05}{0.075} = 0.67$$

由于 x 国产品每人每天下降 6 美元，比原价下降了 7.5%（6/80）；y 国产品需求量减少了 5000 人，即减少了 5%（5000/100000）。若 x 国产品价格下降 10%，则对 y 国旅游需求的影响为 6.7%（$\frac{5\%}{7.5\%} \times 10\%$）。

若两种旅游产品之间成互补关系（如旅行社产品与饭店产品之间），则旅游需求交叉弹性系数为负数，表明当一种旅游产品价格的提高会使另一种旅游产品的需求减少，减少的数值越大，说明它们之间的相互依赖程度越高或互补关系越密切，反之则相反。例如，2013 年我国某航空公司由 x 国飞往我国的机票为 400 美元，年乘客为 60000 人，我国某旅行社为 x 国旅游者制定的包价旅游产品每人每天 80 美元，年接待 x 国旅游者 65000 人次；2014 年因燃油价格上涨，该航空公司将机票提高到 430 美元，年乘客降至 50000 人，由于航空机票价格上调，该旅行社也将其包价旅游产品提高至每人每天 85 美元，年接待 x 国旅游人次减至 62000 人，那么该航空公司机票若提价 10%，对该旅行社产品需求的影响程度是：

$$Eyx = \frac{62000-65000}{65000} \div \frac{430-400}{400} = \frac{-0.046}{0.075} = -0.613$$

由于航空公司机票提高 30 美元，即提高了 7.5%（30/400），旅行社产品需求减少了 3000 人次，即减少了 4.6%（3000/65000）。若机票价格提高 10%，则对该旅行社需求的影响为-6.13%（$\frac{-0.046}{0.075}\times 10\%$）。

若两种旅游产品均是独立的（如会议旅游产品与探险旅游产品），互不相关，则其弹性系数为零。

正确认识旅游需求交叉弹性的意义在于，在激烈的旅游市场竞争中，任何旅游目的地国家或地区都应密切关注旅游市场上其他目的地国家或地区旅游产品价格的变化，这种变化会对自己旅游产品的需求带来什么影响（是正向还是反向）以及影响的程度有多大，从而采取正确的对应策略，以扩大需求，实现旅游产品经营的目标。

四、代用品弹性

由于旅游产品消费是一种相对较高层次的消费，尤其是中远程的出境旅游，一般花费较高，因此人们对旅游的需求常常会受到对旅游产品具有替代功能的其他高档产品（如液晶电视、小汽车等）需求的影响，这种影响称为旅游需求的代用品弹性，即这些代用品边际替代率（Marginal Rate of Substitution, MRS）的相对变化会引起旅游需求的相应变化。测定这种影响程度的尺度称为代用品弹性系数。它也分为点弹性和弧弹性两种。其中，点弹性的计算公式是：

$$Ess = \frac{\Delta(x/y)}{x/y} \div \frac{\Delta MRS}{MRS} = \frac{\Delta(x/y)/(x/y)}{\Delta(Px/Py)/(Px/Py)} = \frac{Px/Py\Delta(x/y)}{x/y\Delta(Px/Py)}$$

代用品的弧弹性计算公式是：

$$Ess = \frac{\left[(x/y)_2-(x/y)_1\right]/\left[(x/y)_2+(x/y)_1\right]}{\left[(Px/Py)_2-(Px/Py)_1\right]/\left[(Px/Py)_2+(Px/Py)_1\right]}$$

式中，x 表示旅游需求量；y 表示代用品需求量；Px 表示旅游价格；Py 表示代用品价格；MRS 表示边际替代率，$MRS = -\Delta y / \Delta x = Px/Py$（负号表示需求方向相反，在公式中舍去）。

上述公式反映的是在一定的生活水平下，假定代用品与旅游产品对购买者来说，其总效用是一样的（这是不现实的），当代用品价格发生变化时，代用品与旅游产品之间相互代用的程度。

第四节　影响旅游需求的因素与旅游需求测量指标

一、影响旅游需求的因素

除了可自由支配收入、闲暇时间和旅游产品价格这三个影响旅游需求的关键因素之外，旅游需求还受其他许多客观因素的影响。这些因素概括起来可分为三个方面：一是旅游客源地方面的因素；二是旅游目的地方面的因素；三是旅游客源地与旅游目的地之间相互关系方面的因素。这些因素涉及政治、经济、技术、法律、人口、家庭和社会习俗等多个方面，它们分别对旅游需求的产生和发展起促进或抑制作用。

1. 客源国（地区）方面的因素

客源国（地区）方面对旅游需求的推动因素主要有客源国（地区）的经济状况与发展趋势、政府对国民旅游的政策和态度以及人口因素等。它们与旅游需求量的大小成正方向变化，即客源国（地区）这些因素的推动作用越大，旅游需求量就越大，反之，推力不足，旅游需求量就减少。

（1）客源国（地区）经济状况与发展趋势会对国民收入产生影响，经济发展势头好，国民收入就多，居民可自由支配收入也会增多，不仅会对当期旅游需求的扩大起推动作用，而且经济发展势头良好还会对居民未来的收入预期产生影响，从而推动居民放心地进行旅游消费。在经济发展方面，科学技术的应用使劳动生产率不断提高，从而使社会用于物质产品生产的社会必要劳动时间相对减少，而用于满足文化和精神需求的产品生产时间相应增多。20 世纪 60 年代以来，东西方许多工业化国家以立法形式规定的带薪休假制度就是社会劳动生产率大大提高的结果。由此可见，社会经济的发展在人们收入水平和闲暇时间增多两个方面为旅游需求的扩大奠定了基础。反之，经济状况不好，且有恶化的趋势，人们对未来持悲观态度，即使手头有一些可自由支配收入，人们仍将持币以待，对旅游需求就会减少。

（2）政府对国民旅游的态度和政策将直接影响旅游需求量的变化。如果客源国（地区）政府对居民旅游持支持态度，就会在政策上体现出来，即刺激居民旅游需求的增长。例如，我国自 20 世纪 90 年代以来，一直采取“适度发展出境旅游”的政策，居民出境旅游在一定程度上受到限制。在中央关于提升我国软实力精神指导下，我国出境旅游政策由“适度发展”转变为“规范发展”，于 2006 年制定了《中国公民出国（境）旅游文明行为指南》和《中国公民出境旅游突发事件应急预案》。与此同时，出境旅游所需外汇管制大大放松，目前出境旅游目的地国家和地区已达 135 个，经营出境旅游的旅行社由 1997 年的 67 家增至 2006 年的 672 家。在这些政策和措施的推动下，我国公民出境旅游人次由 1997 年的 532.39 万增至 2007 年的 4095 万，年均增长 22.7%。反之，政府若对居民出游采取限制政策，如限制出境所携外汇数额、提高居民出境税等，居民出境旅游需求就会减少。例如，1983 年 3 月法国政府颁布的《法国公民出国旅游外汇管理规定》中规定，成年法国公民每人每年出国时，只准随身携带 2000 法郎（相当于当时 280 美元）的外汇。若超过规定的限额，超额部分予以没收，并课以同等数量直至 5 倍的罚款，超过数量甚巨者，将被判 1～5 年监禁。此规定一出，使同年 4～8 月法国出国旅游人数比上年同期减少了 25%～30%。

（3）客源国（地区）人口规模、分布和人口结构也会对旅游需求产生影响。

①人口规模。客源国（地区）总人口数量大，不仅意味着对基本生活资料的需求多，而且一般说来对包括旅游在内的非基本生活资料的需求也多。第二次世界大战以后，现代旅游的规模之所以不断扩大，其原因之一就是世界总人口数在不断增加。世界总人口与国际旅游人次的增加情况如表 2-3 所示。

表 2-3　世界总人口与世界国际旅游人次变化情况

年份	世界人口总数（亿）	世界国际旅游人次（亿）	旅游人次占世界总人口比重（%）
1950	25.00	0.25	1.01
1960		0.69	
1970	36.10	1.86	5.15
1980	44.15	2.84	6.44
1990	52.90	4.56	8.62
2000	61.00	6.86	11.246
2005	64.77	8.08	12.47
2010	69.09	9.39	13.59

资料来源：世界旅游组织。

此外，从世界主要客源国来看，若两个国家出国旅游人次占其人口的比例大致相似，那么人口基数大的国家，其出国旅游的绝对人数就多。例如，2000年，俄罗斯出境旅游人次占其人口总数的12.24%，韩国出境旅游人次占其人口总数的11.2%，然而在出境旅游绝对人数上，俄罗斯为1837.1万，韩国只有525万，因为俄罗斯的总人口为1.47亿，而韩国只有4684万。

②人口分布。客源国人口的地理分布对旅游需求的影响主要表现在一个国家城市化程度的高低。一般说来，首先，城市居民出游的比率要远远高于乡村居民。因为城市居民收入一般要高于乡村居民，可自由支配收入也高，更具有外出旅游的经济条件；其次，城市的交通发达，信息通畅，居民受教育程度较高，因而更易于产生和实现出游的愿望；最后，城市人口稠密，环境污染比较严重，工作、生活节奏较快，很需要到空气洁净的地方去换换环境，缓解紧张的心情，调节心理平衡。例如，美国2/3的人口生活在面积占该国1/3的东部地区，是东部地区出游人数远远多于其他地区的主要原因。

③人口结构。人口结构是指人口的年龄、性别和职业构成。它们同旅游需求也密切相关。不同年龄的人，收入水平不同，对旅游需要的程度也不同。一般说来，青年人精力旺盛，身体健康，有强烈的好奇心与求知欲，十分向往旅游，但他们一般没有固定收入或收入不多，出外旅游受经济条件限制较大；中年人往往事业有成，经济状况也比较好，身体也不错，外出旅游的条件较好，并且他们由于公务、商务、会议目的出游机会较多，所以这个年龄段的人旅游需求规模大，消费水平较高；老年人有足够的可自由支配收入和充裕的闲暇时间，只要身体条件好，他们也是旅游市场上一支重要的力量。性别虽然并不直接影响旅游需求，但在出游的人数上，男性一般要多于女性，这是因为男性与女性在社会和家庭中扮演的角色不同，使得他（她）们在旅游需求上存在差异。职业不同意味着人们的工作性质、经济收入、闲暇时间和因公外出的机会不同，一般说来，商贸人员、专业人员和中高级管理人员以及“白领”职业人员的旅游需求多于从事“蓝领”工作的体力劳动者。

2. 目的地国家（地区）方面的因素

目的地国家（地区）对旅游需求的影响主要是起拉力作用，它们与旅游需求量的大小呈正方向变化，旅游目的地国家（地区）的拉力或吸引力越大，旅游需求量就会越大；反之，旅游目的地国家（地区）拉力不足或吸引力有限，旅游需求量就会下降。旅游目的地国家（地区）的拉力因素主要包括旅游供给因素、物价水平、政府政策和居民的态度。

（1）旅游供给因素。旅游目的地国家（地区）的旅游供给因素对旅游需求有重要影响，甚至对旅游需求的方向即游客对目的地的选择起决定作用。旅游供给因素包含的内容很多，如旅游资源、旅游设施、旅游服务等。其中旅游资源的赋存状况、类型和品味是吸引游客来访的主要动力，对游客选择目的地往往起关键作用。这里，应明确的是这些对旅游者具有吸引力的旅游资源只有经过合理开发，并与各种配套设施组合成产品，然后通过有效的促销才能转化为经济优势。此外，旅游供给因素还包括各种旅游设施和旅游服务质量。旅游设施完善程度高、旅游服务质量高会增强旅游目的地国家（地区）的整体吸引力，反之则会削弱这种吸引力。

（2）物价水平。物价水平指的是旅游目的地国家（地区）的消费品物价指数，如果旅游目的地国家（地区）的消费品物价指数的上升幅度超过客源国（地区）或其他旅游目的地国家（地区），就会阻碍客源国（地区）的居民来访，因为这意味着旅游目的地国家（地区）旅游消费费用的上升，客源国（地区）游客来访的开支要增加。根据旅游需求规律，旅游价格的升高会引起旅游需求量的减少。反之，旅游目的地国家（地区）物价水平上升幅度低于客源国（地区），旅游需求量就会增加，因为游客用同样数量的货币能在旅游目的地国家（地区）买到更多的东西。

（3）政府政策。目的地国家政府政策对旅游需求的影响也是明显的。目的地国家政府实行对外开放和支持自由贸易的政策不仅有助于商贸客人的增加，为他们的自由往来提供良好的环境，而且一些宽松的措施，如放宽签证、简化入境手续等也有利于旅游需求的扩大。

（4）居民的态度。目的地国家（地区）居民对来访游客的热情、友善和乐于助人的态度，不仅可为外来游客在目的地的旅游活动创造良好的人际环境，而且也会增强旅游吸引力。

3. 客源地与目的地之间的互动因素

客源地与目的地之间的互动因素主要有距离因素、货币汇率、政治因素和技术因素等。

（1）距离因素。客源地与目的地之间的距离对旅游需求量的影响比较大。距离不仅包括空间距离，而且包括经济距离和文化距离。其中，空间距离与经济距离意味着阻力，它与旅游需求量成反方向变化。距离越远，旅游需求量就越小，反之需求量就越大。

首先，客源地与目的地之间空间距离越大，即旅游路程遥远，途中所需时间较多，而人们的闲暇时间是一定的，如果闲暇时间有限，人们只能弃远而从近，选择就近旅游。反之，空间距离短，途中所需时间少，旅游需求量就会增多。

其次，客源地与目的地之间的经济距离是指从客源地至目的地往返的交通费用。虽然现代交通工具十分发达，两地间的空间距离对旅游需求实现的阻力在降低，然而两地间的经济距离仍对旅游目的地的吸引力产生影响，因为两地间的空间距离越大，游客支付的交通费也越多，在远程国际旅游中，国际交通费约占全部旅游费用的 1/3。在旅游预算约束下，过高的旅游交通费必定会影响游客对目的地的选择。在旅游市场上，随着客源地与目的地之间经济距离的加大，旅游需求量会呈现逐渐递减的变化趋势，这就是旅游需求的距离衰减规律。它表明，经济距离越大，游客面临的阻力也越大，旅游目的地的吸引力就越小。这也是为什么在国际旅游市场上，绝大多数游客以邻国旅游为主的原因之一。

最后，客源地与目的地之间的文化距离是指二者之间以语言为主要特征的文化差异程度。这里的文化差异主要包括语言差异、生活习惯差异、社会文化差异等。对于不同的游客来说，文化差异对其旅游需求的影响也不同。对于好奇心强的游客和某些专门研究文化差异的人来说，文化差异正是他们所追求的，从而构成了旅游需求的推动力；而对另一些游客来说，文化距离可能使他们产生不安和恐惧，成为他们旅游需求的障碍。

（2）货币汇率。客源国家与目的地国家之间的货币汇率对旅游需求会产生直接影响。汇率反映两个国家货币之间的比价。如果旅游目的地国家的货币相对客源国货币贬值了，意味着前者的旅游价格相对下降了，有利于后者的游客增加对前者的旅游需求。反之，如果前者的货币相对后者的货币升值了，意味着前者的旅游价格相对提高了，会减少后者的游客对前者的旅游需求。

汇率的变动不仅影响国际旅游需求，而且也会影响国内旅游需求。如果 A 国的货币相对 B 国或其他国家的货币贬值了，那么意味着 A 国居民到 B 国或其他国家旅游的费用增加了，从而使A国计划出国旅游的一些人转向国内旅游，使 A 国的国内旅游需求增加。反之亦然。

（3）政治因素。政治因素对国际旅游需求也会产生影响。一个国家旅游业的发展需要有良好的内外部环境，它包括客源国和目的地国以及客源国与目的地国之间的政治关系。客源国政局稳定，政府对出境旅游限制少，将有助于出境旅游需求的产生与实现；目的地国政局稳定，社会治安良好，有助于吸引境外游客的来访，对发展入境旅游起积极作用；客源国与目的地国之间的国家关系良好，双方各种人员的来往就会增加。反之，无论是客源国还是目的地国的政局不稳或者二者之间的关系恶化，旅游需求均会减少。例如，1999 年，以美国为首的北约对我驻南联盟使馆的轰炸，使中美关系降到了 1989 年以来的最低点，美国国务院向美国公民发出警告，提醒民众到中国旅游要三思而行，使已计划来中国旅游的旅游团纷纷取消预订，可见，政治因素关系到一个国家的入境旅游和出境旅游的发展。

（4）技术因素。科学技术的进步及其在旅游客源国家和目的地国家旅游业中的应用是将被抑制的旅游需求转变为有效旅游需求的主要因素。20 世纪 50 年代后期以来，高速公路的发展，高速列车的运行，大型宽体客机的投入运营，国际互联网的发展使网上旅游展示和旅游电子商务的应用得到了迅速普及，不仅给全球旅游业带来了深刻的影响和变革，而且对消费者来说降低了出游成本，使获得目的地旅游产品和服务方面透明的、可供比较的信息更加便利，有力地推动了旅游需求的扩大。

二、旅游需求测量指标

旅游需求指标是测量一个国家或地区旅游需求发展状况的尺度。根据世界旅游组织《旅游统计数字的收集和编纂》（技术手册一、二、三、四）和大多数国家以及我国旅游统计的实际，测量旅游需求的指标主要有：旅游人次、旅游者人次、一日游游客人次、游客人天数、旅游支出。其中，有些指标可分别从旅游客源国家与旅游目的地国家来考察，但不仅名称有所不同，而且在包含的内容上也有区别。

1. 旅游人次

从旅游客源国家或地区角度称为出境旅游人次，是指在一定时期内一个国家或地区居民外出旅游的人次数；从旅游目的地国家或地区角度称为入境旅游人次，是指一个国家或地区在一定时期内接待的其他国家或地区游客人次数。从一个国家或地区来看，出境旅游人次与入境旅游人次是不平衡的，然而从世界范围看，一般说来是平衡的。但是，若 X 国有一位游客赴 A 国访问 3 天（对 A 国来说，他是过夜游客，统计在该国入境旅游人次中），然后又去 B 国 1 天（对 B 国来说他是一日游游客，也统计在该国入境旅游人次中）。这样，X 国出境旅游是 1 人次，而在 A、B 两国合计为入境旅游 2 人次。因而，实际上世界范围的入境旅游人次总量要大于出境旅游人次总量。

2. 旅游者人次

从旅游客源国或地区角度称为出境旅游者人次，是指在一定时期内一个国家居民在其他国家或地区过夜的游客人次；从旅游目的地国家或地区角度称为入境旅游者人次，是指一个国家或地区在一定时期内接待的其他国家或地区过夜游客人次数。从世界范围说，出境旅游者人次与入境旅游者人次是平衡的。

3. 一日游游客人次

从旅游客源国或地区角度称为出境一日游游客人次，是指在一定时期内一个国家或地区居民在其他国家或地区不过夜的游客人次；从旅游目的地国家或地区角度称为入境一日游游客人次，是指一个国家或地区在一定时期内接待的其他国家或地区不过夜的游客人次数。从世界范围看，出境一日游游客人次与入境一日游游客人次是不平衡的。

4. 游客人天数

从旅游客源国或地区角度称为出境旅游人天数，是指在一定时期内一个国家或地区居民外出旅游的总人天数。该指标是从总量上来考察一国或地区出境旅游需求的；从旅游目的地国家或地区角度称为入境旅游人天数，是指一个国家或地区在一定时期内接待的游客总人天数，即入境旅游者人天数和一日游游客人天数之和。同样，该指标也是从总量上来考察一国或地区入境旅游需求的。从世界范围看，出境旅游人天数与入境旅游人天数是平衡的。

5. 旅游支出

旅游支出是指旅游客源国或地区的居民在一定时期内外出旅游的消费支出，包括旅游客源国家或地区与旅游目的地国家或地区之间往返的消费支出和在旅游目的地国家或地区旅游期间的消费支出。其中，后一部分构成旅游目的地国家或地区的旅游收入。在联合国和世界旅游组织的旅游统计建议中，旅游支出包括的内容如表 2-4 所示。

表 2-4 旅游支出包括和不包括的项目

支出项目	国内旅游	国际旅游
1. 出游前购买的重要物品，如汽车、大篷车、船、第二处住房，尽管这些物品有可能为将来旅行之用	不包括	不包括
2. 为此次出游购买或租用的小型耐用品或消费品，如行李、休闲/娱乐用具，即使大多数在旅游后用	包括	不包括
3. 此次出游中专门使用的服务，如交通、包价产品、旅游保险	包括	出境旅游：只包括在客源国以外接受的服务和国际交通 入境旅游：只包括在接待国内接受的服务和国际交通
4. 出游前接受的与旅行直接相关的服务，如汽车服务	包括	不包括
5. 旅游中基于商业目的购买、转售、投资或其他商业用处的支出以及商务游客为其雇主购买活动进行的支出	不包括	不包括
6. 旅游中给予亲友的现金和给公共机构的捐赠	不包括	不包括

续表

支出项目	国内旅游	国际旅游
7. 游客参与的资本投资或购买活动，如土地、房屋、汽车、大篷车、船只等不动产和大型购买，尽管可能在将来的旅行中使用	不包括	不包括
8. 旅行中在惯常环境以外购买的日常用品支出	包括	包括
9. 其他主要开支项目，如旅游中汽车大修	包括	包括
10. 小型耐用品或消费品的购买支出，不论是用于旅行中或在家中	包括	包括
11. 旅游中购买的纪念品，不论其花费多少	包括	包括
12. 旅行中享受的服务支出，如交通、住宿	包括	包括

此外，从旅游需求分析和研究的角度，上述旅游需求基本指标还可进一步衍生出出游率、出游频率、旅客人均停留天数、游客人均支出。

6. 出游率

出游率反映的是一定时期内一个国家或地区产生外出旅游需求的能力。它有两种表示形式，一种为净出游率，另一种为总出游率。前者表示的是在一定时期内一个国家或地区外出旅游的人数与其总人口的比率；后者表示的是在一定时期内一个国家或地区外出旅游的人次数与其总人口的比率。

7. 出游频率

出游频率即人均出游次数，是指在一定时期内一个国家或地区外出旅游的人次与其外出旅游的人数之比，反映一个国家或地区外出旅游需求的强度。

8. 游客人均停留天数

游客人均停留天数是指一定时期内旅游目的地国家或地区的入境游客人天数与旅游人次数之比。该指标是从平均数的角度反映旅游需求情况的。可用该指标分析不同客源市场旅游需求的变化趋势，从而为制定不同客源市场的营销计划提供依据。

9. 游客人均支出

游客人均支是指一定时期内游客支出总额与旅游人次数之比。该指标是从平均数的角度，在价值上反映一定时期内的旅游需求状况。游客人均支出一般与游客人均停留天数同向变化，但不完全成正比变化。

第五节 旅游需求预测

一、旅游需求预测类型与方法

旅游需求预测是旅游市场预测的一个重要组成部分。它是在市场调查的基础上，依据过去和现在的旅游需求资料，运用已有的知识、经验和科学方法，对未来一定时期内的旅游需求趋势和影响因素的变化，作出科学的判断、估计和推测的过程，为旅游目的地国家和地区编制旅游发展规划，以及为旅游企业制定旅游发展计划、制定旅游价格、进行营销决策提供依据。

旅游需求预测按照预测期的长短分为短期预测、中期预测和远期预测。短期预测通常是指一年之内各季度或月份的预测；中期预测一般是对1～5年变化情况的预测；远期预测常指5年以上的预测，包括10年、15年、20年预测等。

旅游需求预测按照预测内容主要分为来访游客数量预测和旅游收入预测。

旅游需求预测按照预测方法分为定性分析和定量分析两大类。定性分析方法一般适用于资料缺乏的情况，主要有营销人员意见法、旅游意向调查法和专家意见法等；定量分析方法是依据充足的统计资料，运用数学方法特别是数理统计方法，对旅游需求的未来变化进行定量测算。定量预测方法按照处理资料的不同，又可分为时间序列分析法和因果关系分析法。前者是根据时间顺序所反映的发展过程、方向和趋势，加以外推或延伸，以预测下一时间可能达到的水平，如移动平均法、指数平滑法、趋势分析法、季节指数法等；后者是在定性分析的基础上，先确定影响预测对象（因变量）的主要因素（自变量），然后根据这些自变量的观测值建立回归方程或模型，再由自变量的变化来推算因变量的变化，如一元线性回归法、二元线性回归法、多元线性回归法和非线性回归法等。

以上这些方法各有利弊，对预测条件的要求也不尽相同，因此在实际进行旅游需求预测时应根据预测资料的情况和分析问题的性质与要求进行选择。

二、定性分析法

（一）营销人员意见综合法

营销人员意见综合法是在缺乏历史数据，旅游部门或企业又难于直接接触消费者时，选择几名促销人员对其产品在未来一定时期销售量的几种可能情况所表示的意见进行综合的方法。其具体步骤为：

首先，请促销人员对某项旅游产品在未来一定时期的最高销售量、最可能的销售量和最低销售量以及它们出现的概率分别进行预测，再计算各人的期望值，如表 2-5 所示。

表 2-5 营销人员预测期望值

营销人员	预测项目	销售量	出现概率	销售量×概率
A	最高销售量	3000	0.3	900
	最可能的销售量	2200	0.5	1100
	最低销售量	1400	0.2	280
	期望值			760
B	最高销售量	3500	0.2	700
	最可能的销售量	2400	0.5	1200
	最低销售量	1200	0.3	260
	期望值			720
C	最高销售量	2800	0.2	560
	最可能的销售量	1600	0.6	960
	最低销售量	800	0.2	160
	期望值			560

其次，由于这三位营销人员关于该产品未来销售量的看法对企业决策的影响程度不同，即占权重不同，假定 A、B、C 的权重分别为 2、3、2。然后，将表 2-5 中他们的期望值与各人的权重之积相加，再计算其平均值。该平均值为预测结果，即：

$$\bar{X}=\frac{760\times2+720\times3+560\times2}{2+3+2}=685.71\text{（单位）}$$

（二）游客意向调查法

旅游意向调查法同样是在缺乏历史数据的情况下通过选择部分消费者了解其购买旅游目的地国家或地区、旅游企业产品的意向而进行需求预测的方法。该方法在市场调查预测中应用较为广泛，其步骤是：

首先，向消费者说明调查目的，并请其填写旅游意向调查表。

其次，对所填调查表的情况进行汇总，如表 2-6 所示。

表 2-6　旅游意向汇总表

旅游意向	肯定出游	可能出游	不一定出游	可能不出游	肯定不出游	合计
人数（X_i）	30	50	100	150	70	400
概率（P_i）	100%	80%	50%	40%	0	
P_iX_i	30	40	50	60	0	180

再次，按下面公式计算出游者所占比例的期望值，即：

$$E=\frac{\sum P_iX_i}{\sum X_i}=\frac{180}{400}\times 100\%=45\%$$

最后，根据所调查地区（省、市）的人口数（X），计算旅游总需求。若调查的某地区人口为 120 万，则该地区未来一定时期的旅游总需求量为 E×X=120 万×45%=54 万。

（三）专家意见法

德尔菲（Delphi）法是专家意见法中应用最广泛、最重要、最有效的方法。它是美国兰德公司针对专家会议法存在的一些缺陷而提出的。该法是以匿名的方式书面轮番征求专家们的意见，最终得出预测结果的一种集体经验判断的方法。其预测程序为：

1. 准备阶段。这个阶段包括四个方面的工作，即明确预测的主题和预测目标、选择专家、准备相关的背景资料和设计调查咨询表。其中选择专家人数一般以 20～50 人为宜。

2. 轮番征询预测值阶段。第一轮是向邀请的专家寄送调查咨询表和有关背景资料，请他们独自填写后再匿名寄回；第二轮是将第一轮专家填写的意见进行整理汇总后再寄发给专家们提意见。依此类推，直到各位专家预测的结果基本趋于一致为止。

3. 结果处理阶段。这个阶段是采用一定的方法对最后一轮专家们的意见进行统计归纳。

三、定量分析法

（一）时间序列（time series）分析法

按时间序列进行预测的优点是：第一，通常所需数据较少，且容易获得；第二，该分析方法比较容易理解，分析计算也比较简单，预测者只需中等程度的分析技巧即可，且适宜用计算机进行加工；第三，该分析方法基本上是客观的，对短期所做的预测通常是比较准确的，但也存在某种程度上的偏差；第四，时间序列分析可为因果关系分析奠定基础，一旦时间序列分析完后，可随之进行不同组成部分的因果关系分析。该方法的局限性是：第一，它只适于进行短期预测；第二，所需历史数据必须具备，且以趋势、周期与季节的序列为基础的预测需要的数据必须在时间上是一贯的，而这并不总是具备的；第三，该法不能说明因果因素对时间序列各组成部分的影响。时间序列分析通常的方法如下：

1. 一次移动平均法

一次移动平均法的预测模型为：

$$M_{t+1} = (X_t+X_{t-1}+\cdots+X_{t-n+1})/n = \frac{1}{n}\sum_{i=t-n+1}^{t} X_i$$

由于 $M_t = (X_{t-1}+\cdots+X_{t-n})/n$，所以 $M_{t+1} = M_t + (X_t - X_{t-n})/n$。

式中，M_{t+1} 表示预测值，即以 t 时期为基期的下一个时期的预测值；X_t 表示 t 时期内实际实现的数值；X_{t-1} 表示以 t 时期为基期的上一个时期内实际实现的数值，依此类推；n 表示观察值的数目。

例如，某旅行社 2007 年至 2013 年的营业额如表 2-7 所示，若观察值 n 为 3，采用一次移动平均法预测 2008 年的营业额。计算顺序如下：

$M_{2012} = (X_{2011} + X_{2010} + X_{2009})/3 = (520+470+600)/3 = 530$

$M_{2013} = (X_{2012} + X_{2011} + X_{2010})/3 = (630+520+470)/3 = 540$

$M_{2014} = (X_{2013} + X_{2012} + X_{2011})/3 = (560+630+520)/3 = 570$

或 $M_{2014} = M_{2013} + (X_{2013} - X_{2010})/3 = 540 + (560 - 470)/3 = 570$

表 2-7　一次移动平均计算表（n=3）　　单位：万元

年份	营业额（X）	理论预测值（M）
2007	500	
2008	550	
2009	600	
2010	470	550
2011	520	540
2012	630	530
2013	560	540
2014		570

由于上例所采用的观察值是 3，所以计算出的移动平均值称为 3 的移动平均值。如果历史数据比较全，也可以将移动的时间序列加大，取观察值 5、7 等。一般说来，所取观察值大，预测的误差会相应减小。从表 2-7 来看，移动

平均预测值常常小于实际值，有较大的误差，这是因为一次移动平均法未考虑移动平均期内旅行社内外部因素的变化，因此在实际运用此法进行预测时需要加以适当修正。由于旅游需求存在着较大的季节性差异，因此不宜运用此法预测一年中月份和季度的营业额。

2. 指数平滑法

指数平滑法又称指数加权移动平均法，是根据已有的历史数据对未来市场进行预测的方法。其加权的特点是以几何级数形式对历史数据进行加权，使离预测期较近的历史数据权数较大，而距预测期较远的历史数据的权数较小。与移动平均法一样，指数平滑法一般也只适用于短期预测。它分为一次指数平滑法、二次指数平滑法和更高次指数平滑法。这里仅叙述一次指数平滑法。

（二）一次指数平滑法

一次指数平滑法是在已知上一期预测值和实际值的基础上，用确定二者之间的误差率来修正上一期的预测值，进行下一期数值预测的方法。

该法的预测模型是：

$$F_{t+1} = aX_t + (1-a)F_t = F_t + a(X_t - F_t)$$

式中，F_{t+1} 表示下一期预测值；X_t 表示上一期实际值；F_t 表示上一期预测值；a 为平滑系数，表示上一期的预测误差率，其取值范围为 $0<a<1$。对于一次平滑法来说，a 的取值不宜太大，一般不超过 0.5。

例如，在平滑系数为 0.4 的情况下，用一次指数平滑法预测某饭店 2014 年的销售收入。该饭店前 8 年的销售收入与预测值如表 2-8 所示。

表 2-8　一次指数平滑法计算表（a=0.4）　　单位：万元

年份	销售收入（X_t）	aX_t	$(1-a)F_t$	$F_t+1 = aX_t + (1-a)F_t$
2006	3500	-	-	-
2007	3800	1520	2100	3620
2008	4200	1680	2172	3852
2009	4800	1920	2311.2	4231.2
2010	5200	2080	2538.72	4618.72
2011	6000	2400	2771.232	5171.232
2012	7200	2880	3102.7392	5982.7392
2013	8500	3400	3589.64325	6989.64302

由于 2006 年的 X_t 为初始值，所以将其定为第一个 F_{t+1}，即 2007 年的 F_t = 3500 万元，则 2008 年为：

$$F_{2008} = aX_{2007} + (1-a)F_{2007} = 0.4\times3800 + (1-0.4)\times3500 = 3620\text{（万元）}$$

同理，2009 年为：

$$F_{2009}= aX_{2008} + (1-a)F_{2008} = 0.4\times4200 + (1-0.4)\times3620 = 3600$$（万元）

依此类推，2014 年则为：

$$F_{2014} = aX_{2013} + (1-a)F_{2013}$$

$$= 0.4\times8500 + (1-0.4)\times5982.7392 = 6989.64352$$（万元）

所以，该饭店 2014 年预测的销售收入为 6990 万元。

（三）因果关系分析法

由于旅游需求既受旅游客源国家或地区方面的影响，又受旅游目的地国家或地区方面的影响，还要受旅游客源国家或地区与旅游目的地国家或地区之间一些因素的影响，所以它们都同旅游需求之间有一定的联系，其中有些因素还同旅游需求之间存在着因果关系，即这些因素的变化会引起旅游需求的变化，因而在国际上人们常常利用这种因果关系建立回归方程对旅游需求进行预测。回归预测方法有一元线性回归法、二元线性回归法、多元回归预测法、非线性回归法等。

1. 一元线性回归法

一元线性回归法，又称最小平方法，是指在两个变量的数值中寻求建立直线趋势方程，再根据自变量的变化来预测因变量的变动趋势和水平的方法。该法依据的是自变量与因变量之间所有离差的平方之和是最小的，从而使自变量的数值以无限小的距离靠近趋势直线。

用坐标图表示，则是一条最适合的直线能将对应的变量数值相交的各点连起来，而它们的正、负离差的平方和最小。如图 2-10 所示。

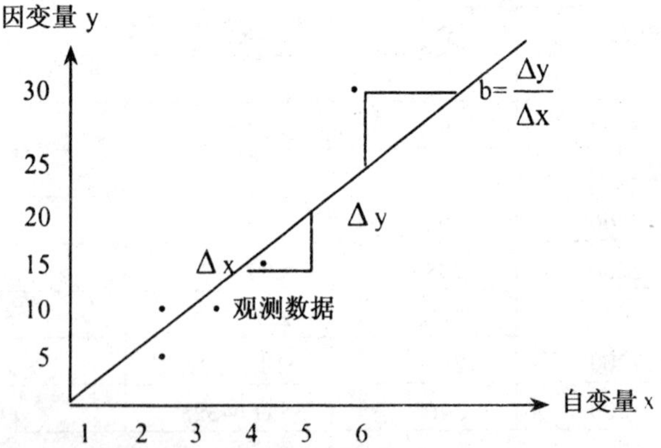

图 2-10　线性回归图

根据图 2-10，计算其离差平方和如表 2-9 所示。

表 2-9　图 2-10 离差平方和的计算

在直线左上方		在直线右下方	
离差	离差平方	离差	离差平方
5	25	2	4
2	4	4	16
		3	9
总计	29	总计	29

从表 2-9 可见，位于直线左上方各点的离差平方和与位于直线右下方各点的离差平方和是一致的，即误差等于零，因此这条直线是切合实际的。

用公式表示，应是使 $\sum Q^2$ 最小（等于零），而 Q=y-y'，所以 $\sum(y-y')^2$ 为最小（等于零），式中 y 为自变量，即观察值，y'为因变量，即预测值。

由于直线方程为 $y'=a+bx$，所以 $Q=\sum(y-y')^2=\sum(y-a-bx)^2$ 。然后分别对 a 和 b 进行微分，得：

$$a（回归系数-截距）=\frac{\left(\sum y\right)\left(\sum x^2\right)-\left(\sum x\right)\left(\sum xy\right)}{n\left(\sum x^2\right)-\left(\sum x\right)^2}$$

$$b（回归系数-斜率）=\frac{n\left(\sum xy\right)-\left(\sum x\right)\left(\sum y\right)}{n\left(\sum x^2\right)-\left(\sum x\right)^2}$$

①一元线性回归预测

例如，某旅游目的地 2003 年至 2013 年接待的旅游者人次与在该目的地的旅游支出如表 2-10 所示，利用一元线性回归法预测 2014 年该目的地的旅游收入。

表 2-10　预测数据表

	旅游者人次（万）	旅游收入总额（亿元）	差数（一）	差数（二）
	x	y		
2003	3	0.2	-	-
2004	5	0.5	0.3	-
2005	9	0.7	0.2.	-0.1
2006	11	1.0	0.3	0.1
2007	13	1.2	0.2.	- 0.1

续表

	旅游者人次（万）	旅游收入总额（亿元）	差数（一）	差数（二）
	x	y		
2008	16	1.3	0.1	- 0.1
2009	20	1.6	0.3	0.2
2010	23	1.2	-0.4	-0.7
2011	26	1.5	0.3	0.7
2012	28	1.8	0.3	0.0
2013	30	2.2	0.4	0.1

第一步：确定两组数据（自变量 x 与因变量 y）之间的关系是否为线性关系。办法是计算因变量 y 后一年与前一年相比的历年差数（一）和差数（二）。从差数（二）可知，历年的差数是围绕着 0.1 上下增减的，而不是呈增加趋势，说明可采用线性方程进行预测。

第二步：列出线性方程的公式 y=a+bx，按照求 a 和 b 的公式要求计算 $\sum x$、$\sum y$、$\sum x^2$ 和 $\sum xy$，如表 2-11 所示。

表 2-11　一元线性回归法计算表

	x（万人次）	y（亿元）	xy	x^2
2003	3	0.2	0.6	9
2004	5	0.5	2.5	25
2005	9	0.7	6.3	81
2006	11	1.0	11.0	121
2007	13	1.2	15.6	169
2008	16	1.3	20.8	256
2009	20	1.6	32.0	400
2010	23	1.2	27.6	529
2011	26	1.5	39.0	676
2012	28	1.8	50.4	784
2013	30	2.2	66.0	900
总计	$\sum x=184$	$\sum y=13.2$	$\sum xy=246.8$	$\sum x^2=3950$

第三步：将表 2-11 最后一行的总和数值代入 a 和 b 的公式中，得 a = 0.7，b=0.03。

第四步：进行预测。若 2014 年该目的地接待旅游者人次预测值（x）为 34

万，则将 x、a、b 数值代入线性回归方程式，得 2014 年该目的地旅游收入为 1.72 亿元。

$$y = a + bx = 0.7+0.03\times34 = 1.72$$

第五步：在计算 2003 年至 2013 年旅游收入的预测值（参见表 2-12）的基础上，比较预测值与实际值相符的程度或差异度。

表 2-12 旅游收入预测值与实际值的比较 单位：10 万元

	旅游收入实际值	旅游收入预测值	残差
2003	0.2	0.3633	−0.1633
2004	0.5	0.5305	−0.0305
2005	0.7	0.6979	0.0021
2006	1.0	0.8652	0.1348
2007	1.2	1.0325	0.1675
2008	1.3	1.1998	0.1002
2009	1.6	1.3671	0.2329
2010	1.2	1.5344	−0.3344
2011	1.5	1.7017	−0.2017
2012	1.8	1.8690	−0.0690
2013	2.2	2.0363	0.1637
总计	$\sum x=13.2$	$\sum y=13.1977$	$\sum(x-y)= 0.0023$

由表 2-12 可知，11 年中旅游收入的预测值与实际值的差异总和为 0.0023，它与实际值的比率为 $\frac{0.0023}{13.2}= 0.000017$，即 0.0017%。这就是说，预测值与实际值的符合程度为 1– (0.0017%) = 99.83%。由此可以得出结论，旅游收入的预测值具有相当高的准确性。

②一元非线性回归预测

一元非线性回归是指自变量 x 与因变量 y 两个序列数之间的关系不是线性关系，而是在坐标图上表现为一条曲线，如某旅游目的地旅游接待人次和旅游收入如表 2-13 所示。

表 2-13　2005～2013 年某旅游目的地旅游接待人次和旅游收入

	旅游接待人次（万）	旅游收入（亿元）	差数（一）	差数（二）
	x	y		
2005	9	1.5	-	-
2006	15	1.8	0.3	-
2007	22	2.0	0.2	-0.1
2008	28	2.5	0.5	0.3
2009	30	3.0	0.5	0.0
2010	36	3.5	0.5	0.0
2011	40	4.5	1.0	0.5
2012	45	6.2	1.7	0.7
2013	52	9.0	2.8	1.1

第一步：确定表 2-13 的因变量序列数是否是非线性的。

表 2-13 显示，2005～2013 年该旅游目的地旅游收入的序列数在坐标图上表现的不是一条直线，而是一条曲线，这从差数（二）可以看出，差数不是围绕某一数值上下增减，而是逐步增加的。因此，对该旅游目的地未来旅游收入的预测，不能直接用线性方程进行，而需先将因变量（旅游收入）历年数值转换成对数值，再计算出其对数值的序列差。从差数（二）可以看出序列差是围绕某一数值上下波动，然后利用线性回归方程进行预测。如图 2-11 所示。

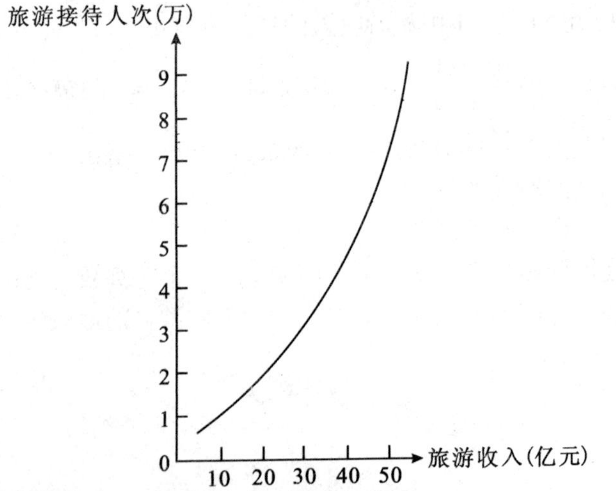

图 2-11　本例曲线关系图

第二步：计算因变量 y 和 xy 的对数值（参见表 2-14）。

表 2-14　某旅游目的地旅游收入对数值计算表

	旅游人次（万）x	旅游收入（亿元）y	y 的对数值	x^2	xy
2005	9	1.5	0.1761	81	1.5849
2006	15	1.8	0.2553	225	3.8295
2007	22	2.0	0.3010	484	6.6220
2008	28	2.5	0.3979	784	11.1412
2009	30	3.0	0.4771	900	14.3130
2010	36	3.5	0.5441	1296	19.5876
2011	40	4.5	0.6532	1600	26.1280
2012	45	6.2	0.7924	2025	35.6580
2013	52	9.0	0.9542	2704	49.6184
合计	$\sum x=277$	$\sum y = 34$	$\sum \lg y=4.5513$	$\sum x^2=10099$	$\sum xy=168.4826$

第三步：求一元线性回归方程的系数 a 和 b。

将表 2-14 中$\sum x$、$\sum y$、$\sum x^2$ 和$\sum xy$ 代入上述一元线性回归方程求系数的公式，得 $a = 0.0499$，$b = 0.0181$。

第三步：预测 2014 年自变量 x 为 56.28 万人次。

第四步：将 a、b 值和自变量预测值代入一元线性回归方程，得：

$y_{2014}= 0.0499 + 0.0181\times 56.28 = 0.9688$

第五步：查对数表，2014 年因变量 y 的 0.9688 为 9.307，即 2014 年该旅游目的地旅游收入将为 9.307 亿元。

【案例分析】

英国国际游客调查（IPS）

英国国际游客调查是英国的一种专项调查，它用于衡量入境旅游和出境旅游的流量。调查始于 1961 年，当时仅在主要旅游线路上进行，目前则覆盖了所有的出入境口岸。

调查以出境和入境游客的分层样本为依据，对航空和海陆的游客分别取样，然后运用有关方法进行估算，如从美国来访游客的数量或者从日本来访游客的总支出。调查结果每季度刊登在《商业指导 MQ6》上。

英国对国际游客调查的目的主要是：

• 为英国旅游账户的收支平衡收集信息，对海外游客在英国的支出与英国游客在海外的支出进行比较；

· 提供外国游客在英国旅游的详细信息和英国游客在国外旅游的详细信息；

· 提供国际移民的信息；

· 提供游客使用交通线路的信息，为航空和船运当局提供帮助。

资料来源：根据克里斯·库珀等著. 张俐俐，蔡利平译. 旅游学原理与实践. 高等教育出版社，2004：92 案例改写。

案例思考题

1. 你认为各国应该如何进行国际游客的消费情况调查？怎样才能使各国提供的数据具有可比性？

2. 你认为国际游客调查资料具有怎样的使用价值？

【复习思考题】

1. 什么是旅游客源地？它有哪些主要特征？

2. 产生消遣性旅游需求的条件有哪些？其主要特征是什么？影响旅游需求的因素有哪些？

3. 什么是旅游需求价格弹性？旅游需求价格弹性的大小与旅游总收入之间是怎样的关系？

4. 某饭店有客房 200 间，去年客房出租平均价格为 650 元，客房平均出租率为 60%。今年为吸引更多的游客下榻，将客房平均价格降为 580 元，客房平均出租率上升至 65%。试根据旅游需求价格弹性系数，评述该饭店这一降价举措是否成功。

5. 某旅游汽车公司 2006 年运载了 4500 人赴某景区旅游，2007 年降至 3600 人，原因是这一年间小汽车平均价格由 12.8 万元降至 9.6 万元，赴该景区旅游的自驾车人数增多了。若小汽车平均价格降低 10%，则会对该旅游汽车公司载运的游客数量产生多大影响？

6. 某地区 1999 年至 2007 年旅游接待人次与旅游收入如下表，若 2008 年旅游接待人次预计为 56 万，则旅游收入的预测值将为多少亿元？

	旅游接待人次（万）	旅游收入（亿元）
	x	y
1999	10	1.6
2000	16	1.9
2001	24	2.2
2002	30	2.7
2003	32	3.0
2004	38	3.6
2005	42	4.8
2006	50	6.9
2007	58	9.9

第三章　旅游目的地供给与承载力

【案例导学】

“乘邮轮”跻身新加坡最受欢迎旅游项目

新加坡《联合早报》3月4日报道，乘邮轮出国游玩的旅游方式越来越受新加坡人青睐，邮轮产品今年更是首次进入新加坡全国旅行社协会（NATAS）旅游展最受欢迎的旅游产品前5名。这是NATAS于2月28日至3月2日向在NATAS旅游展上购买旅游产品的2571名公众进行调查得到的结果。邮轮产品的销售额占这次NATAS旅游展总额的8.4%,比去年2月取得的4.3%高出一倍。根据调查结果，邮轮产品在这次旅游展排名榜上名列第5，比去年的第7名上升两个位置。

新加坡旅行社协会副总裁欧阳東虹指出，这是协会自去年开始观察到的两大旅游趋势之一。另一个明显的趋势是越来越多的新加坡人喜欢到一般游客较少涉足，并具有浓厚异国风情的国家如南非和俄罗斯去旅游。其中，属于长途航线并有浓厚异国情调的土耳其也首次成为NATAS旅游展第10个最受欢迎的旅游地点。针对较具异国风情国家旅游产品在今年和往年的销量，协会无法提供确切数据，但展商反映，询问和订购南非、俄罗斯、东欧和斯堪的纳维亚半岛旅游产品的人有显著增加。

不过新加坡新新旅行社旅游部副总经理郑小方指出，南非、斯堪的纳维亚等地较为偏远，南非在12月学校放假期间较受欢迎。近几个月里，预计更多人会选择到相对较近的土耳其、尼泊尔和印度旅游。

至于邮轮产品，代理皇家加勒比国际邮轮的Citystate Cruises发言人说，随着更多国际邮轮公司希望开发亚洲市场并推出越来越多亚洲和东南亚路线，更多人愿意尝试这种旅游方式。该公司的顾客虽仍由退休人士占大部分，但邮轮也开始吸引不少富裕阶层的年轻人，如今他们约占公司顾客来源的30%～40%。

另据调查，最受新加坡人欢迎前4位的旅游地点分别是欧洲、日本、中国和韩国。

据介绍，这次的NATAS旅游展在3天内共吸引了5.4万人次到访，与去年同期的展览相比，到访人数小幅增加。不过，今年售出的旅游配套和产品总值约8000万新元(1新元约合人民币5元)，比去年同期介于8500万新元至9000万新元的总销额下滑了5%至10%。对此，欧阳束虹说，今年2月间已有好几个业者在NATAS旅游展推出前举行各自的旅游展，缓冲了新加坡人对旅游的需求。尽管如此，这次展览的访客量和销售额还是强劲的。今年共有161个展商推出1047个摊位。

资料来源："乘邮轮"跻身新加坡最受欢迎旅游项目. 中国旅游报，2014-3-7。

【学习目的】

通过认识旅游目的地的类型，了解其形成的条件；熟悉旅游产品的主要特征和旅游目的地供给的内容，掌握旅游供给规律、旅游供给价格弹性和弹性系数以及影响旅游供给的因素；认识旅游资源开发的目的，熟悉旅游资源价值评估的内容，掌握旅游资源开发所遵循的原则、开发中应维护的环境质量以及旅游地的承载力与测量方法；熟悉旅游设施的类型，掌握旅游服务设施建设前的可行性研究工作和投资建设的可行性评价方法以及风险分析方法。

第一节 旅游目的地的形成与基本特征

一、旅游目的地的概念和类型

（一）旅游目的地概念

旅游目的地是为旅游者所选定去访问并在那里度过一段有意义的时间的特定地区。在现实中，人们往往根据各自的动机和出访目的，无论是出公差、赴异地探亲访友，还是外出度假或游览观光，都会去一个特定地区，这个特定地区便是人们外出的旅游目的地。在旅游者看来，大到一个洲，小到一个村庄都可以成为旅游目的地。

在当代，成为人们出游的旅游目的地主要集中于如下三类地区：一是中心城市和重要城镇。虽然世界上许多中心城市如北京、巴黎、罗马等，并非有意识地要发展为吸引游客的旅游目的地，它们是多少个世纪以来经济、社会和文化发展的产物，但正因为如此，它们孕育了吸引游客来访的各种条件，因而成为当代许多旅游者所选择的旅游目的地；重要城镇包括历史文化城镇（如安徽歙县、黟县等）和现代新型城镇（如深圳等），前者因丰富的文化积淀而成为游客所选择的旅游目的地，后者则因其现代风貌而成为人们乐游之地。二是风景名胜区和休闲度假区，前者（如四川九寨沟、安徽黄山等）以独特的景观成为吸引游客的旅游目的地，后者（如海南三亚亚龙湾、河北北戴河等）则以舒适的环境成为人们休闲度假的目的地。三是人造旅游胜地，如美国迪斯尼世界，由于集娱乐活动、表演、各种旅游吸引物、饭店、餐馆和购物设施于一身而成为许多人的旅游目的地。

（二）旅游目的地类型

按主要旅游活动类型划分：旅游目的地分为观光游览型、休闲度假型和康体娱乐型。

观光游览型旅游目的地是旅游目的地中的主要类型，自旅游活动产生以来一直兴盛不衰，这是因为其适应范围很广，不仅其吸引面可扩及全球范围的游客，而且其适应性几乎可波及各种类型的游客。观光游览型旅游目的地的主要功能是为游客提供观光游览活动的空间，包括自然风光观光游览、城市风貌观光游览和名胜古迹观光游览等。

休闲度假型旅游目的地的历史虽可追溯到欧洲中世纪时期，然而其兴盛则始于 20 世纪 60 年代。因为这时休闲度假已开始成为一种社会潮流，而不像中世纪时期多为贵族阶层享用之地。随着社会经济的发展，劳动生产率的提高，带薪假日和节假日的增多，休闲度假旅游逐渐兴旺，因而休闲度假旅游目的地越来越受到旅游者的青睐。休闲度假型旅游目的地的适应范围主要是区域性的，其主要功能是向旅游者提供休息、放松、消除疲劳和休养的场所，包括海滨休闲度假、山地休闲度假、温泉休养度假和乡村休闲度假。

康体娱乐型旅游目的地是一种始于近现代时期的旅游目的地，其旅游活动形式不尽相同，如高山滑雪旅游地主要为人们提供滑雪的乐趣，狩猎旅游地为人们提供猎取野生动物的乐趣，迪斯尼世界为人们提供新奇趣味的乐趣，等等。可见，这种类型的旅游目的地的主要功能是向游客提供娱乐和健身的场所。

二、旅游目的地的基本特征与形成条件

（一）旅游目的地基本特征

上述三种类型的旅游目的地，虽然主要开展的旅游活动内容不同，游客类型也不同，但它们都能引起游客的兴趣，成为游客选定的去处，并值得在那里停留一段时间，其根本原因在于它们具有一个共同的特征，即对游客具有吸引力。无论这种吸引力是心理上的还是有形的，都具有招徕游客的魅力。

不同类型的旅游目的地，主要吸引的游客对象是不同的，因而市场类别也

不同。为了满足不同类型游客的需要，不同类型旅游目的地在规划和建设上应具有不同的特点。例如，休闲度假型旅游目的地规划和建设的重点是以各种专门服务设施为主，使休闲度假的客人能得以休养生息；而观光游览型旅游目的地规划和建设的重点则是以各种旅游资源的开发和交通条件的改善为主，使观光游览的客人能顺畅地饱览风景名胜。

（二）旅游目的地形成条件

上述表明，不同类型旅游目的地形成的原因是不同的，但是，作为旅游目的地，必须具有满足游客暂时停留和实现其旅游目的的基本条件，即旅游资源、基础设施和旅游设施。

1. 旅游资源

旅游资源是旅游目的地形成的基础。首先，没有一定数量的旅游资源，就不能对游客产生吸引力，从而也就没有市场需求，所以一定数量的旅游资源是旅游目的地形成的必要条件。其次，旅游资源的性质同旅游目的地的类型密切相关。一般说来，自然与人文旅游资源的主要吸引对象是观光游览类游客，以这种性质旅游资源为主的地区多属于观光游览型旅游目的地；而以宜人的气候、优美的环境资源为主的地区则多为休闲度假型旅游目的地。最后，旅游资源种类的多寡同旅游目的地的可持续发展密切相关。一个旅游目的地的成功经营和可持续发展不仅仅取决于现已开发的旅游资源的吸引力，还取决于必须有足够多种类的旅游资源的吸引力来支撑，以开拓更广泛的市场。因此，旅游目的地应从长远出发，根据各个时期的经营情况和市场需求的变化，在对现有旅游资源进行再开发的同时，必须考虑开发一些新的旅游资源和建设一些新的旅游项目。

2. 基础设施

基础设施是旅游目的地形成综合接待能力的基础，也是旅游经济活动最基本的载体，它对游客的旅游活动起保障作用。基础设施是指地下和地面的公用设施，包括给排水、能源、交通运输、邮电通信、环境卫生等设施。在旅游目的地，这些设施虽然为当地居民和游客所共用，然而一定时期的游客数量不仅对它们的供给能力提出更高的要求，而且游客的类型还会对它们的内部结构产生直接影响。随着游客数量的增加，用水量、用电量、交通运输量、通信量等都会增加，旅游目的地基础设施的供应能力也应相应提高。同样，不同类型的游客对不同的基础设施需要的程度也不同，观光游览类游客对交通运输设施的需求量较大，商务类游客对通信的需求量较大，而休闲度假类游客则对水电、环境卫生需求量较大。可见，旅游目的地要提高综合接待能力，其基础设施建设在保障本地居民需要的前提下，应以接待的游客规模和类型为依据。

3. 旅游设施

旅游设施是旅游目的地形成综合接待能力的标志，关系到旅游目的地可以接待的游客规模。旅游目的地的旅游设施主要包括交通运载工具、旅游食宿设施和各种娱乐设施等。这些设施除了部分被当地居民使用外，其主要使用对象是外来游客。如果没有外来游客，这些设施的经营者就难以经营，从而就会发生性质和用途的转变，旅游目的地也就不复存在。可见，在旅游目的地的形成和发展中，旅游设施的营造和规模的扩大是其主要标志。其中，住宿业中的饭店最具代表性，其发展状况往往是衡量旅游目的地旅游业发展水平和接待能力的一个重要尺度。并且，饭店的类型也常常与旅游目的地的类型相一致，因为旅游目的地的类型决定了主要招徕的客源类型，而主要客源类型又决定了多数饭店的类型。比如，观光游览型旅游目的地主要以接待观光游览为目的的游客为主，建设的饭店多为暂住型的城市饭店；而休闲度假型旅游目的地主要接待的是度假旅游者，建设的饭店则多为度假型饭店，且多位于海滨、温泉、森林地区。

第二节　旅游目的地供给的内容与影响旅游供给的因素

一、旅游目的地供给的内容

（一）旅游产品概念与特性

1. 旅游产品的概念

旅游目的地的供给是旅游产品的供给，如同工厂向消费者提供产品一样，旅游目的地就是生产旅游产品的“工厂”。与一般的工厂不同，旅游目的地生产的旅游产品具有特殊性。从旅游目的地角度出发，旅游产品是旅游经营者凭借旅游吸引物、交通运输设施和旅游设施向游客提供的用以满足其旅游活动需要的全部服务。这些服务包括行、游、住、食、购、娱六大基本方面，它们分别由旅游目的地的不同部门和企业提供，旅行社则根据游客的需要，将它们组合起来成为产品，向游客销售。可见，旅游产品是由多种单项服务组合成的复合产品，其典型表现是一条条的旅游线路，如北京—西安—重庆—桂林—广州，上海—杭州—长沙—昆明—广州等。对这种线路产品，旅行社多采取包价形式，即将游客在线路上各地所需要的各种服务的价格总和起来，再加上旅行社的经营管理费用和利润，按人或人天统一对外报价。这种产品称为整体旅游产品，主要为旅游团所购买，当然也有部分家庭旅游或亲朋好友结伴旅游购买这类产品。

与整体旅游产品由多种旅游服务组成不同，单项旅游产品则是旅游目的地的旅游企业或相关企事业单位直接向游客销售的单项服务。由于旅游形式多种多样，许多游客选择独自出游或几个人结伴出游的方式，他们对旅游中所需要的服务采取零星购买的办法，如需要住宿，自己或通过旅行社订房，需要去某景点游览就自己购买车票，需要用餐自行到餐馆购买餐食等，总之，对需要的服务均现买现付。对于这种旅游方式的游客，饭店、餐馆、交通运输公司、旅游景点向他们提供的服务称为单项服务或单项旅游产品。这是因为提供这些服务的部门或企业在经营上是各自独立的，它们向游客提供的服务实际上是它们的员工凭借各自的设施设备生产的产品。它们除将其部分产品通过与旅行社签订合同构成旅行社线路产品的组成部分外，其余部分则由它们自行销售。

从游客的角度出发，旅游产品是游客支付一定的费用、时间和精力所换取的一次旅游活动的经历或体验，包括游客自离开常住地开始，直到旅游活动结束归来的全过程所见、所闻和享受的各种服务的综合感受。所以，从游客角度说，无论他（她）采取何种出游方式，是参加旅游团还是独自前往旅游目的地，亦或几人结伴同游，他（她）购买的是一次旅游经历，是对旅游目的地整体旅游产品的体验和感受。

2. 旅游产品的特性

从上面关于旅游产品定义的阐述中可以清楚看出，旅游产品是一种特殊的产品，既不同于第一、第二产业部门生产的实物产品，也不完全同于第三产业中其他部门向社会提供的服务产品。诚然，旅游产品也是一种服务产品，具有与其他服务产品共同的属性，如服务价值的不可储存性（如客房服务，若一间客房当日无人租用，这一天该客房服务应分摊的价值就得不到实现和补偿。虽然第二天可以继续被租用，然而所补偿的价值则是第二天应实现的价值，不能像工农业产品那样暂时卖不掉可贮存起来，其应实现的价值不会受损）、服务生产和消费的不可分离性（旅游服务若没有服务对象——游客来消费，服务便不会发生）、服务所有权的不可转移性（在服务的生产和消费过程中，没有任何东西的所有权发生转移）和服务的差异性（同样的餐饮服务，由于每次服务的对象不同，其服务质量无论是实际上还是客人心理感受上都会存在差异）。

旅游产品除了与其他服务产品有上述共同属性外，还有其独有的特性，即综合性和易波动性。

（1）综合性

综合性是整体旅游产品的典型特性。整体旅游产品的综合性，首先表现为它是由多种旅游吸引物、旅游设施和多种服务组成的复合型产品。它具有满足人们在旅游过程中对住宿、饮食、交通、游览、娱乐和购物等多种功能的需要；其次，还表现在它的组合涉及旅游目的地众多的部门和行业，其中，既有直接向游客提供产品与服务的部门和行业，又有间接向游客提供产品与服务的部门和行业，还有非经济性的政府有关部门和行业组织。澳大利亚 20 世纪 70 年代初期对其旅游业进行的投入产出分析表明，该国提供的旅游产品涉及其国民经济中 29 个经济部门中的 109 个行业，其中还不包括文教、卫生、公安、海关等非经济部门。我国 1992 年关于旅游业范围的规定中也覆盖了国民经济中 74 个行业。

旅游产品的综合性来源于旅游活动是一种涉及经济、社会、文化等多方面的综合性活动，这种活动涉及游客行、游、住、食、购、娱等多方面的物质和精神需求。旅游产品的综合性要求目的地的旅游经营者全面规划、综合安排产品的组合。

（2）易波动性

旅游产品的易波动性又称易受影响性，有的教材中还称为脆弱性。这是因为影响和制约旅游产品的生产和销售的因素很多，其中任何一项因素的变化都可能对其生产和销售产生较大的影响。引起旅游产品生产和销售易波动性的原因主要有以下几个方面：

①构成旅游产品各个部分之间的比例关系。整体旅游产品是一种组合产品，各部分之间存在着一定的比例关系，在目的地旅游产品供给中有一个合理的数量结构，而各组成部分又是分别由许多相关行业提供的，其中某一组成部分或某一行业供给的超前或滞后，都会对旅游产品的整体效能产生影响。

②季节性因素。旅游活动，尤其是消遣性旅游活动具有较强的季节性，它是旅游目的地和旅游产品经营者无法控制的，从而使旅游产品的生产和供给难以适应季节性变化的要求，常常造成旺季供不应求，淡季大量设施闲置。形成旅游产品季节性波动的因素：一是目的地的自然气候条件，气候温和，来访游客多，气候寒冷，来访游客少；二是客源地居民的假日时间，假日期间居民出游多，非假日时间居民出游少。

③政治、社会、经济因素。旅游目的地国家或地区和国际的政治、社会和经济因素的较大变动也会对旅游产品的生产和销售造成较大影响，这些影响同样是旅游经营者无法控制的。例如，政治因素中的国内政治动乱、国家间关系的恶化、政府政策的变化和战争等，经济因素中的经济危机、目的地的通货膨胀，社会因素中的社会动荡、暴力恐怖活动的猖獗，自然因素中的地震以及疫病的流行等。

在“9·11”事件一周年之际，总部设在西班牙首都马德里的世界旅游组织发布报告指出，“9·11”事件在全世界引起了严重的信任危机，旅游业尤其遭受沉重的打击。

该报告对“9·11”事件以来国际旅游业的特点和发展趋势进行了分析。报告指出，由于普遍的恐惧心理，乘飞机旅行人数在该事件发生后大幅减少，随之造成饭店业等其他相关行业客源减少。

国际旅游组织认为除了少数政治动荡地区，目前世界旅游业已经开始走向全面恢复。值得强调的是，虽然受到“9·11”事件和西方国家普遍经济衰退的影响，国际旅游业并没有根本瘫痪，只是产生了微妙的变化。虽然国际航空业仍然不断恶化，但消费者选择了其他相对安全的交通方式和近距离旅游点。

总之，上述因素的变化都会在不同程度上使旅游产品的生产和销售形成波动。

（二）目的地旅游供给的主要内容

按照旅游产品的构成，目的地旅游供给分为基本旅游供给和保障性旅游供给两个方面。

基本旅游供给是指直接针对来访游客需要而提供的旅游供给内容，主要包括吸引游客来访的旅游资源，为游客旅游活动期间的需要而专门开发和建设的旅游设施以及面向游客提供的各种服务。

保障性旅游供给是指为基本旅游供给提供支持和配套服务的基础设施和相关设施，主要包括供水系统、供电系统、供气系统、排污系统、电信系统、道路系统和相关配套设施以及医院、银行等设施。这些设施的服务对象主要是当地居民，因为没有游客的来访，这些设施依然有必要建设。但是，来访游客在旅游目的地停留期间无可避免地直接和间接地使用这些设施，否则游客的旅游活动就难以顺利进行，甚至连游客的基本生活都无法保障。所以，保障性旅游供给是开展旅游活动的必要保证，是旅游产品经营的必要条件，是构成旅游供给的重要内容。

概括起来，旅游供给的内容如表 3-1 所示。

表 3-1 旅游供给内容

主 类	亚 类	基本类型
基本旅游供给	旅游资源	自然旅游资源
		人文旅游资源
		社会旅游资源
	旅游设施	交通运输设施
		食宿接待设施
		游览娱乐设施
		旅游购物设施
	旅游服务	商业性旅游服务
		非商业性旅游服务
保障性旅游供给	基础设施	公用事业设施
		现代社会生活基本设施

1. 旅游资源

旅游资源是旅游产品生产的基础，是旅游目的地供给的重要组成部分。从游客需求角度说，是指能对游客具有吸引力的自然事物、文化事物、社会事物和其他任何客观事物；从旅游供给角度说，则是能对游客产生吸引力并可为旅游业开发与利用的各种事物和因素。按照这种阐述，旅游资源可分为自然旅游资源、人文旅游资源和社会旅游资源三大类。其中，自然旅游资源是在千百年来自然地理环境的演变过程中形成的具有旅游吸引力的自然物质和自然现象，如各种地文地貌景观、水域风光和生物景观等；人文旅游资源是人类各时代各民族演进过程中遗存和形成的具有旅游吸引力的社会文化事物和因素，如各种遗址遗迹、历史建筑物和文化艺术品等；社会旅游资源是指能反映和体现旅游目的地经济和社会发展面貌的具有旅游吸引力的事物和因素，如大型工程建设项目、科学实验场所、特色社区、特色市场和现代节庆等。

由于旅游资源的上述成因，一般说来，多数旅游资源是固定在一定的地域和社会环境中，因而具有不可转移性的特点；除部分社会旅游资源外，大多数旅游资源的数量在相当长的时期内是稳定不变的，不会因游客需求的增加和市场的扩大而任意扩大。因此，对旅游目的地来说，做好保护工作尤为重要。

2. 旅游设施

旅游设施是为满足游客行、游、住、食、购、娱方面需要而建设的专门设施，是旅游目的地旅游供给的重要内容。其中交通运输设施不仅关系到游客对旅游目的地的可进入程度，而且也规定了游客在旅游目的地范围内实现空间位移的顺畅性，因此推进交通运输设施的现代化和不断提高其经营管理水平是提升目的地旅游供给质量的必要举措；食宿接待设施是为游客在旅游目的地期间的基本生活提供保障的有关设施，对维持游客体力、恢复旅游中的疲劳和消闲享受起重要作用，并且以现代饭店为代表的食宿设施还是各种会议、商务和社交活动的重要场所，在一定程度上代表了旅游目的地的形象，因此对饭店进行精心设计、提高其经营管理和服务水平是提升旅游目的地形象和旅游供给质量的重要一环；游览娱乐设施是指供游客参观、游览或开展娱乐活动的场所，包括各种博物馆、艺术馆、展览馆、纪念馆、名人故居以及歌舞厅、夜总会、游乐园、体育俱乐部、运动场馆等，对于扩充游客知识、寻求乐趣和增强体魄有重要作用，并且一些规模大、知名度高的娱乐设施如迪斯尼乐园、纽约百老汇等还起到旅游吸引物的作用；旅游购物设施是指可供游客购买物品的设施，包括免税品商店、纪念品商店、工艺品商店、百货商店、超市等，购物是旅游活动不可或缺的一项内容，游客在购物上的花费弹性很大，在增加旅游目的地旅游收入方面占有重要地位。因此，旅游目的地应加强组织游客购物品种的生产和购物设施的建设与布局，使产品富有地方性和民族性，方便游客购买。

3. 旅游服务

旅游服务是按照游客的需要，旅游从业人员直接向游客提供的劳务。旅游服务质量的高低与旅游设施的完善程度是旅游目的地旅游业发展水平的直接反映，因此旅游服务质量对旅游目的地旅游业的成功经营具有重要意义。旅游服务包括商业性旅游服务和非商业性旅游服务。其中，商业性旅游服务主要有旅游组织安排服务、导游服务、交通运输服务、旅游食宿服务、娱乐服务和购物服务等；非商业性旅游服务主要有旅游问询服务、游客投诉处理服务和入出境服务等。无论是哪种旅游服务，从业人员的服务态度始终是旅游服务质量的基础和核心，因为热情、礼貌的服务态度是从业人员做好对客服务工作的前提，也是旅游目的地旅游工作人员好客精神的直接体现。

4. 基础设施

基础设施是指主要使用者为当地居民，同时向游客提供，或游客的旅游活动也须依赖的有关设施，它包括一般公用事业设施和现代社会生活需要的基本设施。前者主要是指供水系统、排污系统、供电系统、通信系统、道路系统等，以及与其有关的地面配套设施；后者主要是指电话亭、邮筒、银行、医院、治安管理机构等。基础设施是旅游目的地旅游业发展的重要物质基础，也是旅游业向纵深发展的后盾。

（三）目的地旅游供给的特点

上述旅游供给的内容表明，目的地旅游供给是一个多层次的网络结构。这种结构具有如下特点：

1. 多样性

旅游供给包含的内容很多，不仅涉及满足游客旅游过程中的行、游、住、食、购、娱的多种需要，而且涉及许多相关的社会供应系统；有有形产品的供给，还有各种无形服务的提供；不仅包含各种文化要素，而且还包括纯粹的自然物。在市场经济下，它们的供给都应作为商品来经营。旅游供给的多样性是由旅游需求多样性决定的。

2. 关联性

旅游供给涉及国民经济中的众多部门和行业，既有直接相关的部门和行业，又有间接相关的部门和行业，既涉及经济部门，又涉及非经济部门。旅游业的关联度位于国民经济中各产业部门之冠。

3. 相对稳定性

旅游供给的相对稳定性主要表现在两个方面，一是不少旅游设施，尤其是基础建筑设施，如机场、车站、码头、公路、铁路等，其用途带有固定性，难以转换成其他用途；二是旅游设施的建设需要一定的周期，在旅游需求旺季时，难以靠新建满足游客的需要。

二、旅游供给规律

旅游供给规律表示的是旅游供给量同旅游产品价格变动之间的关系。其中，旅游供给量是指旅游目的地在一定时期内向旅游市场提供的旅游产品数量，而旅游产品价格随市场需求的变化发生波动，这种波动会对旅游目的地的供给量产生影响。

旅游供给量的测量是一个非常复杂的问题，因为在旅游供给内容中包含了旅游资源和与居民共用的基础设施这些难以量化的内容，所以，人们通常用旅游目的地的旅游接待能力来表示。旅游接待能力是旅游目的地在一定时期内所能接待的游客数量。通常情况下，旅游目的地在计划游客接待数量时不仅要考虑各种旅游服务设施的接待能力，而且也要考虑目的地的环境容量和社会心理承受能力。

在通常情况下，旅游供给量同旅游产品价格之间的变化关系是，当旅游市场上旅游产品价格出现下降趋势时，旅游供给量会因之减少，而当旅游市场上旅游产品价格呈上升趋势时，旅游供给量会随之增加。旅游供给规律表示的就是这种变化趋势，即在其他情况不变的条件下，旅游目的地在一定时期内愿意并且有能力向旅游市场提供的旅游产品的数量随旅游产品的价格涨落而增减。可见，旅游供给量与旅游价格之间是呈正向的变化关系。这种关系也是一种函数关系，用公式表示为：

$$Q_s = f(P)$$

式中，Q_s 表示旅游供给量，P 表示旅游产品价格，f 表示两者之间的函数关系。这一函数关系如果用坐标图表示，则反映两者之间变化关系的轨迹，即旅游供给曲线。如图 3-1 所示。

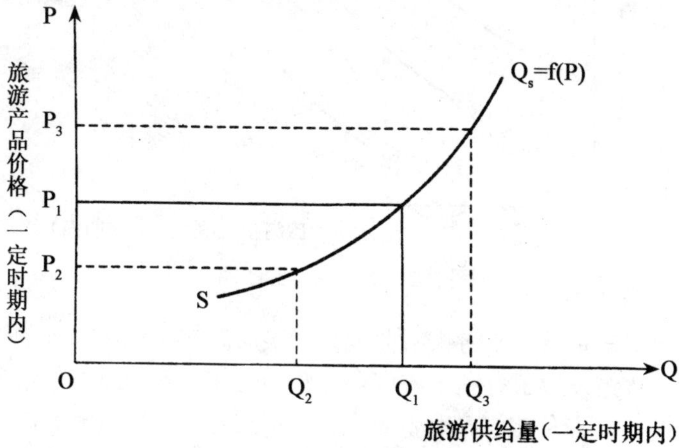

图 3-1　旅游供给与旅游产品价格的关系

图中 S 曲线为旅游供给曲线，它是一条自左下方向右上方倾斜的曲线。从图中可以看出，当旅游产品价格为 P_1 时，旅游供给量为 Q_1；当市场上旅游产品价格上涨至 P_3 时，旅游产品供给量增加到 Q_3；而当旅游市场上旅游产品价格下跌至 P_2 时，旅游供给量就减少到 Q_2。

以上是假定在其他情况不变的条件下，旅游供给量随旅游产品价格的变化呈正向变化，实际上，即使在旅游产品价格不变的情况下，很多其他因素的变化也会对旅游供给量产生影响，如政府对发展旅游业的政策、社会经济发展状况以及旅游产品生产要素价格发生变化等都会导致旅游供给量的增减。这些因素有的对旅游供给量起抑制作用，使旅游供给量减少；有的则起促进作用，促使旅游供给量增加。在这种情况下，旅游供给量的变化不是沿旅游供给曲线上下运动，而是整个旅游供给曲线发生左右位移。如图 3-2 所示。

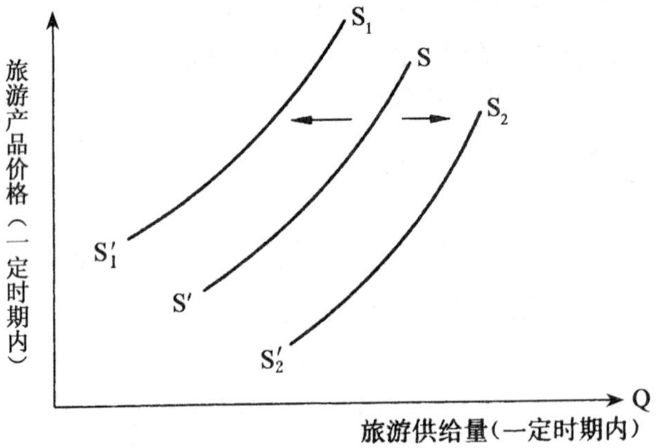

图 3-2 旅游供给曲线图

图中曲线 S'S 是原始旅游供给曲线。如果旅游产品价格以外的影响因素，如政府的税收政策发生了有利于旅游业经营的变化，整个旅游供给曲线就会向右平移至 S'_2S_2，从而使旅游产品供给量扩大；反之，如果影响旅游产品供给量价格以外的其他因素发生了不利于旅游业经营的变化，如银根紧缩，整个旅游供给曲线就会向左平移至 S'_1S_1，从而使旅游产品供给量减少。如果旅游产品价格也同时发生了变化，则旅游产品供给量会沿位移后的旅游供给曲线运动。

三、旅游供给价格弹性与弹性系数

旅游供给量随旅游产品价格变化而变化的关系，称为旅游供给弹性。测量旅游供给量随旅游产品价格变化而变化的程度则为旅游供给价格弹性系数。它是旅游供给量变化的百分率与旅游产品价格变化百分率之比。其测定公式为：

$$Es=\frac{Q_2-Q_1}{Q_1}\div\frac{P_2-P_1}{P_1}=\frac{\Delta Q}{Q}\div\frac{\Delta P}{P}=\frac{\Delta Q}{P}\times\frac{P}{Q}$$

式中，Es 表示一定时期内旅游供给弹性系数，Q_1 表示期初旅游产品供给量，Q_2 表示期终旅游产品供给量，P_1 表示期初旅游产品的价格，P_2 表示期终旅游产品的价格。

由于旅游供给量同旅游产品价格呈正向变化，所以旅游供给价格弹性系数始终为正数。从理论上说，其数值范围可以从零至无限大。旅游供给弹性系数测算的结果主要有如下几种情况：

1. 旅游供给弹性系数大于 1，即 Es＞1，表明旅游供给是富有弹性的。弹性系数越大，表示旅游供给弹性越大。这时，旅游产品价格一定幅度的变化会引起旅游供给量更大幅度的变化。这种情况通常发生在旅游目的地旅游业发展初期，例如 20 世纪 80 年代，当时我国旅游价格是由国家旅游主管部门确定的，每年价格调高幅度很小，但由于我国旅游业处于改革开放的发展阶段，在政府的支持下，我国旅游业规模扩展十分迅速，仅以饭店为例，1980 年全国共有 203 座，客房 31788 间，到 1988 年，发展到 1496 座，客房 220165 间，8 年间分别增长了 7.37 倍和 6.93 倍。由于旅游供给量的迅速扩大，接待海外游客的人次也增长了 5.56 倍。

2. 旅游供给弹性系数小于 1 大于 0，即 0＜Es＜1，表明旅游供给缺乏弹性或弹性小，即旅游产品价格发生一定幅度的变化只能引起旅游供给量较小幅度的变化。例如，当旅游目的地有关生产要素价格较高而不利于旅游接待能力扩大的情况下，即使旅游产品价格出现一定的上涨，旅游供给量也不会有较大的增加，因为综合接待能力的扩大需要时间。

3. 旅游供给弹性系数等于 1，即 Es=1，说明旅游产品价格一定幅度的变化会引起旅游供给量以同一幅度变化。这种情况极为少见。

4. 旅游供给弹性系数等于 0，即 Es=0，说明该旅游目的地的旅游供给完全无弹性，即无论旅游价格发生怎样的变化，旅游供给量始终维持不变。例如，旅游目的地政府从保护自然生态环境出发，为限制过多游客的涌入而提高旅游价格，这时，旅游供给量可能不会出现什么变化。

一般来说，当旅游市场价格上升时，旅游目的地要使其旅游供给量迅速扩大是比较困难的。因为旅游设施和相关的基础设施的建设需要一定的时间，各类旅游从业人员也需要补充和培训；另一方面，旅游供给量的扩大也会受到环境容量和众多部门能否及时配合的制约。因此，人们通常认为旅游供给弹性很小，其原因就在于此。

实际上，旅游供给弹性的大小同时间有着密切的关系。如果旅游市场上旅游价格的上升只能维持一个较短的时期，那么旅游供给量只能是内涵式的扩大，即通过挖掘潜力如提高劳动生产率或改进经营管理等办法来扩大接待能力，而不会采取增建旅游设施和相关基础设施的办法，因为这需要较长的时间。这样，旅游价格虽然提高了，而旅游供给量不可能有大量增加，表现为旅游供给价格弹性小。但是，如果旅游市场上旅游价格会在一个较长时期内持续上升，那么旅游供给量的扩大可走外延式扩大之途，如新建旅游服务设施、增加交通运输工具、营造娱乐和体育设施等。在这种情况下，旅游供给价格弹性较大。

四、影响目的地旅游供给的因素

除上面叙述的价格因素外，影响旅游供给量变化的还有许多其他因素，其中主要的是旅游目的地的政治、经济、科技、社会和自然环境等因素。具体地说，主要有以下几个方面：

（一）社会经济发展水平

如前所述，旅游供给的多样性要求旅游目的地的众多经济部门和非经济部门的支持和配合，因此，对旅游目的地来说，要根据旅游市场的变化适时地扩大旅游供给能力的关键是这些部门是否具有足够的经济实力，即与旅游直接和间接相关的部门和行业能否满足旅游供给规模扩大的要求，而这些部门和行业的支持力度有多大是同整个经济社会发展水平相联系的。一般说来，若旅游目的地经济基础比较薄弱，不仅旅游部门本身在旅游资源开发、旅游设施扩建、旅游基础设施完善等方面缺乏资金，而且其他相关部门和行业的发展因整个社会经济发展水平有限而相对滞后，再有经济基础薄弱的旅游目的地的经济门类不全，因而均难以对旅游供给的扩大形成支持。这是这种旅游目的地旅游供给扩大中面临的比较普遍的问题。相反在经济比较发达的旅游目的地，由于其社会经济发展水平高，各项基础设施和社会服务设施比较完善，经济实力较雄厚，适时地根据旅游市场需求扩大旅游供给能力是有物质保证的。

可见，社会经济发展水平是旅游目的地旅游供给扩大的基础。

（二）科学技术发展水平

科学技术是第一生产力。旅游目的地的科学技术水平高，不仅对经济的发展起巨大的推动作用，而且也对旅游供给能力的扩大产生直接和间接的影响。从直接角度说，许多新的科学技术成果正越来越广泛地应用于旅游业中，如计算机预订系统、电脑管理系统、电子问询系统、现代化交通工具等，不仅大大方便了游客，而且极大地提高了旅游业的劳动生产率，有利于旅游业内涵式扩大再生产。从间接的角度说，先进的科学技术应用于旅游业相关部门的产品生产中，不仅提高了劳动生产率，增强了对旅游业的支持和配合能力，而且也缩短了为旅游业发展需要的各种设施、设备和工具的生产周期，从而可使旅游供给能够在较短的时期内迅速扩大。

（三）旅游目的地国家和地区政府对发展旅游业的态度和政策

自 20 世纪 60 年代以来，世界越来越多的国家和地区政府将旅游业纳入其经济社会发展计划之中，对旅游业采取了支持和鼓励的政策，但是，不同旅游目的地国家和地区政府的政策在支持力度和方式上是不同的。有的是政府直接干预，有的则采用间接方式。因此，政府支持力度大，必然会有效地促进旅游供给的扩大，而那些支持力度小，甚至出于整体经济发展的考虑对旅游业采取一定程度的限制政策，必将会对旅游供给的扩大产生影响。具体地说，影响旅游供给的政策主要有以下几个方面：

1. 税收政策。对于一个企业来说，政府的税收政策，即税率的高低不仅直接影响其产品的价格，而且也会影响企业的利润和再生产的能力。政府的税收政策同样对旅游企业产生影响，如果政府采取大力扶持旅游业的政策，在税率上低于其他企业或在一定时期内免征企业所得税，无疑会促进旅游供给的扩大；反之，如果政府对旅游企业在税收政策上与其他企业一视同仁，甚至采取调高税率的措施，旅游供给的扩大就会受到影响。我国在旅游业发展初期，政府采取了以旅游养旅游的政策，规定了在三年内旅游收入全部留在旅游部门和企业中，即免征旅游企业所得税，用于旅游设施的更新和改造，这对我国旅游发展初期旅游供给的迅速扩大产生了巨大的推动作用。

2. 财政补贴和贷款利率。在旅游业的发展中，如果政府对其采取财政补贴的措施，就会刺激旅游业的发展，有利于旅游供给的扩大。例如 20 世纪 60 年代末，英国在发展旅游业中面临旅游住宿设施不足的困境，为此英国政府规定对新建饭店按客房数量给予财政补贴，民间对投资兴建饭店的积极性大增，使客房短缺问题在短短的几年内得到了解决。我国自 1986 年旅游业纳入国家经济和社会发展计划起，至 90 年代中期，国家一直采取财政拨款的方式，支持旅游资源的开发、旅游设施的建设和旅游人才的培养。1981～1996 年，国家对旅游业的基建基金拨款合计达 6 亿多元。同样，对旅游业进行低息贷款也是政府刺激旅游供给扩大的常用措施。例如，20 世纪 60 年代南斯拉夫政府为推进旅游业的发展，规定了对旅游设施建设项目提供 20 年的低息贷款，对解决南斯拉夫旅游建设项目资金不足问题起了相当大的促进作用。我国在旅游业发展初期，政府除采取基建基金拨款的措施外，对一些旅游建设项目还运用了基建基金低息贷款的方式，1981～1996 年合计达 10 多亿元，极大地推动了我国旅游供给的扩大。

3. 利用外资政策。不少旅游目的地国家在旅游业发展过程中，都面临资金短缺问题，在国内资金不足的情况下，政府开辟利用外资渠道是促进旅游供给扩大的一条有效途径。20 世纪 80 年代，面对刚开放不久大量境外游客涌入而住宿设施严重不足和其他配套设施不完善的情况，为加快旅游设施建设，1984 年，我国制定了国家、地方、部门、集体、个人一起上，自力更生和利用外资一起上的方针。对开办旅游合资企业实行优惠政策，使我国旅游业在 1981～1996 年间利用外资的规模达到折合人民币约 20 亿元，不仅促进了旅游设施的建设，而且也提高了设施的现代化水平。

4. 土地利用政策。对土地的利用许多旅游目的地国家和地区政府都有某种形式的立法，规定扩大或改变土地的用途往往都需要得到政府的批准。旅游业是一个新兴产业，其发展常常存在同其他产业争地的问题。若政府进行干预，采用强制性征购的办法来推动旅游开发，就会对旅游供给产生重大影响。

（四）自然历史条件

旅游目的地的自然历史条件是既定的，非人力所能改变。旅游业的发展同自然历史条件的关系十分密切，它关系到旅游业发展的基础——旅游资源是否丰富多彩。有些旅游目的地国家和地区自然条件优越，如地中海地区、加勒比地区；有些旅游目的地国家历史悠久，文化艺术资源非常丰富，如埃及、希腊和中国；也有一些旅游目的地国家和地区旅游资源比较贫乏。旅游资源的这种差异一方面会形成不同旅游目的地国家和地区游客吸引对象的不同，另一方面也对旅游供给量产生影响。

（五）旅游承载力

旅游承载力是旅游目的地旅游业可持续发展必须认真考虑的问题，它规定了其旅游供给规模的最大极限。旅游承载力包括自然环境承载力和社会环境承载力两大方面。自然环境承载力是指在不至于导致旅游目的地生态环境和生态体系发生不可接受的变化的前提下所能接待来访游客的最大数量。社会环境承载力是指在不至于导致旅游目的地社会公众的生活和活动发生不可接受的影响的前提下所能接待来访游客的最大数量。如果超负荷接待外来游客，则会引起自然生态环境的破坏和旅游目的地社会秩序的混乱与居民的不满。这样，不仅可能造成主客关系的紧张，而且损害了旅游目的地在旅游市场上的形象和根本利益。因此，旅游承载力是旅游目的地在扩大旅游供给规模时必须认真考虑的问题。

第三节　旅游目的地的资源开发与旅游设施建设

作为旅游目的地，为了发展旅游业，应根据旅游市场需求和自身条件不断提高接待游客的水平和能力。为此，需要开发旅游资源，设计旅游产品，建设旅游设施，提升旅游服务。

一、旅游资源开发的含义与目标

（一）旅游资源开发的含义

旅游资源开发是指为发挥、提高和改善旅游资源对游客的吸引力而从事的开拓、建设性经济技术活动。它是目的地旅游供给的重要组成部分，关系到目的地旅游业的发展。

从旅游业利用的角度出发，旅游资源分为潜在旅游资源和现实旅游资源。

其中，潜在旅游资源是指未经开发而不能为目的地旅游业利用的资源；现实旅游资源是指业已开发而被利用的资源。对于前者，要将其转化为现实的旅游资源，必须经过开发过程；而对于后者，由于资源本身或市场需求的变化有必要进行再生性开发。因为任何已开发的旅游资源都会有其生命周期，即它对游客的吸引力会有从小到大、从大到小的演进过程。这个过程一般分为初创期、成长期、成熟期和衰退期四个阶段，虽然不同的旅游资源，其生命周期的长短可能有很大的不同，但从理论上说，都会有其生命终结之时。其原因来自两个方面：一是资源本身可能由于长期接待过量游客而造成了对资源的破坏与污染，或管理不善导致服务质量下降；二是游客的需求可能因社会时尚的变化而使兴趣发生了转移。所有这些都会使资源的吸引力出现衰减。

（二）旅游资源开发的目标

旅游资源开发是通过经济、技术手段对资源进行的修饰、加工和改善，使之成为旅游吸引物。其主要目标是通过进入市场，实现经济效益，促进资源所在地区居民收入的提高。

为了实现这一目标，旅游资源开发必须根据市场需求和资源本身的特征与“可塑性”确定开发方向，即面向入境游客还是国内游客，面向观光游客还是度假游客，开发成专题景观还是多种景观。如果是面向入境游客，是主要面向外国游客还是港澳台游客；如果是面向国内游客，是面向全国游客还是面向邻近地区或本地区游客。一般说来，资源品味越高，区位条件越好，面向的游客面也越广。

二、旅游资源开发价值的评估

旅游资源的种类繁多。按照2005年12月18日中国国家技术监督局发布的中华人民共和国国家标准《旅游资源分类、调查与评价》，我国旅游资源分为8大主类、31亚类、155个基本类型。虽然不同地区、不同种类的旅游资源规模不同、丰度不同，特色各异，然而它们都具有相同的本质特征，即对游客具有吸引力。一项旅游资源的吸引力越大，反映该项旅游资源的价值就越高，因而对其开发的价值也越大。

评价一项旅游资源的开发价值，主要取决于两个方面：一是旅游资源本身固有的质量、规模和品位；二是其坐落地点、适游期和市场对它的认知。

旅游资源本身固有的质量、规模和品位是指一项旅游资源的特色鲜明程度、规模大小和品位的高低。特色的鲜明程度反映其独特性的强弱；品位的高低反映其观赏游憩价值或科学文化、艺术价值的高低，对游客或专业工作者吸引力的大小；规模的大小反映其容量的大小，即在单位时间内容纳游客的多少。

旅游资源的坐落地点、适游期和市场对它的认知反映的是其市场面的大小。其中，坐落地点指的是旅游资源所在地区距离主要客源地区的远近。同样种类和品位的旅游资源，在交通运输条件相同的情况下，距离主要客源地区近的旅游资源比距离远的旅游资源拥有较大的市场优势，因而在开发上前者比后者的价值要高得多。适游期是指旅游资源适于游客来访时间的长短，对一些存在于自然中的旅游资源来说，则表现为适于旅游的季节的长短，时间越长，来访的游客就越多。市场对旅游资源的认知是指客源市场对它的感知和了解程度，它对旅游资源吸引力的大小会产生一定的作用。此外，旅游资源吸引力的定向性也会对其市场面的大小产生影响。旅游资源吸引力的定向性是指不同种类旅游资源所指向的市场对象上的差异，它既同旅游资源本身的质量相关，也与游客认识上的主观效用有关。例如，某项旅游资源对某些游客吸引力大，而对另一些游客没有多大吸引力，甚至完全没有吸引力。所以，不同种类的旅游资源，其吸引面的大小是不同的。一般说来，观光类旅游资源的吸引面较大，它适于多种类型游客来访；而探险类旅游资源的吸引面则小得多，仅适于那些敢于冒险的青壮年游客。由此可见，市场面越大的旅游资源，开发的价值也越大。

旅游资源吸引力的大小和市场面的大小最终体现在开发之后来访游客的数量上。为了确保较多的游客来访，获得可观的经济效益，在开发之前必须对具体项目的旅游资源吸引力和市场面进行评估，比较不同项目旅游资源开发的可行性与优先顺序。为此，需根据影响旅游资源吸引力和市场面的各种因素进行比较。其方法是先列出影响旅游资源吸引力和市场面的各种因素，然后依据不同因素的重要性分别赋予不同的权重，再邀请有关方面的专家就所比较的旅游资源对这些因素逐一进行评分，最后分别汇总各位专家的分数，得出哪项旅游资源的分数最高，该项旅游资源即为首先开发的对象。

假设邀请 A、B、C 三位专家，对影响 X、Y 两项旅游资源的吸引力与市场面进行评价，具体如表 3-2 所示。

表 3-2　X、Y 两项旅游资源评价表

因素	权重	专家评价（资源 X）						专家评价（资源 Y）					
	W	A	B	C	WA	WB	WC	A	B	C	WA	WB	WC
1	0.2	3	4	5	0.6	0.8	1.0	4	2	3	0.8	0.4	0.6
2	0.1	2	3	4	0.2	0.3	0.4	3	3	2	0.3	0.3	0.2
3	0.2	3	3	3	0.6	0.6	0.6	3	4	5	0.6	0.8	1.0
4	0.2	4	3	4	0.8	0.6	0.8	3	3	3	0.6	0.6	0.6
5	0.1	2	3	2	0.2	0.3	0.2	1	2	1.5	0.1	0.2	0.15

续表

因素	权重	专家评价（资源X）						专家评价（资源Y）					
	W	A	B	W	A	B	W	A	B	W	A	B	W
6	0.1	1	2	1	0.1	0.2	0.1	1	2	1.5	0.1	0.2	0.15
7	0.0	2	1	1	0.1	0.05	0.05	1	1	1	0.05	0.05	0.05
8	0.05	1	0	0	0.05	0	0	0	1	1	0	0.05	0.05
合计	1.0	18	19	20	2.65	2.85	3.15	16	18	18	2.55	2.60	2.80

表3-2中，1为资源特色；2为资源品位；3为规模大小；4为坐落地点；5为适游期长短；6为市场对该项资源的认知；7为吸引力定向性；8为其他因素。

三位专家对资源X评价的平均标示数为$\frac{2.65+2.85+3.15}{3}=2.88$

三位专家对资源Y评价的平均标示数为$\frac{2.55+2.6+2.8}{3}=2.65$

比较的结果是，资源X的平均标示数大于资源Y的平均标示数，应予优先开发。

三、旅游资源开发应遵循的原则

为避免开发过程中对资源造成不应有的破坏和给环境带来的不利影响，以及与当地社区经济社会不相协调的问题，旅游资源的开发必须坚持和遵循以下基本原则。

（一）"科学开发、合理保护、永续利用"的原则

旅游资源的开发与旅游资源的保护是对立统一的关系，虽然二者在一定意义上存在矛盾，如开发不当，会使旅游资源遭到破坏，但是在另一种意义上又是统一的，开发和保护都是为了利用，二者之间并不存在根本的对立。因此应在开发服从保护、开发促进保护的前提下进行科学开发，特别是对于那些不可再生的自然遗产和历史文化遗产，更应在保护其原有风貌的前提下进行。为使资源在开发中得到有效保护，应建立谁开发谁保护、谁破坏谁恢复、谁使用谁付费、谁受益谁补偿的机制。所谓科学开发，是指资源的开发和建设应按照建设资源节约型、环境友好型的要求，使开发和建设规模保持在资源所在地的环境容量和资源的承载能力范围之内，并使建设项目的性质、布局、规模、体量、高度、造型、质感、色彩和建筑材料的使用等与周围景观和环境相协调。

（二）突出独特性的原则

独特性是一项旅游资源不同于其他旅游资源所特有的属性。旅游资源的质

量在很大程度上取决于这种特有的属性，它既是能够对游客产生吸引力的根本所在，又是与其他同类旅游资源相比决定吸引力大小的主要因素。旅游资源独特性程度越高，对游客的吸引力也越强。因此，在旅游资源的开发中，应有意识地保护和突出其独特性，扩大其知名度，提高对游客的吸引力。

突出旅游资源的独特性，就是突出其个性。因此，在开发中首先要努力实现“人无我有，人有我优”的个性特征。例如，历史最久、形态最美、规模最大、造型最奇、工艺最精，知名度最高等。

突出旅游资源的独特性，在开发和建设中对自然和历史遗产类的资源要注重维护和保持其自然或历史形成的原有风貌，不要进行过分的人工修饰，更不能毁旧翻新。因为这类资源作为遗产在人类社会中具有世界或国家级的历史价值和地位。若需挽救性修缮，也必须修旧如旧，只要不存在安全隐患，宁可保存其破损和缺失。这种情况在一些旅游发达国家的历史古迹中屡见不鲜，其目的就是使游客能领略其原有风貌。联合国教科文组织下的“世界遗产委员会”在评审世界自然遗产和文化遗产时将其原始风貌的保持程度作为原则性标准予以规定就是最好的说明。

突出独特性，除了要突出旅游资源本身的独特性之外，在开发中还应注重突出旅游资源所处环境的民族性和地方性。民族性和地方性是指在资源开发中的环境建设及其所表现的文化氛围应保有资源所在地区的民族特色和地方特色，使其各项设施的外观、建筑形式与当地的文化氛围相协调。但是，在设施内部的设计和设备的配备上应考虑主要客源市场游客的生活习惯，使其有亲近之感。

（三）讲求经济效益的原则

旅游资源开发是一项经济活动，开发的目的是为了发展当地旅游业，从而获取经济收益。首先，旅游资源的开发必须服从当地社会经济发展的需要，在旅游发展规划的指导下进行。一些规模较大或对当地旅游业发展起重大影响的旅游资源在开发前还需作出详细规划，除对开发可能造成的社会和环境影响作出评估外，还要对其投入产出作出评价，以预测其收益率。其次，旅游资源的开发要在当地旅游发展规划指导下，排出开发项目的先后顺序，再根据自己的经济实力分期分批地进行，不能一哄而上、“全面开花”。最后，在开发和建设过程中要努力降低成本。为此，要尽量利用当地的原材料、生产设备、技术力量和施工人员，除非特别需要而当地和本国又不能解决必须使用进口物资、技术和聘用外国人员外，不要引进外援，否则必将导致成本的增大、外汇的流失。

四、旅游资源开发工作的主要内容

旅游资源开发是景区景点的开发，除了资源本身的开发和建设外，还包括资源所在地接待环境的建设和改善，使游客来访时有一个良好的接待环境和活动空间。因此，旅游资源开发工作的主要内容应包括：

（一）解决和提高旅游资源所在地的可进入性

任何一个旅游景区（点）的开发，都必须首先解决游客来访的交通问题，使游客能够比较顺畅地进得来、出得去和散得开。便利的交通条件对旅游资源所在地成功开发非常重要，因为即使资源品味再高、吸引力再强，如果没有顺畅的交通运输，游客进不来，资源优势也不能转化为经济优势。所以，可进入性就是游客能够借助完善的交通运输系统顺利地进出旅游资源所在地。它包括资源所在地与外界特别是与主要客源地的交通基础设施如公路、码头、机场、车站的建设，以及交通运营手段如汽车、火车、船舶、飞机的合理安排。

（二）建设与完善旅游基础设施和旅游服务设施

旅游基础设施和旅游服务设施前文已述，其中旅游服务设施由于主要供游客使用，因此其设计和建造应根据游客的需要标准来进行。如果没有游客的到来，这类设施也就不需要。可见，旅游服务设施是以游客的需要为转移的。不过，在建设旅游服务设施时，其体量、风格、外形、色彩等应与当地环境和社会习俗、文化传统相协调。

（三）旅游资源开发计划、设计、建设或整修

旅游资源的开发分为已开发利用和未开发利用两种情况，对前者而言，是为适应市场需求在原开发的基础上进行的再开发。无论哪种情况，都需要制定开发计划，进行设计、建设或整修。对于已开发利用的资源来说，再开发主要是增辟新的游览项目或在原开发的基础上进行修饰和加工，如修整游览步道，建设新的观景点、护栏，以及采取一些新的环境保护措施和提高文化含量措施等。对于尚未开发利用的资源或人造景观，应首先确定开发主题和利用方向，按照计划进行开发建设和施工。

（四）建立景区（点）管理机构，培训专业管理人员和服务人员

任何一个旅游景区（点）都需要建立健全的管理机构，配备一定数量的专业管理人员和素质较高的服务人员；否则，管理不好，服务质量差，不仅失去了资源开发的意义，而且有损资源所在地的形象，影响资源对游客的吸引力。所以，要使旅游资源的开发取得良好的经济成效，必须健全资源管理机构，培训专业管理人员和服务人员，不断提高人员素质和管理与服务水平。

（五）制定与实施旅游资源和环境保护措施

旅游资源和环境保护应贯穿于旅游资源开发的始终。虽然旅游业的发展同其他产业的发展相比是资源损耗最少的产业，但是在资源开发和游客接待中，仍可能造成资源和环境的损耗，尤其是开发中人为的不合理的设计和建设往往会造成更大的破坏。因此，采取必要的措施，保护好资源和环境是旅游资源开发中的一项十分重要的工作，必须认真做好；否则，因开发引起的资源和环境的破坏，必然导致对游客吸引力的降低，开发也就失去了意义。

五、旅游设施建设

（一）旅游设施的概念与类型

旅游设施是指为满足游客旅游活动的正常进行而由旅游目的地提供的、使旅游服务得以顺利开展的各种设备和设施的总称。它与旅游服务一起构成了旅游目的地的接待能力。旅游设施既是旅游经营者从事旅游经营的物质条件，又是游客开展旅游活动的凭借物或消费对象。

如前所述，旅游设施分为基础设施和旅游设施。其中，基础设施建设通常是非营利性的，多在旅游开发中由当地政府投资兴建。旅游设施又称旅游服务设施，由于旅游服务设施能产生利润，因而多为公、私旅游企业或个人投资兴建。总之，基础设施和旅游服务设施是旅游目的地旅游业发展的物质基础。

（二）旅游服务设施建设

由于旅游服务设施建设项目多为旅游企业或个人投资兴建，因而需要对投资项目的可行性和投资回报能力进行评估与决策，以避免盲目性和可能的风险。

1. 可行性研究

可行性研究是在对投资建设项目的技术、经济、社会等方面进行周密调查与分析的基础上，对拟建项目和建设方案作出经济效果评价，确定是否可行的研究。它既是对拟建项目的客观实际的认识和分析过程，也是对建设项目的条件进行审查的过程，因而起着把守投资关口的作用。

可行性研究在工程建设中占有十分重要的位置，是投资项目建设过程中的首要环节，关系到拟建项目的投资是否合算，是否能在未来为投资者带来经济效益。并且，可行性研究报告也是向政府有关部门申请工程建设项目的重要文件之一。在社会主义市场经济条件下，由于旅游工程建设项目不仅直接关系到投资者的利益，而且涉及市场、社会和环境影响，因而在投资建设之前，也需要进行可行性研究。

对旅游投资建设项目进行可行性研究的主要内容包括：（1）建设项目所在场地评估，所具备的建设条件如可利用土地的多少、地价的高低、可利用的公用设施情况（水、电、气等）、距交通干线的距离等；（2）市场和需求量研究，如现时到访游客情况（国内和国外游客的构成、来访时间、停留时间的长短、花费多少和来访目的等）和建成后的市场需求情况（预计来访的国内外游客数量、游客来源地区、游客消费支出和消费结构），产品的需求价格弹性，可能的代用品对其市场需求的影响等，它是旅游投资建设项目可行性研究的首要环节；（3）竞争者分析，如竞争者数量、实力和影响大小，竞争者产品价格情况和经营情况以及对市场的渗透程度等；（4）投资项目拟建规模、建设内容、所需投资资金；（5）项目建成后的经济效益和还款能力，包括资金计划（自有资金、借贷资金），预计的建设成本，项目建成后的营业收入、成本和利润，还贷年限等。

一项工程建设一般分为三个阶段，即投资前阶段、投资阶段和生产阶段。其中，投资前阶段又分为四个小阶段：投资机会的寻觅、投资机会的初步选择、编制投资规划、评价和决定。可行性研究属于投资前阶段所要做的工作，按照投资前的四个小阶段，可行性研究也分为投资机会研究、初步可行性研究、最终可行性研究和编写研究结果报告。

2. 旅游企业投资建设项目的评价

旅游企业是独立的经济实体，其投资项目建设的目的是为了获取利润，因此需对项目投资的可行性、获利性进行评估。在市场经济条件下，评估时需考虑资金的时间价值，因此所采用的方法应为动态经济计算方法。

动态经济计算由于考虑了资金的时间价值，因而广泛应用于规划、投资决策、设计和科研之中，对各种方案的相对价值进行评价。动态经济计算方法有效益费用比法、净现值法、内部回收率法、利润指数法和投资回收年限法等。在工程投资建设之前运用这些方法对工程项目进行评估，有利于节约资金和物资的使用，加快设施建设进度，使其早运营，早受益。

第四节　旅游承载力

旅游活动对目的地的社会、文化、环境和经济等各个方面都会产生影响，这一事实包含了一定的寓意。如果假设大量旅游者的到来会产生积极的影响，那么在实际中就会出现旅游者容量的某种极限，超过这个极限的旅游者将不被容纳或接受。当旅游者的数量超过这个极限后，就会对旅游目的地的各个方面产生消极影响。这种旅游者容量的极限，就是目的地的旅游承载力，它是旅游者、旅游资源和目的地之间的一种相互关系。在旅游开发中，正确分析和研究旅游承载力，确定旅游地合理的游客容量，不仅是旅游目的地开发与管理的重要内容，也是实现旅游业可持续发展的必然途径。

一、旅游承载力的概念、类型与特征

（一）旅游承载力的概念

按照西方学者马西森和沃尔 1982 年对旅游承载能力（Threshold of Carrying Capacity）所下的定义，是指“在对自然环境未造成不可承受的变化和对旅游者的体验质量未造成不可接受的下降的前提下，允许使用一个地点的最多人数。”克里斯·库珀等学者在 2003 年编著的《旅游的原理与实践》一书中的定义是指“一个景点、一个度假地甚至一个地区所能承受而又不会造成破坏性后果的旅游资源的利用能力”。世界旅游组织的定义是“指一个地区在提供使旅游者满意的接待并对资源产生很小影响的前提下，所能进行旅游活动的规模。”

上述三种对旅游承载力的解释虽然在文字上略有不同，然而在含义上则是一致的，即旅游承载力是旅游资源所在地在接待游客时既不会造成破坏性后果（包括资源和自然环境在内），又不会导致游客旅游体验质量下降所能承受的游客数量。

（二）旅游承载力的类型

旅游承载力是一个复合性概念，包含的内容较多。克里斯·库珀等学者从旅游者角度出发，旅游承载力可以分为自然承载力、心理承载力、生态承载力和社会承载力四种类型。

1. 自然承载力

自然承载力是指可供利用的适当的土地数量，还包括设备设施的容量限度（如停车场车位、餐厅面积和住宿设施的床位），自然承载力在各种容量中最容易直接测量，并能用于规划和管理控制（比如可以用在特殊地区限制停车位的方式来控制容量）。

2. 心理承载力

心理承载力是指游客对旅游资源所在地吸纳的过量游客造成的拥挤和喧闹在心理或知觉上承受的能力。当一个旅游者的体验受到极大的破坏时，就超过了目的地的心理或知觉承载能力。当然，有的人能够忍受拥挤并喜欢热闹的地方，但另一些人不喜欢。虽然壮观的景色可以减少拥挤的压力，但心理承载力是一种非常独特的概念，难以用管理和规划对它施加影响。

3. 生态承载力

生态承载力是指包括动植物在内的旅游资源所在地的生态系统对游客数

量承受的极限。当一个地方的环境被破坏或遭到不可接受的扰乱时，就超越了生态承载力。生态承载力包括动物和植物两方面（如野营地、沙滩、沿路的生态系统）。现有的研究工作侧重考察植物的承载极限，但却很少关注动物（如鲸鱼观赏地）对旅游活动的承受能力。关注整个生态系统而不是某个独立的因素是十分重要的。

4. 社会承载力

社会承载力是指旅游资源所在地的居民和企业对其旅游发展带来的变化所能接受的限度。社会承载力的概念来自社区旅游规划和可持续性，主要用来描述旅游目的地当地居民和企业所能接受的旅游发展的程度，以及运用技术手段测量当地居民接受变化的限度。

我国国家技术监督局颁布的《旅游规划通则》中使用的是旅游容量一词，并在附录A中列出了日空间容量、日设施容量、生态环境容量和社会心理容量四种旅游容量。我国学者杨锐对旅游容量表述得更为详细，他将景区环境容量分为自然环境容量、人工环境容量和社会环境容量三种类型。其中，自然环境容量包含生态环境容量和自然资源容量；人工环境容量包含空间环境容量和设施容量；社会环境容量包含经济环境承载力、人文环境承载力、心理环境承载力和管理水平承载力。当然，关于旅游承载力或旅游容量还有其他学者从不同角度的分类。总之，尽管人们对旅游承载力或旅游容量的分类存在差异，然而所涉及的内容则基本相同。

从这些解释可以看出，自然承载力在内容上包含了空间容量和设施容量，其中设施容量包括基础设施（供水、供电、通信和道路交通等）容量和服务设施（住宿设施、餐饮设施和其他设施）容量；而社会承载力在内容上则包含了经济环境承载力、人文环境承载力和管理水平承载力。可见，旅游承载力指标主要由经济、社会、环境和旅游者满意程度四大类组成。

（三）旅游承载力的特征

1. 客观性

客观性即在某一旅游目的地的一定时期和状态下，旅游承载力总体上体现了该目的地的生态环境结构和功能特征，因而不仅是客观存在的，而且是可以用各种方法进行衡量和评价的。但使用不同的评价标准和方法，可能得到不同的旅游承载力评价结果。

2. 动态性

动态性是指旅游承载力往往随着时间和空间的变化，尤其是人类旅游活动方式的变化而呈现出一定的动态变化。也就是说，适合于现今状况的旅游承载力在未来的发展阶段将不再有效。旅游承载力的动态特征难以找到统一的衡量标准，一般采用美国国家公园服务机构（United States National Park Service）的术语“接受变化的限度”（LAC）作为其规划的指标。

3. 可调控性

可调控性是指可以通过调节人们的旅游活动来调控旅游承载力，尤其是可以通过改变旅游活动方式来保持或提高旅游生态承载力。

二、旅游承载力的测量

旅游承载力由于包含的内容较多，有些（如水体、大气）通过调查统计、科学实验或长期监测可以量化，有些则难以量化，如游客心理、居民态度、社会习俗等。因此，要全面准确地测量各种承载力不仅非常复杂，而且难以做到。但是，任何一个国家和地区在发展旅游业、进行旅游地开发时都必须认真考虑和分析旅游承载力问题，并仔细分析和计算旅游地容量，以确定合适的游客接待规模，保证旅游地的可持续发展。

（一）旅游承载力测量的内容

对旅游承载力的测量，重点是测量旅游目的地的生态环境容量、旅游资源容量、游客心理容量、经济环境容量和社会环境容量等内容。

生态环境容量是指接待旅游者或容纳旅游活动的数量极限。

旅游资源容量是指在保持旅游活动质量的前提下，旅游资源所能容纳的最大旅游活动量。

游客心理容量是指保证旅游者旅行游览舒适满意的极限游客接待量。

经济环境容量是指对当地正常经济活动没有排挤状况的前提下吸引和接待游客的数量。

社会环境容量是指一定时期内，旅游目的地社会发展程度所决定的能够接纳游客的能力，超过这个极限会引发当地居民不满，并带来一系列社会问题，甚至导致当地居民和游客的对立和冲突。

香港城市旅游承载力真的已经达到极限？

据报道，近日关于内地游客赴港旅游，特别是内地游客赴港个人游在香港引发争论。香港立法会议员李慧琼日前表示，自由行旅客已超出香港承受力，特区政府要与内地商讨，暂缓扩展内地居民自由行规模。对此，一些香港人士明确表示不赞同。香港保安局局长黎栋国指出，“从未听过世界上任何一个旅游城市会为旅客数目设限”。难道香港城市旅游承载力真的已经达到极限，需要限制内地居民到港旅游数量吗？

这个问题可以从三方面去分析。一是香港旅游接待能力是否已经满负荷，二是外来游客量大对于本地居民生活是否带来许多不便，三是游客不文明行为引发内地游客和香港居民的矛盾是否已不可调和。

关于旅游目的地承载力，表面上看是一个物理测算的问题，同时也是一个心理测算的问题。

从物理测算来看，首先是城市的可进入性，衡量指标是进出口岸是否拥堵、通过海关的排队等候时间。其次是吃住行游购娱6个环节的容量问题，衡量指标是酒店入住率、景点排队等候时间、购物场所排队等候时间。

香港面积1104平方公里，2013年访港游客5430万人次，对比来看，澳门面积仅仅32.8平方公里，2013年访澳旅客达2932万人次。香港有9个口岸——罗湖口岸、福田口岸、皇岗口岸、文锦渡口岸、深圳湾口岸、沙头角口岸、港澳码头、中港城码头、香港机场。澳门则有5个进出口岸——拱北口岸、湾仔口岸、横琴口岸、港澳码头和澳门机场。从港澳两地对比来看，香港接待量还有很大空间。至于香港口岸的拥堵问题，主要原因是口岸严重不均衡，罗湖口岸拥堵，但是港澳码头、中港城码头、沙头角口岸未充分发挥作用，远远没有饱和。关于酒店容量，香港理工大学酒店旅游学院研究认为：香港酒店客房最佳数量在2010年是46577间，在2013年是50584间。与香港实际客房数量相比，香港酒店供过于求，导致酒店定价能力弱，拖累酒店经营业绩。目前香港酒店数量还在增长，筹备规划中的酒店项目有6个，在建客房数量378间。至于主要旅游景点，如迪斯尼乐园，因为景区面积小，2013年接待游客仅仅714万人次，其拥堵和排队时间长主要发生在节假日。

所以，香港城市旅游并非已经真的“饱和”，关键还是旅游带来的社会影响问题。具体而言，一是对于本地居民的经济影响，例如购物的不便、交通的拥堵、物价和房价的上涨。二是心理影响，也就是文明的冲突：内地游客在一些港人眼中的“土豪”形象，令他们十分反感。

2013年访港游客中，中国内地游客约占70%。香港居民没有对占30%的海外游客提出要限制，仅仅是针对中国内地游客。新加坡面积716.1平方公里，2013年接待外国游客1550万人次，数量远远小于香港，其中中国游客150万人次，1/10的比例并不高，但是新加坡居民也发出了抵制大陆游客的声音，这背后的原因是一致的，认为中国游客的文明素质不高，更多的是社会心理问题。

香港媒体的一项调查显示，每3个香港人之中就有一人对“自由行”有抗拒情绪，仅有1/6的港人表示自己受惠于自由行政策，明确表示没有受惠者占将近1/4。香港旅游发展局前局长田北俊指出，两地矛盾并非源于自由行，“回归前，香港经济高高在上，港人面对经济落后的内地有优越感，自然欢迎内地游客。现在内地经济高速发展，赴港旅游的内地游客消费力强劲，让一些有心理落差的香港人变得没自信又自卑起来”。田北俊指出，需要港府与中央政府共同协商，寻找一条双赢的出路。

资料来源：是容量问题，还是心理问题.中国经济网. http://www.ce.cn/culture/gd/201405/22/t20140522_2856874.shtml.

（二）旅游承载力测量的方法

对旅游承载力进行测量，就是要科学地测算旅游地容量，对此国内外学者做了许多积极有效的探索和研究，并提出了行之有效的测算方法。下面重点介绍罗明义提出的有关旅游承载力测量的方法。

1. 生态环境容量的测量

通过测算旅游者所产生的污染物、环境自净能力与人工治理污染的能力，就可以测算出游客数量保持在何种规模上能使生态环境不受到损害。具体计算公式如下：

$$C_e = \frac{\sum_{i=1}^{n} N_i S + \sum_{i=1}^{n} Q_i}{\sum_{i=1}^{n} P_i}$$

其中，C_e 为旅游目的地生态环境容量（日容量）；N_i 为旅游目的地每天对第 i 种污染物的自然净化能力；S 为旅游目的地区域面积；Q_i 为旅游目的地每天人工处理第 i 种污染物的能力；P_i 为每位游客一天产生污染物的数量。

2. 旅游资源容量的测量

旅游目的地的旅游资源容量测量，主要是指目的地已开发的旅游景区的容量测量，具体方法通常是按照面积法和线路法的计算公式进行测算。

（1）面积法

面积法主要是根据旅游景区的空间规模、游客周转率和标准容量进行测算。具体计算公式如下：

$$C_{r1} = \frac{S_a}{S_b} \times R$$

其中，C_{r1} 为景区旅游资源容量（日容量）；S_a 为旅游景区游览规模（平方米）；S_b 为旅游景区游览空间标准（平方米）；R 为游客周转率（每日开放时间/游客平均滞留时间）。

（2）线路法

线路法主要是根据旅游景区的游路长度、游客周转率和标准游览距离来计算。具体计算公式如下：

$$C_{r2} = \frac{2L}{I} \times R$$

其中，C_{r2} 为景区旅游资源容量（日容量）；L 为旅游景区游览线路总长度（米）；I 为旅游景区游览线路间距标准（米）；R 为游客周转率（每日开放时间/游客平均滞留时间）。

3. 游客心理容量测量

游客心理容量的测量是根据旅游资源容量计算公式来测算，因为在计算旅游资源容量时所采用的游览空间标准，通常是按最低极限来测算。但为了保证旅游者在旅游活动中的舒适度和满意度，一般应按照合理的旅游空间标准来测量（参见表 3-3），也可以根据问卷测试或经验估计而获得。

表 3-3　旅游活动基本空间标准

旅游活动及场所	世界旅游组织（UNWTO）		日本	
	基本空间标准（m^2/人）	单位空间合理容量	基本空间标准	平均滞留时间（h）
森林公园	667	15 人/公顷	300 m^2/人	2.5
郊区公园	143~667	15~70 人/公顷	40~50 m^2/人	40.0
乡村休闲公园	50~125	80~200 人/公顷	15~30 m^2/人	2.0
高密度野营地	16.7~33	300~600 人/公顷	250~500 人/公顷	—
低密度野营地	50~167	60~200 人/公顷	50~100 人/公顷	—
高尔夫球场	677~1000	10~15 人/公顷	0.2~0.3 公顷/人	5.0
滑雪场	100	100 人/公顷	200 m^2/人	6.0
滑水	677~2000	5~15 人/公顷水面	—	—
垂钓	333~2000	5~30 人/公顷水面	80 m^2/人	5.3
徒步旅行	—	40 人/公顷	400 m^2/团	3.5
赛场（参观）	25	40 人/公顷	25 m^2/人	2.0
野外露营	33	300 人/公顷	25 m^2/人	3.5

资料来源：UNWTO 标准引自李贻鸿. 观光事业：发展 • 容量 • 饱和. 台湾淑馨出版社，1986；日本标准引自洛克计划研究所. 观光 • 游憩计划论. 台湾大立出版社，1980.

注：m^2 为平方米，h 为小时。

4. 经济环境容量测量

通常测算经济环境容量是用床位数或者食品供应能力来代替，但近年来有学者提出用更为复杂的模型测算社会经济容量。

（1）以食宿为基础的经济环境容量测量，具体公式如下：

$$C_h = \frac{\sum_{i=1}^{n} F_i}{\sum_{i=1}^{n} D_i}$$

其中，C_h为目的地经济环境容量（日容量）；F_i为第 i 类食物（或住宿设施）的日供应能力；D_i为每个游客每天对第 i 类食物（或住宿设施）的消费量。

（2）以旅游规模地区经济容量数学模型测量的经济环境容量，主要强调旅游地经济环境容量是各种影响旅游地接待规模直接和间接因素的函数，通过计算各因素的变化可能性，就可以计算和分析旅游地的经济环境容量。具体公式如下：

$$C_f=f\ (K_f, CPI, PI, L_f, M_f, O_f)$$

其中，C_f为旅游目的地经济环境容量；K_f为旅游收入乘数；CPI 为消费物价指数；PI 为商品价格指数；L_f 为旅游从业人数；M_f 为旅游开发建设投资；O_f为其他因素（包括交通、能源、邮电等）。

5. 社会环境容量测量

旅游目的地社会环境容量测量，是分析随着旅游地开发对旅游基础设施建设、社会就业的促进作用和影响，外来文化和旅游地文化的差异和变化，旅游地居民对发展旅游的期望和观念变化等。由于对这些因素的分析和研究无法使用定量分析，因此，一般是通过问卷调查来进行分析和评价的。

这样，上述各种类型的承载力综合起来，构成了旅游地的旅游承载力。但是，旅游地的承载力不是各种类型承载力的简单相加，按照《风景名胜区规划规范》的规定，风景名胜区的旅游承载力应为上述各类承载力中的最小值。就像前文提到的，旅游承载力是一个动态概念，是以不断变化的承受程度为基础的。在旅游健康发展的情况下，承载能力的极限水平会随着条件的改善、管理水平的提高而提升；反之，无计划的盲目发展和放弃管理则会降低承受水平。除了旅游资源所在地的因素之外，旅游承载力还受游客方面因素的影响，即不同类型的游客对旅游体验的要求不同，从而对偏离其期望的旅游体验的承受程度也不同。所以，旅游服务设施的改善、旅游管理水平的高低和对游客造成影响的程度是决定旅游承载力大小的重要因素。

【案例分析】

栾川县努力打造游客满意的旅游目的地

2000 年以来，栾川县抓住旅游业快速发展的大好机遇，投资旅游建设项目资金57亿多元，其中招商引资项目130余个，引进资金42亿元，争取国债资金1.7亿元，开发建设了老君山景区、重渡沟、伏牛山滑雪场、伏牛山世界地质公园、栾川县旅游纪念品加工与展示基地、伊水湾大酒店、豫西特产博览中心、城东康乐中心和九龙山温泉等景点、住宿、娱乐、购物项目55个。

在加强旅游资源开发和旅游设施建设的同时，首先，成立县旅游工作领导小组，县四大班子领导分别与县属各部、委、局签订责任状，将目标任务一一分派到各部门、县直单位和旅游企业，按照“经费自行解决，人员统一培训，奖惩严格分明”的办法，分赴周边9省80多个城市进行宣传促销，对中远程客源市场则通过中央级媒体，宣传“绿色栾川，健康乐园”的形象。其次，对旅游企业进行改制，先后有6家景区和3家星级饭店完成了经营权转让。再次，整顿旅游市场，对旅行社互相压价、恶性竞争、景区报价不规范、旅游用车不合格进行整治，公正、公开、及时地处理各类旅游投诉，使市场环境得到了明显改善。最后，力抓旅游服务质量和人员培训，分门别类地培训饭店、旅行社和景区各级从业人员以及公安、市政、交通和商业等窗口单位人员，提高了人员素质和服务技能。

通过8年的发展，全县已建成包括3个国家4A级景区、1个国家自然保护区、2个旅游度假区在内的14个旅游景区，有12家旅行社、38家星级或准星级饭店、2家旅游购物中心，初步形成了集行、游、住、食、购、娱为一体、功能完备的旅游产业体系。2007年，来访游客达510.9万，旅游消费16.4亿元。

资料来源：根据杨保国等.栾川旅游实践与“栾川模式”改写. 中国旅游报，2008-9-3。

案例思考题

1. 栾川县旅游发展实践中形成的所谓“栾川模式”的核心是什么？在创建旅游供给体系方面最成功的经验是什么？

2. 你认为旅游供给体系应该包括哪些内容？你认为作为一个旅游目的地来说，在实现旅游可持续发展的道路上，栾川旅游发展中潜在的威胁是什么？

【复习思考题】

1. 什么是旅游目的地？其主要特征是什么？
2. 影响目的地旅游供给的因素有哪些？研究旅游供给的意义何在？
3. 什么是旅游资源开发？如何评价旅游资源所在地的环境质量？
4. 什么是旅游承载力？如何对一景区的旅游承载力进行测算？
5. 某旅游企业集团计划在某市近郊建一座饭店，计划投资1.2亿元，建设周期为 3 年，其中第 1 年至第 3 年的投资分别为 2000 万元、6000 万元和 4000 万元。根据初步测算，饭店建成后第 1 年至第 5 年的营业收入依次为 1600 万元、2400 万元、3200 万元、4000 万元和 4800 万元，而营业支出依次为 200 万元、240 万元、280 万元、340 万元和 360 万元。假定折现率为 7%，试用效益费用比法对该饭店建设的可行性进行评价。

第四章　旅游供求关系与调节

【案例导学】

在伦敦的希斯罗机场，中国游客约占全部游客的1%，却创造了25%的免税收益；在迪拜国际机场，每位中国旅客的葡萄酒消费额约1370～2500美元，通常会购买3条以上爱马仕围巾。中国到2015年或成全球第二大免税消费国；但另一方面，今年中国奢侈品消费外流现象加剧，仅有20%的国人愿意在中国购买奢侈品。

据联合国世界旅游组织统计，中国游客的旅游支出超过任何一个其他国家，去年，在出境游期间花费1020亿美元。中国旅游研究院预计，到2020年，中国出境游游客数量将从2012年的8300万增至2亿人次。中国游客如此巨大的购物消费需求，能否在国内满足呢？

目前中国免税业的经营模式主要有三种：一是口岸和市内免税店，此类免税店遍布全球；二是离岛免税店，2011年3月，财政部公布海南离岛免税政策，同意在三亚市内免税店和海口机场率先试点，这类免税店目前只在中国海南岛、日本冲绳岛、韩国济州岛和中国台湾澎湖岛4个地区设立；三是免税外汇商场，这是一种特殊的免税购物形式，只在中国、菲律宾等极个别国家存在。

按照国际经营规则，奢侈品零售终端直接面对消费者时，通常采用的是“一对一”的服务模式。但在三亚免税店，季节性旅客特别多，经常出现人手不够或者消费者排队现象，使整个购物体验大打折扣。受大环境影响，中国市内免税店的经营模式反而退化为“奢侈品超市”的购物模式，相应的许多配套服务，包括品牌讲解、产品介绍、休闲服务被忽略。目前，中国免税业务主要实行国家专营管理，不允许外资经营。这从根本上拒绝了外资在免税业务方面的竞争，虽然保护了国内的免税市场，但这一做法不利于市场竞争，成了国内免税集团提升自身运营水平的“包袱”。

有业内人士指出，中国免税业政策目前仍基本沿用旧规，特别是进境免税店、购物退税、市内免税店购物等免税政策已在国际上普遍实施，但中国却迟迟没有实行和采用。中国的市内免税店只能服务于出境的港澳台和国外旅客，销售对象不包括出境的国内旅客，这就限制了市内免税店的作用。允许出境国内旅客在市内免税店购物的政策已在美国、韩国、日本、泰国等大多数国家实行，尤其是韩国，市内免税店是其免税业态的最大组成部分。

有国际成功的实践经验，同时具备国内巨大的需求缺口，在刺激消费、促进内需政策方向的引导下，相信在不久的将来，中国游客不出国门也能买到质优价美的大牌产品。

资料来源：互联网资料整理。

【学习目的】

通过本章的学习，认识旅游供给与旅游需求各自的特点以及两者之间的相互关系，了解旅游供求关系的主要内容，明确旅游供求矛盾及其主要表现，掌握旅游市场调节的机理，对旅游价格和旅游市场竞争的主要内容、目标、策略和手段有清楚的认识，理解宏观调控对旅游经济运行的作用及宏观调控的内容和手段。

第一节 旅游供求关系概述

一、旅游供求关系的内容

现代旅游活动规模的迅速扩大是由旅游供给和旅游需求双方因素的发展共同促成的。正像人们早在20世纪40年代就已经认识到的那样，一方面，如果不存在有吸引力并具有一定接待条件的旅游目的地，人们的旅游需求便难以产生和实现；另一方面，如果没有旅游需求的存在和发展，旅游目的地则无法取得相应的经济效益，也无需发展和改善其供给条件。旅游供给与旅游需求是旅游经济活动的两个侧面，同时也代表了旅游市场中的卖方和买方，两者存在着密切的关系。

自1983年开业以来，东京迪斯尼乐园已累计接待游客3亿多人次，年平均接待游客近1550万人次，2002年度到访游客人数更是高达2482万人次。自它开业以来，有五成的游客是再次光临，甚至还有光临200次以上的游客。调查显示，游客一再重复光临的原因在于“受到感动”，而感动的原因是“认真而热心的服务”。“让园内所有的人都能感到幸福”是东京迪斯尼乐园的基本经营目标，这一目标不仅仅针对游客，也针对游乐园内的工作人员。东京迪斯尼乐园能够持之以恒地为众多游客提供令人感动、难忘、津津乐道的高质量服务，依靠的是对全体员工存在价值的认同。在这一基础上，经营者注重企业内的情感经营，努力营造“享受工作、快乐工作”的企业文化氛围。

众所周知，日本的消费者时服务质量的要求非常高，一次不尽如人意的服务就可能意味着永远失去了该游客和他周围的潜在游客。而东京迪斯尼乐园却获得了固客率90％这一近乎幻想的数字，这不仅仅是因为梦幻般的园内设计、家喻户晓的卡通人物、惊险纷呈的游乐内容和推陈出新的游乐设施，而是因为它充满亲情的、细致入微的人性化服务赢得了游客的钟爱。

旅游需求与旅游供给是相互统一的。两者的统一关系表现为一方利益的实现以对方的存在为前提。一方面，旅游需求决定了旅游供给的内容、结构和数量。一般而言，有什么样的旅游需求就要有什么样的旅游供给与之相适应。另一方面，旅游供给又决定了旅游需求的实现程度，并在一定程度上引导着旅游需求的产生和发展。由于旅游供给具有相对稳定性的特性，在一定时期内旅游供给的数量和结构影响着旅游需求的实现。旅游供给的内容会激发消费者的旅游动机，引导旅游者的消费趋势。从旅游发展的历史便可看出两者之间的这种关系。例如，英国人托马斯·库克（Thomas Cook）早在19世纪中期的一系列旅游组织活动，是同当时旅游需求已发展到相当规模这一实际分不开的；而二战之后团体包价旅游这一产品供给的出现，极大地促进了旅游需求的增长和旅游活动的发展。

旅游需求与旅游供给又是相互对立的。作为旅游需求一方的旅游者和作为旅游供给一方的旅游产品提供者存在着不同的利益目标，旅游者希望以最少的花费得到最大的效用满足，而旅游产品提供者则希望能够以较低的成本、较高的价格进行产品的生产和销售，实现收益最大化。这种利益目标的不一致导致了旅游需求与旅游供给间的矛盾对立关系，供求之间的矛盾主要反映在旅游产品的价格上。

去哪儿网：2014年“90后”暑期出游意愿调研报告

近日，去哪儿网度假频道针对近千名“90后”旅游爱好者展开调研，并发布《2014年“90后”暑期出游意愿调研报告》。报告显示，近六成“90后”每年出游2～3次。相比“其他后”，“90后”在旅游需求上更注重自我实现，追求自由与心灵净土。

寻找心灵净土，爱拉萨超过丽江

报告显示，拉萨已超越丽江，以21%的票数成为“90后”首选旅行目的地。

此外依次是：鼓浪屿、成都、桂林、雪乡、哈尔滨、北京、南京。对于“90后”来说，旅行的意义是什么？23%的受访者投给“寻找心灵净土”，22%的受访者表示想尝试各地美食。此外，结识朋友，追求文艺的感觉，认识异性或寻找艳遇，也是“90后”旅行的意义。

七成以上单次出游花销五千元以下

对于还是学生或初入职场的“90后”，在出游花销方面暂时没有“其他后”那样自如。40%的受访者表示接受1000元至2000元的人均预算；38%的受访者接受2000元至5000元的预算。预算小于1000元和大于5000元的受访者占比都不足10%。从旅游资金来源上说，父母支援仍然是“90后”旅费的最大来源。此外，近三成受访者表示自己打工赚钱充当旅费；两成受访者表示用奖学金或零花钱支持旅行。

出游关键词一吃、二拍、三青旅

在关于“‘90后’出游必做的事”的调研中，“品尝当地小吃”以86%的票数高居第一；“自拍、晒照片”以59%的得票率稳居第二；而“住青年旅社、客栈”则以36%的票数位列第三。除此之外，“90后”出游必做的事还有：寄明信片、暴走、搭讪等。“90后”在旅途中会有什么心烦的事？报告显示，“晒黑了、吃胖了”以45%的票数位列第一，另有不到45%的受访者表示去的地方没有WiFi也是一件痛苦的事。

寒暑假集中出游朋友第一，恋人第二

是什么造就了“90后”的旅行冲动？此次调查中，得票数最高的选项为“寒暑假，不玩浪费青春”，此外，“思考人生之后，出游长见识”“毕业之后、工作之前”“无聊、心烦、闹矛盾”也是受访者决定出游的高票数因素。“90后”喜欢跟谁一起出游？本次受访者投票排行分别是：朋友、恋人、父母、独自旅行、同班同学、室友。

资料来源：品橙旅游 http://blog.wintour.cn/?p=7864.

二、旅游供求关系的本质

可见，旅游需求与旅游供给是一对矛盾统一体。旅游供求关系实质上就表现为旅游供求之间的矛盾运动过程。旅游供求之间的矛盾集中体现在旅游需求规律（详见第二章）与旅游供给规律（详见第三章）上。旅游需求与旅游产品的价格呈反向变化，而旅游产品的供给却与旅游价格呈正向变化，如图4-1所示。

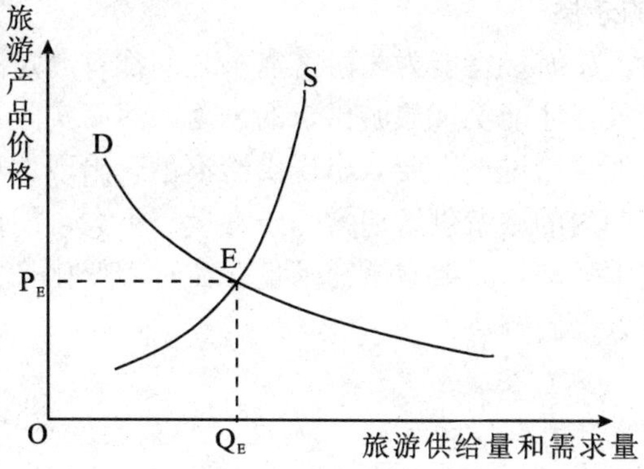

图 4-1　旅游供求均衡（a）

图中，D 为旅游需求曲线，S 为旅游供给曲线。只有在价格 P_E 水平上，旅游产品的供给量和需求量均为 Q_E，供求之间才出现均衡状态。由于市场供求的不断变化，旅游产品价格上下波动，因此旅游产品的供给与需求经常处于一种不均衡的状态。但在市场力量与价值规律的共同作用下，旅游产品的价格趋向于价值，旅游供求之间总是由不均衡趋向于均衡。旅游经济活动就是在这种由均衡到不均衡再到均衡的矛盾运动中不断发展的。

第二节　旅游供求关系的表现

一、旅游供求矛盾的主要表现

一方面，由资源、设施和劳动力所组成的旅游目的地供给能力一旦形成，短时间很难有较大程度的改变，具有相对稳定性的特点；另一方面，旅游需求则是随着各种影响因素的变化而表现出明显的波动性。其结果是，旅游供给与需求二者之间经常处于不平衡的矛盾状态之中。

供求不平衡是旅游供求关系的主要表现，但是这种不平衡又总是会趋向于平衡状态。之所以如此，一是因为旅游经济运行活动本身要求旅游供求之间要趋于平衡；二是因为市场运行的规律会发挥作用使得两者之间趋于平衡。从需求规律与供给规律来看，一定时期购买量大，则生产就会增加；反之就会减少。价值规律和供求规律发挥作用的结果必然使旅游供求间趋向于平衡。但平衡总是暂时的，它很快就会被供求的变动所打破。旅游供求矛盾主要体现在四方面。

（一）总量上的矛盾

在一定时期内，旅游接待能力与游客需求之间都有一定的量的比例。只有两者相适应或相一致，才能实现旅游供求的平衡。然而实际上，这种平衡往往难以实现，要么出现供给过剩，要么出现供给不足。出现这种供求矛盾的主要原因在于，一定时期内的旅游供给通常为一常量，不大可能迅速调整；而旅游需求量则会随时发生变动。只要旅游需求量存在时间变化且又无法准确估计，这个矛盾就无法得以彻底解决。

九寨沟景区的最佳承载量为 2.35 万人次/天，最大承载量为 4.1 万人次/天。为应对旅游旺季人流高峰，九寨沟风景名胜区按照《旅游法》第四十五条规定，“景区接待旅游者不得超过景区主管部门核定的最大承载量”，严格实行限流。景区应当公布景区主管部门核定的最大承载量，制定和实施旅游者流量控制方案，并可以采取门票预约等方式，对景区接待旅游者的数量进行控制。旅游者数量可能达到最大承载量时，景区和当地人民政府会提前通告，并采取疏导、分流等措施合理分流游客量。如当天售票已达到 4.1 万张，景区将不再出售当日门票。同时，结合景区实际，九寨沟管理部门决定在暑期旅游高峰时段，对当日旅行社网络订票控制在 1.4 万人次，并采取总量控制、网络预售、分时售票、分时进沟等管理办法。

（二）空间上的矛盾

旅游供求在空间上的矛盾是指旅游供求在空间地域上的不相适应。就某一旅游接待国而言，尽管旅游供求在总量上可能基本平衡，但其中各地吸引游客数量的不同也可能造成旅游供求在空间地域上的结构性失衡。主要表现在旅游热点地区出现供给不足，而旅游冷点地区又发生供给过剩。

这种矛盾主要是由于旅游产品供给所依托的资源在空间分布上不均衡所导致的。同时，由于旅游产品的不可移动性，旅游活动的开展需要旅游者向目的地移动，因此旅游者多流向旅游资源比较丰富的旅游热点地区，而资源较为贫乏的非热点地区则会出现需求不足的状况。

据香港《大公报》报道，2008 年暑期广东赴港澳游凸现“热冷不均”现象，香港游受奥运马术赛刺激达到最高峰，澳门游因签注频频收紧的影响而陷入旺季“不旺”的低潮。

广东边检部门人士透露，近一周来深港口岸出入境人数屡创历史新高，仅 8 月 9 日、10 日两天便破百万人次。而内地赴澳门游客量同比去年则下降逾一成，特别是旅行团客较奥运开锣前减少两成。赴澳个人游签注相继收紧为“一月一签”“两月一签”，而从6月27日起，港澳个人游签注又不能同时申办。这些因素致使广东客赴澳遭遇“高门坎”或为观看马术赛而弃澳择港，引发澳门游“低潮期”于8月起正式显现。

（三）时间上的矛盾

旅游供求在时间上的矛盾是指由于旅游需求季节性的波动而导致旅游供求之间出现矛盾，也就是说，尽管旅游目的地在全年中的旅游供求总量可能基本平衡，但游客来访的季节性造成旅游供求失衡，即季节性失衡。主要表现为，在旅游旺季发生供给短缺，而到了旅游淡季则出现供给过剩。

旅游产品的不可储存性使得旅游产品经营者无法通过储存产品来应对需求的季节性变化，从而使这一矛盾更显突出。旅游供求在时间上的矛盾是旅游供求矛盾关系的集中体现，也是长期以来旅游业界和学术界重点关注的问题。

由于丽江的气候特点以及中国的“国庆”“春节”黄金周长假特点，丽江旅游有着明显的淡旺季之分。

旺季：通常“国庆”“春节”期间是丽江一年中最大的旅游旺季，这一时期，大量游客涌入丽江，导致丽江住宿供不应求，这期间丽江客栈的房价普遍比平时上涨2～4倍(例如平时卖50元的旅馆式客栈,这时可以卖到二三百元)，必须提前预订客栈才能保证有住处。

淡季：丽江旅游的淡季是国庆和春节之间的这段时间，以及春节过后一直到3月期间，这时，去丽江旅游的人大幅减少，有时街上都看不到几个游客，大部分丽江客栈都有空房，并且价格便宜，这期间到丽江的机票打折幅度也大。

次旺季：从每年的3月开始，到5月客人就开始越来越多了，从5月开始到10月国庆是一个次旺季,这段时间是丽江旅游比较平稳的一个期间,这期间，一些品质较好的客栈是需要提前预订房间的。

（四）结构上的矛盾

旅游供求在结构上的矛盾是指同一时间内旅游产品的供给结构和旅游者的需求结构不相适应或存在差距。旅游目的地在设计旅游供给时，一般依据对旅游市场消费层次的调查和预测，按照一定的档次结构或类型结构来建设相应数量的旅游设施并提供相应层次的旅游服务。但是由于旅游市场是处于不断变化中的，一旦某种影响因素发生变化，不同消费层次旅游者的比例随时都会发生变化，而旅游供给结构却很难在短时间内作出相应调整，因此反映在市场上就会出现旅游供求在质量及结构上的失衡。这就要求旅游产品的提供者能时刻关注市场需求的变化趋势，善于捕捉需求信息，有预见性地对旅游产品结构进行调整和优化，并能通过多种市场营销手段来引导旅游需求。

出境游 WiFi：一项之前被忽视的大生意

有过出国经历的人实际上都有这样的抱怨，那就是：上网不方便。由于国内运营商对国际漫游流量收取的价格过高，并且还限定流量，很多用户只能在酒店、咖啡店选择登陆免费 WiFi 网络。但即使在通信业比较发达的美国、欧洲等地，也不是到处都有免费的 WiFi 网络可蹭。基于此种需求，一种便宜并且可随身携带的无线 WiFi 需求便应运而生。

在淘宝网上，有很多的商家以便宜的资费提供美国、欧洲等地的手机卡或者租赁 WiFi 设备，用户只需要用 200 多元的价格，就可以不限流量地在境外使用 7 天左右的时间。这对于一些出境旅游或者短期出差的商务人士而言，非常具有吸引力。因为如果开通手机流量漫游，一天的费用可能就达到 70 元左右，并且可用的流量也仅有 100M 左右。

中国旅游研究院预计今年国内出境游客数将达 1.14 亿人次，同比涨幅达 16%。如果按照约 10%的人会为境外上网支付费用，并按照每人 150 元的费用估算，境外上网服务的年市场规模就将达到 17 亿元左右。目前，境外上网已经成为很强烈的需求，并且未来整个市场规模还会随着出境旅游人数的增长而大幅增长。也许是意识到了这个市场的潜力，部分企业开始认真地把境外 WiFi 当作一项大生意来做。

二、旅游供求均衡

旅游供求均衡是当旅游供给量与旅游需求量达到一致时的市场状态，它是旅游经济活动中有效配置资源的最佳结果，也是旅游经济健康持续发展的根本保证。

（一）旅游供求的静态均衡

在上述旅游供给规律与旅游需求规律的分析中，我们分别探讨了旅游供给和旅游需求与旅游价格之间的变动关系，这种分析是在假设影响旅游供给与旅游需求的其他因素不变的情况下进行的。不考虑其他的影响因素，只探讨供给量、需求量与价格之间的变动关系，由此形成的供求均衡我们称之为静态均衡。

作为市场上的买方，旅游需求者总是希望低价多买；作为市场上的卖方，旅游供给者总是力图高价多卖。双方都要求对方同自己相适应，以便实现供求协调。当价格较高时，供给一方愿增加供给量，而需求一方会减少需求量；相反，当价格较低时，供给量会减少，而需求量则会增加，两者始终不能平衡。只有当旅游需求方与旅游供给方能够以双方均接受的价格交换彼此认可数量的旅游产品时，旅游供需均衡才能实现。可参见图 4-1，图中的旅游需求曲线和旅游供给曲线相交于 E 点，此时旅游需求量与旅游供给量相等，即旅游供求均衡，相对应的价格 P_E 称为均衡价格，相对应的旅游产品数量 Q_E 称为均衡产量。

如果旅游产品价格由 P_E 上涨到 P_1 时，旅游需求量将减少到 Q_1，而旅游供给量却会增加至 Q_2，旅游市场上将会出现供大于求的现象；如果旅游产品价格从 P_E 下降到 P_2，旅游需求量则会增加到 Q_3，而旅游供给量相反却会减少至 Q_4，这时旅游市场上将会出现供不应求的情况。如图 4-2 所示。

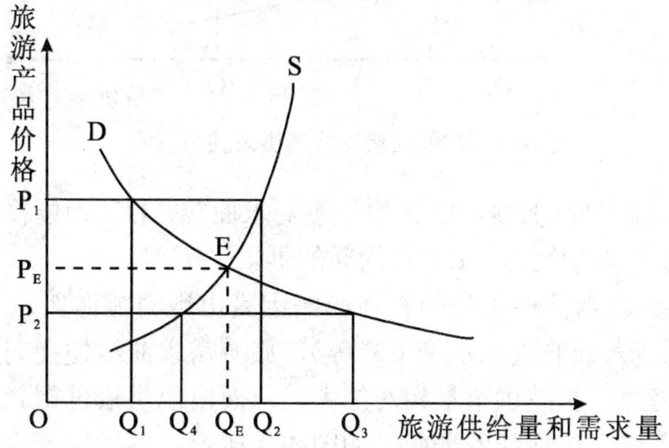

图 4-2　旅游供求均衡（b）

（二）旅游供求的动态均衡

由于影响旅游供求的因素很多，其中任何一项因素的变化都会导致旅游供给量或需求量发生变化，从而造成旅游供求矛盾。我们把旅游供求由于受到价格以外其他因素的影响而实现新的均衡称为动态均衡。这些因素的影响有以下几种基本结果：

1. 需求增加。当价格以外其他因素的变化有利于旅游需求发展时（如客源国币值上升、目的地国政府简化出入境手续等），旅游需求曲线就会向右发生位移，旅游需求呈现上升趋势，旅游供给量相对缩小，从而出现供给短缺。此时若要使供求达成新的平衡，则需提高旅游产品的价格。如图 4-3 所示。

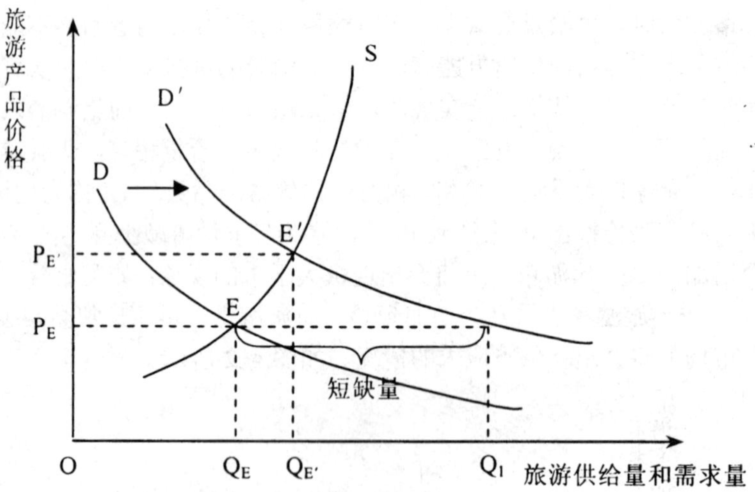

图 4-3 其他因素与旅游供求关系（a）

图中 S 为旅游供给曲线，D 为原旅游需求曲线，D′ 为位移后的旅游需求曲线，E 点为原供求均衡点，E′ 点为新的供求平衡点。

2. 需求减少。当价格以外的其他影响因素出现对旅游需求不利的变化时（如经济不景气、人们的收入水平下降等），旅游需求曲线便会向左位移，旅游需求呈下降的趋势，旅游供给量相对扩大，从而出现供给过剩。此时供求双方只能在较低的价格上实现新的平衡。如图 4-4 所示（图中标示说明如前）。

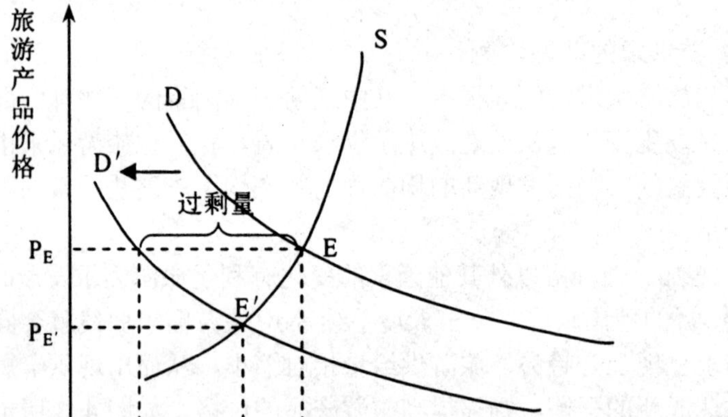

图 4-4 其他因素与旅游供求关系（b）

3. 供给增加。当价格以外的其他影响因素出现对旅游供给有利的变化时

（如对旅游企业减免征税等），旅游供给曲线会向右位移，旅游供给增加，旅游需求量相对减少，从而出现供给过剩。此时双方只能在较低的价格上实现新的均衡。如图 4-5 所示。

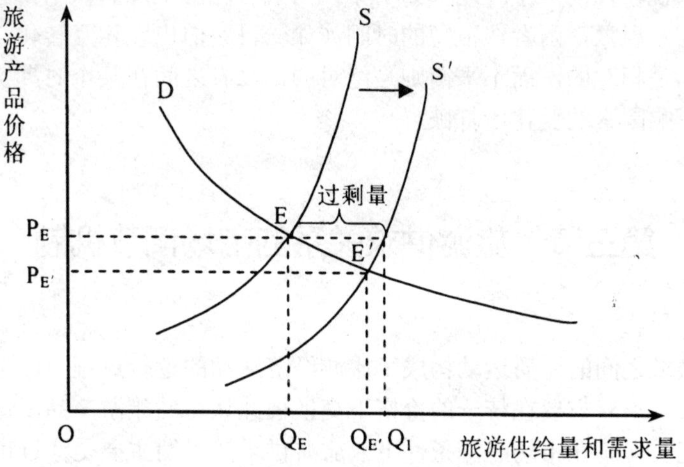

图 4-5　其他因素与旅游供求关系（c）

图中 S′为位移后的旅游供给曲线，其他标示说明如前。

4. 供给减少。当价格以外的其他因素出现对旅游供给不利的变化时（如对旅游企业加重征税等），旅游供给曲线向左位移，旅游供给减少，旅游需求量相对增大，从而出现供给短缺。此时供求双方只能在较高的价格上实现新的平衡。如图 4-6 所示（图中标示说明如前）。

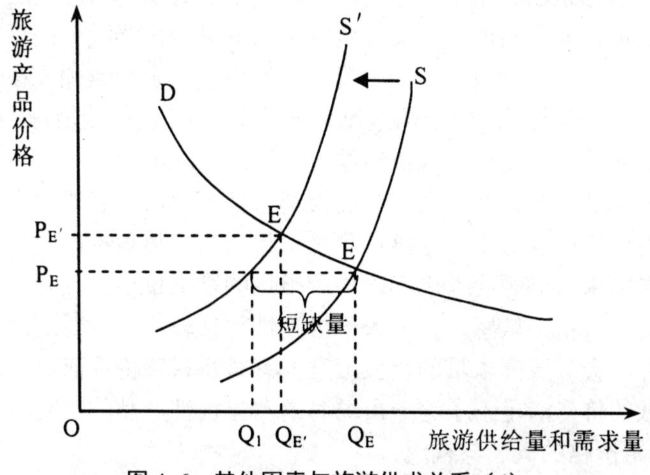

图 4-6　其他因素与旅游供求关系（d）

正如前所述，后两种情况不会随着影响因素的变动而在短时间内出现，旅游供给量对影响因素变动的反应往往出现滞后性或者不敏感性。但就一个相对较长的考察期或者旅游业不同的发展阶段而言，这些情况都有可能出现。从旅游目的地来说，在同一个时期（如一年）内既可能出现过剩供给现象，也可能出现过剩需求现象，两者在很短的时间（如一日）内出现相互转化。总之，旅游供求平衡是相对的，而不平衡则是绝对的，二者之间在某个时期实现的平衡常为某些影响因素的变化所打破。

第三节　旅游供求关系的市场调节机制

旅游供求之间的矛盾运动构成了旅游经济活动的运行过程。旅游经济活动的运行要求供求双方要在统一的价格下交换彼此认可的旅游产品，这时旅游供求平衡才能实现。在市场经济条件下，旅游供求的平衡主要是通过市场机制进行调节的。所谓市场机制的调节，主要是指运用价值规律、供求规律、竞争规律等实现对供求矛盾的动态调节。

一、旅游价格调节机制

在市场经济条件下，价格是最直接也是最敏感的调节供求矛盾的重要因素。价格的变化会对供求产生调节作用，反之，供求的变化也会对价格产生调节作用。在其他因素的作用下，旅游需求量的增加会引起价格的上升，从而导致供给量的增加，而价格的上升又导致需求量的减少。当其他因素发生作用导致供给量增加后，又会导致价格的下降，进而引起需求量增加。在这样不断的增加与减少之中，供求不断修正偏差而趋于平衡，在动态变化中实现新的平衡，新的均衡价格必然位于变化后的供给曲线与需求曲线的交点上。

受供求规律的影响，在供大于求的市场条件下，经营者通常会通过降价来刺激需求；而供不应求时则会通过提价来平抑需求。值得指出的是，在利用价格来调节旅游需求时必须要考虑不同旅游市场的需求价格弹性。比如商务旅游市场通常表现为价格不敏感，其需求价格弹性往往较小。针对这部分市场，降价策略可能并不会导致需求量的相应上升，有时盲目降价反而有可能会抑制需求。因为较低的价格满足不了这一市场对消费象征性产品的需要。

（一）旅游价格的概念与构成

在市场经济条件下，旅游需求的满足要借助于交换活动来实现，而价格是交换活动顺利进行的条件。价格是产品价值的货币表现。旅游价格是游客为满足其旅游活动的需要所购买的旅游产品的价值表现。市场经济中价值与价格是处于不同层次之中的，价值虽然是价格的本源，却不是决定价格的唯一因素。价格要反映价值、供求、币值三者变化的关系，这三者变化的方向和程度是决定价格变化的数量界限。旅游价格同样也是价值、供求和币值三者综合变化的反映。在国际旅游市场上，旅游价格一般是指旅游产品基本部分的价格，主要是旅游目的地向游客提供的住宿、餐饮、交通、游览和娱乐等活动的价格。

分析旅游价格构成可以从不同角度进行。

从价值形式上分析，旅游价格是由成本和盈利两部分构成的。成本是由物化劳动耗费的转移价值和活劳动耗费的补偿价值两部分组成，盈利是新创造价值中扣除必要劳动耗费部分的余额。

从购买方式上进行分析，旅游价格是由单项价格、统包价格和部分包价构成。如果游客是按零星购买的方式进行旅游活动，就按单项价格支付，也就是旅游活动中各个具体项目所规定的价格，如饭店中的客房价格、航空公司的机票价格、游览点的门票价格等。单项价格是由成本和盈利构成的。如果游客是按一次性购买的方式进行旅游活动，旅游价格就以统包价形式出现。统包价是旅行社为满足游客的需要所提供的旅游产品基本部分的价格，它等于这些基本部分的单价（带有一定折扣的旅行社价格）、旅行社综合服务费用和旅行社的盈利之和。部分包价介于单项价格和统包价格之间，是游客一次性地购买旅游活动中所必需的部分产品的价格，也称作小包价。随着旅游活动的不断发展以及游客需求特点的变化，国际旅游价格形式也出现了一些变化。传统的统包价格日渐被小包价和单项购买价所取代，越来越多的游客趋向于购买只包含往返机票和饭店的包价，使国际旅游价格出现多种形式并存的局面。

从旅游活动范围上进行分析，旅游价格由国际旅游价格和国内旅游价格构成。对国际游客来说，旅游包价由三部分构成：旅游产生国或地区到旅游目的地国或地区的往返交通费、旅游目的地国或地区的旅游产品价格以及旅行社相应费用与盈利。一般来说，在远程包价旅游中，三者分别占包价的 25%、45% 和 30%左右。对国内游客来说，旅游价格也分为单项价格、统包价格和部分包价几种形式。

（二）旅游价格的决定因素

1. 旅游产品价值量决定了旅游供给价格。旅游产品与其他一般商品一样也具有一定的价值量，但由于旅游产品构成的复杂性，各部分的价值量决定各不相同。旅游服务所凭借的设施设备的价值量由凝结于其中的社会必要劳动时间所决定；旅游服务的价值量由服务中所支出的抽象劳动来决定；吸引物中那些非独一无二的人造景观的价值量则由投入的物化劳动和活劳动量来决定；但对于大量的历史遗产、文物古迹、社会风尚、民族文化等的价值量则应考虑其特有的历史价值、社会价值和垄断价值等。根据以上因素确定的价格是旅游经营者可以接受的价格，被称为供给价格，它一般决定了旅游价格的下限。

2. 旅游市场对旅游产品价值的认知决定了旅游需求价格。需求价格是指在一定时期内消费者对一定量产品所愿意和能够支付的价格，它一般决定了价格的上限。旅游消费者对旅游产品价值的理解和认知决定了他所愿意支付价格的多少。如果旅游产品的价格超过了旅游消费者所理解的产品价值，旅游消费者就会认为不值而放弃购买，从而影响旅游产品价值的实现。

3. 旅游市场竞争决定了成交价格。旅游市场竞争是指旅游产品供给者之间、旅游产品需求者之间以及旅游产品供需双方之间为了获得经济利益，在市场上进行的抗衡或较量。由于市场竞争和旅游供求关系的影响，市场中实际表现出来的旅游价格往往既不是最高价也不是最低价，而是在最高价与最低价之间的上下波动。供给者之间竞争的结果使得市场成交价格总是在较低的价位上实现，而需求者之间竞争的结果使得市场成交价格往往在较高的价位上实现。市场上供需双方的竞争，哪一方的力量更强，最后成交价格就会出现相应的变动。如果市场上需求者的力量更强大，则最后成交价格较低；如果供给者的力量更强大，则最后成交价格较高。

在制定旅游价格的过程中，还要考虑许多影响旅游价格的因素，如汇率变动、通货膨胀、政府政策以及替代品价格等。这些因素虽然不能决定旅游价格的高低，但在旅游价格的制定过程中却是不容忽视的重要因素。

（三）旅游价格制定的目标与策略

1. 旅游价格制定的目标

旅游价格制定的目标是指为了保证旅游经营者所要达到的生产经营目的而制定的价格标准，它是价格决策的依据。追求收益的最大化是旅游企业的根本目的。在市场经济条件下，影响旅游企业收益大小的因素很多，这些因素的多变性和不确定性，决定了旅游企业生产经营目的在根本一致的基础上呈现出多样性的特点。与此相适应，旅游企业价格制定的目标也是多样的，概括起来主要有以下几种：

（1）以获取最大利润为目标。追求利润的最大化是旅游企业存在与发展的基本动力，但是利润最大化并不意味着最高价格，因为利润可以分为长期利润和短期利润，在制定价格时应以获取长期利润的最大化为主要目标，而不是追求眼前的短期利润。为此，必要的时候可能会牺牲局部利润，以换取整体最高利润的实现。

（2）以反映产品质量为目标。旅游价格与产品质量是衡量一个旅游企业经营管理水平的主要尺度，也是游客最关心的问题。作为市场要素之一的价格必须反映出旅游产品的质量，做到质价相符，才能更多地吸引顾客，实现企业经营的目标。

（3）以维持或提高市场占有率为目标。市场占有率表示在一定的市场范围内，某种产品销售量占该市场同种产品销售总量的百分比。旅游产品既不能储存，又不能运输，因此产品旅游供给者生存的根本在于销售量的多少，或者说旅游产品市场上占有率的高低。市场占有率高，可以形成一定的控制市场和价格的能力，增加盈利，从而提高在市场上的竞争力。

（4）以符合市场行情为目标。在市场竞争的情况下，确定旅游价格时还必须考虑同类旅游产品现行的市场行情，也就是说要了解旅游市场上竞争对手的价格水平，不致因价格严重偏离市场行情而受到游客的冷落。以符合市场行情为目标是以产品的一定质量为前提的，脱离了质量标准而一味追求符合旅游市场行情的价格，游客同样是不会接受的。

（5）以有助于其他市场营销因素为目标。旅游价格虽然是旅游市场上最活跃的调控因素，但不是唯一的因素。旅游价格的制定及变化要考虑与企业市场营销活动中其他要素之间的相互影响，更好地发挥市场营销组合的整体作用。

2. 旅游价格制定策略

旅游价格制定策略是指企业为实现其价格目标，在不同的内外部条件约束下采取的价格对策。价格制定的目标在一定时期内可以是相对稳定的，但在不同的内外部条件下实现此目标的策略必须灵活。一般来说，常见的定价策略有以下几种：

（1）新产品定价策略。新产品定价策略主要有撇脂定价策略、渗透定价策略和满意定价策略。

①撇脂定价策略是在新产品刚推向市场时实行的一种高价策略。因类似从牛奶中撇取上层油脂而得名。在新产品推向市场的独占期内，企业可以高价吸引那些支付能力较强的消费者，以满足其对新产品的需求和实现其炫耀社会地位的心理欲望。采用高价策略不仅可以获取较高的边际利润，还可为以后的降价竞争留有充分余地。但是高价策略不利于开拓市场，对缺乏先进技术的旅游产品来说易引来更多的竞争者加入，结果可能导致市场上出现供大于求的状况。

②渗透定价策略是一种以低价将新产品推向市场的策略，其目的在于以低价迅速打开市场，以薄利多销获取规模经济效益，并且由于价位低，可以有效地阻止潜在竞争者加入。但是低价策略投资回收较慢。

③满意定价策略是介于高价策略与低价策略之间的一种适中价格策略，其

目的是能在相对稳定的市场环境中获得按平均利润率计算的平均利润。但是满意定价策略可能会使企业错过一些发展良机。

（2）心理定价策略。心理定价策略是指利用游客对价格的心理反应，刺激其购买行为发生的定价策略。游客之所以对某种产品产生购买愿望，除产品的客观价值外，更重要的在于其对该产品的主观评价。因此，企业在对产品定价时，不能只分析其经济因素，还要研究游客的心理因素，根据游客的不同消费心理采用不同的定价策略。常用的心理定价策略有：

①声望定价策略。它是根据产品在游客心目中的声望高低来确定价格的一种策略。有声望的企业或产品的价格可以定得较高，以此来获得高额利润。此策略只有在确信自己的产品在游客中已建立起较高声誉时才可采用。

②招徕定价策略。它是指利用游客对低于一般市场价格的产品感兴趣的心理，将某些产品用低价、减价的办法吸引游客。招徕定价的目的是利用某些产品的低价吸引游客到来并购买其他产品而获利。采用招徕定价策略要分析游客愿意支付的最低价格，若价格低于游客愿意支付的最低点，则会引起游客对产品质量的怀疑，反而会降低销售量。

③需求习惯定价策略。它是根据游客对某种产品的消费在价格上已形成了一定习惯的心理而采用的一种定价策略。无论成本增加或降低，都不轻易变动已成定势的价格，防止游客的反感和不满。

④尾数定价策略。人们常认为价格的尾数是经过仔细核算制定的，给人以实事求是和便宜的感觉。一般来说，旅游日用品、纪念品和餐饮价格多采用尾数定价的办法。

⑤整数定价策略。即价格当中不带尾数的定价策略。饭店的客房价格和游览娱乐部门的门票价格等多采用整数定价策略。

（3）产品线定价策略。产品线是指旅游企业提供的一系列功能相近、技术和结构密切相关的旅游产品。比如，旅行社提供的旅游产品不止一条旅游线路，由于不同旅游产品的成本和市场需求不同，即使在同一旅行社中，各条旅游线路间也存在着互相影响和竞争的情况。旅行社应根据各条线路的成本差异、游客的评价和竞争者的价格等诸多因素，考虑如何制定各条线路的价格，以谋求旅行社整体的最大效益。

任何一条旅游线路都是行、游、住、食、购、娱等各单项产品的组合，它们在结构上、技术上和功能上各不相同，彼此之间在满足整体旅游需求中存在互补关系。同样，任何一个生产单项产品的企业，也由若干部门组成，如饭店的客房、餐饮、娱乐、商品和车队等部门在满足游客住店需求中也起着互补作用。为生产结构复杂的产品定价，往往对满足基本需求的产品定价较低，而对满足非基本需求的部分定价较高。因为基本部分的价格是否便宜对游客确定是否购买至关重要，在获得满足之后，消费者会进一步追求新的满足，从而带动非基本部分的消费支出，因此旅游企业定价时要采用谋求企业整体最佳效益为目标的策略。

（四）旅游价格的实现

在市场上，旅游价格的实现是通过各种形式的差价与优惠价而进行的。通过差价与优惠价的实行，贯彻旅游企业的定价目标与定价策略，实现对旅游供需矛盾的调控职能。

1. 旅游差价

旅游差价是指同种旅游产品由于不同的地区、时间、质量而引起的价格一定幅度的变化或价格差额。旅游差价是客观存在的，是旅游产品价值实现所要求的。旅游差价主要包括以下几种形式：

（1）地区差价。旅游地区差价是指同种旅游产品由于地区不同而造成的价格差别。由于不同地区经济发展水平和劳动生产率不同，提供同种旅游产品所耗费的劳动量不同，而旅游资源吸引力的不同导致了旅游需求的差异。这种差异反映在价格上便形成了旅游地区差价，表现为热点地区的旅游价格要高于非热点地区的旅游价格。

旅游地区差价对促进不同地区旅游业的发展起到了积极作用，因为可以利用地区差价来调节不同地区间的游客流量，起到平衡各地区旅游业经济效益的目的。高价可以控制游客过多地进入旅游热点地区，减少对热点地区的社会压力；低价可以吸引更多的游客前往旅游温冷点地区，促进这些地区旅游业的进一步发展。

（2）季节差价。旅游季节差价是指同种旅游产品由于时间不同而造成的价格差额。这种季节差价并非由于劳动消耗的不同所引起的，主要是由于游客的需求和旅游产品本身价值的实现所要求的。形成季节差价的主要原因，一是自然因素，大自然的气候寒来暑往，形成自然的旅游淡旺季；二是社会因素，不同社会传统的节假日和出游习惯不同，形成不同的旅游消费淡旺季。旅游产品不可储存，淡季时如果不下调价格，旅游产品的价值就无法顺利实现；到了旅游旺季，价格如果不提高，旅游产品就会供不应求。

旅游淡旺季是客观存在的。为了调节淡旺季的游客流量，尽量使淡季不淡，旺季又不致过于拥挤，使用旅游季节差价是十分必要的。灵活地运用季节差价可以有效地调节淡旺季的供求关系，促进旅游产品价值的实现，使旅游产品的经营者获得更大的效益。

（3）批零差价。旅游批零差价是指同种旅游产品由于经销环节的不同而造成的价格差额。一般来说，旅游批发商主要负责旅游线路产品的“制造”，即旅游线路的设计与安排。旅游批发商对各单项旅游企业的产品进行批量购买，享受各旅游企业给予的批量折扣，然后在加价的基础上通过旅游零售代理商销售给最终旅游消费者，这样就形成了零售价高于批发价的批零差价。旅游批零差价的存在是社会分工的必然结果，是促进旅游销售的有力手段。

（4）质量差价。旅游质量差价是指同种旅游产品由于质量不同而产生的价格差额。对旅游产品来说，无论是其中有形的物质部分，还是无形的服务部分，都有质量高低的区别。由于质量上的差异，满足游客的需求程度就不同，从而在价格上表现出较大的差异。实行按质论价，优质优价、低质低价，保持合理的旅游质量差价，既有利于保护游客的合法权益，又可以促使旅游企业努力改进经营管理水平，不断提高旅游服务质量。

斯里兰卡出境游团队报价

美丽的海滩、千年的古城、迷情的城堡以及丰富的热带动植物，这个被佛法浸润的国度，虽经战乱，但莲花依旧盛开，这就是拥有“印度洋上的眼泪”美誉的斯里兰卡。每年9~10月，正是游览斯里兰卡的最佳季节。在这里，游客可以体验印度洋海岛的风情，也可以骑着大象在山坡漫步。笔者选择中青旅、凯撒旅游、环境国旅三家旅行社为样本，针对2014年9月以斯里兰卡为目的地，报价在1万元左右、行程7~8天的产品，在酒店、餐饮、行程、交通安排等方面进行梳理，以直观的方式展现不同旅游产品的价格差异。

旅行社	候选路线	行程	餐饮	住宿	交通
中青旅	纯净佛国斯里兰卡7日之旅，10899/人	北京—科伦坡—品纳维拉—锡吉里耶—丹布勒—马特莱—康提—努瓦拉埃利亚—霍顿平原—雅拉国家公园—加勒—贝鲁沃勒—科伦坡—北京	6早10正，早餐均为酒店内的自助餐，正餐全程为当地餐饮，不含中餐，包含自助餐和在当地人家中饮用的餐食	全程三四星市中心或景点周边的非旅游团常规酒店，共6晚	往返均为斯里兰卡航空，北京到科伦坡直飞
凯撒国旅	蓝莲古国—斯里兰卡8日经典之旅，9988元/人	北京—科伦坡—尼干布—西格里亚—康提—努瓦拉埃利亚—本托塔—高尔—本托塔—北京	7早11正，早餐均为酒店内的自助餐，正餐全程以斯里兰卡当地餐食为主，中餐的用餐标准为六菜一汤	当地酒店6晚，部分酒店为当地四星级	往返均为斯里兰卡航空，北京到科伦坡直飞

续表

旅行社	候选路线	行程	餐饮	住宿	交通
环境国旅	俄风行斯里兰卡7天5晚行程，茶园+火车，9599元/人	北京—科伦坡—尼干布—平纳瓦拉—西格里亚—康提—努瓦拉埃利亚—本托塔—科伦坡—北京	6早10正，早餐均为酒店内的自助餐，在科伦坡时中餐为10人一桌，每桌六菜一汤，其他地方均为自助餐	当地酒店5晚，并未标注星级	往返均为斯里兰卡航空，北京到科伦坡直飞

资料来源：各旅行社网站资料整理。

综合上述环节对比可以看出，在斯里兰卡三款旅游产品中，中青旅在价格上明显高于凯撒国旅和环境国旅。凯撒国旅旅游产品的性价比最高，不仅价格适中，且行程也较有特色，例如海边酒店、火车等项目；服务上也较为周到，在游客抵达科伦坡当天就安排酒店用早餐；且其费用中包含签证费。中青旅虽然行程有特色，但其价格较高，相比其他两家并无优势可言，尤其住宿时间和凯撒国旅同为6晚，且航空都为斯里兰卡航空，但其价格却高出凯撒国旅近1000元。环境国旅价钱与凯撒国旅相差不多，但住宿却少1晚，性价比欠佳。

2. 旅游优惠价

旅游优惠价是旅游产品供给者在明码公布价格的基础上，给予一定比例的折扣或优惠的价格。旅游优惠价主要包括以下几种：

（1）同业优惠价，是指对消费对象是同行业者所实行的优惠。同业优惠主要是为了保持与同行业相关企业之间密切的合作关系而相互给予一定的优惠，从而实现加强合作、稳定客源、增加利润的目的。

（2）销售量优惠价，是指根据消费者购买产品数量的多少实行的价格优惠。这种优惠可以是一次性购买量达到要求给予的优惠，也可以是在一定时期内累积购买量达到要求而给予的优惠。无论哪种形式，其目的都在于建立旅游企业与消费者之间长期稳定的业务关系，刺激消费者多次购买，以达到扩大销售、增加利润的目的。

（3）老客户优惠价，是指对经常光顾的老顾客给予的价格优惠。旅游产品无法储存，为保持一定的销售量，必须有一个稳定的客源群。如饭店向一些大公司经常定期出差人员提供的客房价格保持不变，无论安排的是何种等级的客房或当时的房价是否上涨。例如汉庭快捷酒店给予不同级别会员相应的优惠特权，如表4-1所示。

表 4-1　汉庭快捷酒店会员优惠特权

内容		星会员	银会员	金会员	铂金会员
积分累积	★每 1 元房费=1 积分	–	1.5 倍	2 倍	2 倍
	★官网或 App 预订额外赠送	1 倍	1 倍	1 倍	1 倍
定级间夜	★1 晚入住=1 个定级间夜	√	√	√	√
预订权益	房费折扣[1]	95 折	92 折	88 折	85 折
	预订保留到	19:00	19:00	20:00	20:00
	新店特价专享（官网/app 预订）	6 折	7 折	7 折	7 折
入住权益	时租	减 20 元	减 20 元	减 20 元	减 20 元
	延迟退房	13:00	13:00	14:00	14:00
	★免费早餐[2]	–	–	单早	双早
	免费 wifi	√	√	√	√
	商务区电脑[3]	√	√	√	√
	免费娱乐	√	√	√	√
	会员卡储值功能	√	√	√	√
	0 秒退房	√	√	√	√
积分权益	积分兑换免房	√	√	√	√
	积分兑换礼品	√	√	√	√
	积分兑换航空里程	√	√	√	√

资料来源：华住酒店集团官方网站 http://www.huazhu.com/member/description.aspx。

3. 旅游差价与旅游优惠价的区别

虽然旅游差价与旅游优惠价都是在价格上表现出一定的差额，但是两者之间的区别还是很重要的。首先，旅游差价是价值规律的运用，差价的基础是价值，以价格之差来调节旅游供求关系；旅游优惠价也是以供求关系为基础，但更着重于业务关系甚至私人关系。其次，旅游差价是旅游供给者规定的公开价格，见诸于广告和宣传品中；旅游优惠价或是由所属组织规定，或是由旅游供给者自定，但并不公诸于众。最后，旅游差价仅是价格上的差别，而旅游优惠价除价格上的优惠外，还可以有其他方面的优惠，如联合促销、对中间商的奖励等。

二、旅游市场竞争调节机制

旅游市场上供需矛盾的调节除了运用价格调节机制以外，还可依靠竞争调节机制。虽然竞争调节中的重要手段是价格，但是价格不是竞争调节的全部，尤其是竞争对抗的层次性决定了价格调节只是竞争中的初级形式。

（一）旅游市场竞争的目标

在不同的时期和不同的市场状况下，旅游经营者的具体竞争目标是不同的。一般来讲，旅游市场的主要竞争目标集中在以下几个方面：

1. 争夺游客。游客是旅游产品的购买者、消费者和旅游企业的服务对象，旅游产品只有被游客购买和消费，其价值才能最终得以实现，旅游企业的再生产才能继续进行。因此，以各种有效的手段争取更多的游客是旅游企业开展市场竞争的根本目的。

吸引更多的游客虽然是旅游市场竞争的根本目的，但在竞争中也不可盲目地、不加选择地莽撞行事，而必须首先明确具体的目标对象，进行准确的市场细分，发挥自身的竞争优势；同时要采用正确的竞争策略和正当的竞争手段，力争在特定的目标市场上取得优势。

2. 争夺旅游中间商。旅游中间商是帮助目的地的企业在客源市场上销售旅游产品的中介机构或个人。尤其是在国际旅游中，旅游产品的销售主要通过旅游中间商来实现。旅游中间商数量的多少、规模的大小及网点的分布对市场销售状况有直接影响，因此作为客源的组织者、提供者，旅游中间商自然成为旅游市场竞争的重要目标。

虽然争夺旅游中间商的目标是由争夺游客这一根本目标派生出来的，但是由于旅游中间商是旅游接待企业的直接客户，是游客的批量提供者，失去一个旅游中间商，可能会失去一批游客甚至一大片市场。因此必须高度重视对旅游中间商的竞争，要力争形成一个比较稳定的销售网、客户关系网，特别要重视与较大的、较有实力的旅游中间商的合作。

3. 提高旅游市场占有率。旅游市场占有率是反映旅游企业在市场竞争中的地位、实力和状况的基本指标。旅游市场占有率可以从绝对与相对两个角度去衡量。旅游市场绝对占有率是指一定时期内，某一旅游经营主体的某项经营指标（通常是接待人次或旅游收入）的绝对量，与同期更大范围内同项指标总量的比率。如以游客人次为内容的旅游市场占有率的计算公式为：

$$\text{旅游市场占有率}=\frac{\text{一定时期某经营主体接待的游客人次}}{\text{同期更大范围内的游客总人次}}\times 100\%$$

若以旅游收入来衡量某一国家或地区国际旅游收入在国际旅游总收入中所占的份额，则该指标就构成了从价值量方面反映的旅游市场占有率。重视从旅游收入方面去考察旅游占有率，对于引导一国旅游业走内涵式发展道路具有十分重要的现实意义。该项指标可用来比较同一目的地国或地区在不同时期的市场经营实力。

旅游市场相对占有率是指一定时期内，某一旅游经营主体在某个特定市场上的市场占有率，与同期、同市场范围所面对的最大竞争者的市场占有率的比率，其计算公式为：

$$\text{旅游市场相对占有率}=\frac{\text{一定时期某旅游经营主体在某市场上的市场占有率}}{\text{同期、同范围旅游市场上最大竞争者的市场占有率}}\times 100\%$$

通过旅游市场相对占有率可以看出，一个企业的相对市场占有率与其面临的最大竞争者有直接关系。所谓最大竞争者就是其市场占有率为该市场最高的竞争对手，或者当本企业市场占有率为最高时，其最大竞争者就是市场占有率最接近本企业的竞争者。因此，相对市场占有率可以大于、等于或小于 1。若大于 1，表明本企业是市场领导者，市场占有率领先于其他竞争对手；若等于 1，则表明本企业与最大竞争对手的市场占有率相同，双方实力相当；若小于 1，则表明本企业落后于最大竞争者。

（二）旅游市场竞争的主要策略

竞争是市场经济有效性的根本保证。市场机制正是通过优胜劣汰的竞争，促使企业降低成本、提高质量、改善管理，从而达到提高效率、优化资源配置的结果。为了应对激烈的旅游市场竞争，旅游目的地及旅游企业有必要采取灵活多样的市场竞争策略。一般来说，旅游市场竞争策略可以分为价格竞争策略和非价格竞争策略两种。

1. 价格竞争策略

价格是决定游客购买的重要因素。旅游产品的价格能否被游客所接受，直接影响旅游产品的销售量及其市场占有率。价格与市场竞争有密切的联系，是市场竞争中经常被使用的手段。

在旅游市场竞争激烈时，旅游企业往往采取低价策略以吸引消费者，维持产品的市场占有率，这在某种意义上可以说是一种行之有效的竞争策路。但是，低价策略并非总是可行的。根据前面提到的需求价格弹性，我们知道只有那些需求价格弹性大的产品和市场，适度地调低价格才能引致销售收入的增加，而利润增加与否不仅仅取决于销售收入的增加，还取决于增加产品供给所带来的成本增加。所以，是否采取降价策略来应对竞争，需要旅游企业充分考虑自己的产品和目标市场的特点，考虑企业在现有技术水平下的投入产出关系。

在旅游经济活动中，旅游企业不仅要善于利用价格手段参与竞争，更要注意评估价格变化对企业自身、游客以及竞争对手所产生的影响，使价格真正成为旅游市场竞争中的一个有效手段。也就是说，一方面，旅游企业不能仅从自身情况出发考虑价格问题，而是必须综合分析与评价其对竞争对手、相关产品、相关企业的价格将会产生的各种影响。另一方面，一个企业也应考虑竞争对手和相关企业的价格变化对自己的影响。这种关系可以用前面提到的旅游需求交叉弹性加以说明。

2. 非价格竞争策略

非价格竞争策略涉及以下几方面内容：

（1）高质量策略。高质量策略是指同种旅游产品在价格相同的情况下，通过不断提高旅游产品质量来扩大市场并在竞争中取胜的策略。在竞争发展的不同阶段中，竞争的主要策略是不同的。市场竞争的初级阶段主要体现为价格竞争，这时企业间相互削价竞争的结果是效益普遍降低，为扩大销售而采取的进一步降价会导致恶性循环。要走出这种困境必须从质量上入手，向顾客作出承诺，通过提供高质量的产品和服务赢得市场。在同样质量水平下那些能够做到成本更低、效率更高的目的地或企业，就会在市场竞争中占据优势地位。

鸿鹄逸游是携程旗下顶级旅游品牌，2012 年 3 月由两岸三地三家知名企业联合创立，包括携程旅行网、香港永安旅游、台湾易游网。鸿鹄逸游（HHtravel）秉持创作挑战极限、服务精雕细琢的品牌理念，提供全包式的高质量服务规划，提供各项精选顶级旅游行程与量身定做的旅游服务，目前有覆盖南北极、欧洲、中南美、北美、非洲等 10 大目的地区域，包含世界奇景、海岛度假、美食购物等 6 大主题，北京、上海、广州、成都、香港、台北六地出发共近 200 个顶级旅行产品。鸿鹄逸游坚持打造每趟旅程高标准顶级服务规格，让顾客无忧无虑、尽情享受优质旅程。

成绩：

2011 年环游世界 60 天 50 万　9 分钟爆满

2012 年环游世界 66 天 66 万　30 秒秒杀

2013 年环游世界 80 天 101 万　17 秒秒杀

2014 年环游世界 80 天 118 万　15 秒秒杀

鸿鹄逸游目前推出了以南极游为核心的产品，行程从 12 天到 21 天，从探索体验到极度探险，满足南极游不同需求的高端旅行者，而这也是目前国内高端旅游市场最全面、最丰富的南极游产品系列。

（2）促销策略。旅游企业可以利用多种有效的促销途径和手段，对消费者进行有针对性的信息沟通，诱导购买兴趣，刺激购买行为的产生，以求在市场竞争中取胜。旅游产品是无形的服务产品，消费者在购买之前缺乏实物接触来感知产品，因此有效的信息传递和沟通是促进销售的重要环节。为了应对日趋激烈的旅游市场竞争，越来越多的旅游目的地和旅游企业开始利用现代信息技术，高效地向目标市场传递相关信息，同时方便顾客的选择和购买。

（3）引导需求策略。旅游目的地和旅游企业不仅要适应和满足市场需求，还要主动地去影响顾客，去创造需求、引导需求。引导市场需求就是要在消费者还未形成明确的消费意向之前，通过产品创新并积极运用各种有效的市场沟通手段，发掘顾客的潜在需求，引导市场需求的发展趋向，从而占领竞争的有利地位。

第四节　旅游经济的宏观调控

一、旅游经济宏观调控的必要性

对旅游经济运行中的供需矛盾进行调节的主要方式是市场调节。在完全竞争的市场条件下，市场机制的自发调节可以实现生产资源的最佳配置和达到最优的经济效率。但现实的旅游市场并非是完全竞争的市场，还未达到完善和成熟的程度，因而必然会出现市场失效的情况，即由于旅游市场内在机制的局限性，导致其在旅游生产要素配置中不能有效发挥作用。比如在我国，传统计划体制被打破后，新的宏观调控体制尚未完全建立起来，伴随着传统体制的行政性约束下降和市场机制的经济性约束不完备，整个旅游经济运行的管理空白增多，管理力度也受到一定削弱。于是出现了大量不规范、不完善的竞争行为，导致了竞争秩序的混乱和经济效益的不断下降。这是体制变迁中的一种必然的代价，也是市场发育不完善的一种表现。

旅游业及旅游经济运行的特点也在一定程度上限制了市场机制作用的充分发挥。首先，由于某些旅游资源具有垄断性的特征，使得其经营者有可能随意提高价格以获取最大利润，从而限制了价格规律的市场调节作用。其次，旅游业是一脆弱的综合性经济产业，经济、社会、文化、政治、自然等环境因素的变化都会影响旅游经济的运行与发展，同时旅游业本身构成复杂多样，而且自身发展依赖较多的公共物品，从而可能导致市场失效。

旅游市场失效的存在决定了旅游经济的良性运行不能单纯依靠旅游市场来调节。解决这一问题的有效方法就是加强旅游经济的宏观调控，即在遵循市场经济规律及发挥市场机制作用的基础上，采取科学的宏观调控方法，弥补市场调节的不足，最终促进旅游经济的有效运行和持续发展。

旅游经济活动的运行离不开供需两个方面，旅游供需的协调运动是旅游经济活动得以顺利进行的条件，而旅游宏观调控体系的建立，其根本目标就是要通过创造良好的供需环境来促进旅游经济活动的发展。通过一系列的宏观调控措施，一方面，可为游客创造良好的旅游环境，以吸引更多的游客前来消费，为旅游业的可持续发展创造更为坚实的市场基础；另一方面，可为旅游业创造良好的经营环境，使旅游企业能够在公平合理的市场环境中展开良性竞争，通过优胜劣汰，为旅游业的可持续发展创造更具竞争力的供给基础。

二、旅游经济宏观调控的主体

从调控的范围来划分，对旅游经济活动进行宏观调控的主体主要包括两类：一类是政府管理部门，一类是旅游行业组织。

旅游企业作为一个经济实体存在于社会之中，与其他企业一样都要接受国家政府部门的宏观管理。政府管理部门为所有的企业提供信贷、财政、工商、税务等方面的服务，也通过制定相关的法律、政策和规划，对各行业进行管理，引导所有的企业行为朝着符合国家产业政策的方向发展。在我国，各级旅游局作为主要的政府旅游管理部门，其主要职责是对旅游行业的发展进行规范与引导，对旅游行业的发展进行宏观调控，是旅游行业管理的一个十分重要的主体。

不同的行业都有自身的特点和发展规律，它们在国民经济中的地位各不相同。因此，所有的企业在接受国家宏观调控的同时，还必然受到其所在行业的宏观指导和调控，这样才能使该行业既能与国民经济其他行业相协调，同时也能在行业内建立符合发展规律的行业结构，促进整个行业更加健康地发展。旅游业是一个涉及众多部门和行业的综合性产业，这些隶属于不同部门和行业的企业由于其服务对象相同而组合在一起，运行中常会发生不协调、矛盾乃至冲突。对此，必须由一个具有权威性的行业管理主体来行使行业调控职能。旅游行业组织即行业协会，它既是政府管理职能的延伸，又是整个行业利益的代表。虽然各国的旅游行业组织在具体构成及具体职能上不尽相同，但作为旅游经济宏观调控的主体之一，其主要职责都是规范旅游市场，监督旅游企业，同时通过与政府管理部门的沟通为旅游企业争取公平的行业发展环境，并协调旅游行业与其他行业之间的关系。

三、旅游经济宏观调控的内容和手段

（一）旅游经济宏观调控的内容

对旅游经济运行的宏观调控要在充分发挥旅游市场机制作用的基础上，通过一系列科学的宏观调控方法和手段，发挥政府职能，促进旅游经济的健康有序运行。政府对旅游经济运行的宏观调控主要涉及以下几方面内容：

1. 指引方向，主要是指为旅游业发展指明方向的一系列工作，如制定国家的宏观经济政策，确定旅游业发展的战略目标，编制旅游业发展的长远规划和年度计划，指导行业的投资和经营方向。不同国家在其社会经济和旅游业发展的不同阶段，政府进行旅游经济运行宏观调控的具体目标可能有所不同，但都无外乎这样几个方面：促进旅游经济可持续发展，实现旅游经济的总量平衡，满足人们不断增长的旅游需求，扩大旅游业的就业机会，有效地保护和利用旅游资源。

2. 完善市场，主要是指完善市场运行机制、建立市场运行规则的一系列工作，如通过制定旅游业各项行政法规、行业标准等来建立一系列市场规则；通过产业政策的调整和经济杠杆的运用来完善宏观的间接调控机制；加强对旅游市场的监管，规范旅游市场竞争秩序；完善市场的经济性约束和政府的政策性、法律性约束机制；采取有效措施减缓旅游经济运行的周期性振荡。

3. 服务企业，主要是指为旅游企业的正常运营提供各项服务，如通过制定、实施国际旅游市场开拓规划，进行国家整体形象的宣传促销来带动旅游产品的销售；完善旅游信息系统，向旅游企业提供整个国民经济发展的有关信息，提供全国旅游统计资料，为旅游企业提供信息服务；组织重大经济技术项目的配置论证工作；处理旅游企业设立、运营中的相关事宜。

4. 协调关系，主要是指对旅游业与国民经济其他管理部门及其企事业单位之间的关系进行协调的一系列工作，如代表旅游企业利益参与制定和协调与旅游业有关的财政、税收、外汇、信贷、价格等政策和规章制度，会同有关部门协调旅游交通运输、景区秩序、旅游产品的生产销售、旅游安全等工作。

除了以上几类工作之外，政府对旅游经济运行的宏观调控还包括加强旅游基础设施建设以及建立危机管理机制等方面。通过政府的旅游经济宏观调控，可以对旅游市场失效情况进行最大程度的校正，从而使旅游市场调节机制的作用得以充分发挥。

（二）旅游经济宏观调控的手段

政府对旅游经济进行宏观调控主要有以下几种调控手段：

1. 发展规划调控

运用旅游发展规划来进行旅游经济的宏观调控是一种重要且有效的调控手段。旅游发展方面的投入是一项涉及众多部门利益、社区利益和个人利益的长期投入，其影响范围较大，影响时间较长，因而建立在市场经济规律基础之上的、对旅游业发展具有指导性的旅游发展规划在旅游经济运行的宏观调控中发挥着重要作用。第二次世界大战以后，欧洲最早进行了旅游规划工作，目前欧美发达国家的旅游规划理论已成体系。我国到 1986 年才将旅游业正式纳入国家的国民经济和社会发展规划之中，就此带动了国家和地方对旅游发展整体规划工作的重视。

旅游发展规划应当坚持可持续发展和市场导向的原则，以提高旅游业发展的经济效益、环境效益和社会效益为目标。旅游发展规划应当包括如下基本内容：综合评价旅游业发展的资源条件与基础条件；全面分析市场需求，科学测定市场规模，合理确定旅游业发展目标；确定旅游业发展战略，明确旅游区域与旅游产品重点开发的时间序列与空间布局；综合平衡旅游产业要素结构的功能组合，统筹安排资源开发与设施建设的关系；确定环境保护的原则，提出科学保护利用旅游资源的措施；根据旅游业的投入产出关系和市场开发力度，确定旅游业的发展规模和速度；提出实施规划的政策和措施。由于旅游业的综合性很强，旅游的发展需要其他部门的大力配合，因此旅游发展规划是一项涉及众多方面的综合性发展规划，它的编制难度较大，但又十分必要。通过旅游规划的制定，可以减少许多不必要的投入和浪费，使社会资源配置更优化，满足旅游业可持续发展的需要，实现旅游业有目的、有计划、分阶段的发展，更好地实现旅游业发展的经济效益、社会效益和环境效益。

2. 经济政策调控

政府通过制定各种用于指导旅游经济活动运行、调整各方经济利益关系、促进旅游经济发展的政策和措施，来对旅游经济进行宏观调控。这些经济政策主要有产业政策、货币政策、信贷政策、汇率政策、收入政策等。旅游产业政策是国家调控旅游经济运行的重要手段。旅游产业政策是政府为了改善资源配置状况，实现一定时期内的社会经济发展目标而制定的针对旅游产业的各种政策措施的总和。根据功能定位的不同，旅游产业政策又可分为旅游产业组织政策、产业结构政策、产业布局政策和产业技术政策。

应用经济政策调控不等于用政策性约束来替代市场约束，而是要通过科学合理的政策来弥补旅游市场机制的不足，更有效地发挥经济规律和市场机制的作用。

为支持鼓励旅游业的发展，瑞士政府早在 1996 年就出台了《联邦旅游政策报告》，该《报告》是瑞士现行的旅游政策的基础文件，确定了瑞士旅游政策的主要目标和增强瑞士旅游业竞争力的重点措施。主要包括：支持研发包括完善旅游业统计，增加完善旅游服务的投入等；加强国际合作，促进人员往来；通过政府的资助，加强瑞士旅游点的吸引力，如给旅馆建设提供贷款，支持人员培训等；在税收方面给予优惠，不仅包括对参加瑞士旅游系统的旅馆减税，还包括旅游业在土地使用上的优惠政策。

3. 政府规制调控

所谓旅游经济的政府规制，是指政府对旅游企业和旅游者行为采取的具有法律约束力的限制和规范，是针对旅游市场失灵而采取的治理行动和措施，目的是维护良好的旅游市场秩序，限制市场垄断势力，提高市场配置资源的效率，保护旅游者和旅游经营者的利益不受侵犯。[①]旅游经济的政府规制主要包括以下几方面：（1）政府对旅游市场主体行为的规制，比如我国现已颁布的《公司法》《企业法》《消费者权益保护法》以及有关旅行社、饭店、景区（点）、旅游车船等方面的法律法规，对规范旅游企业行为和旅游者行为都起到了积极的作用。（2）政府对旅游市场运行秩序的规制，具体包括对旅游企业进入和退出市场的管理规定、对旅游企业经营的管理规定、对维护旅游市场交易和竞争秩序的管理规定等。比如我国现行的《旅行社管理条例》《旅游饭店星级的划分与评定》《旅游区（点）质量等级的划分与评定》均属此。（3）政府对旅游经济宏观管理的规制，即在充分运用法律手段的基础上行使政府对旅游经济的宏观管理，从而保证国家对旅游经济的宏观调控力度。比如完善旅游涉外法规，依法扩大和推进旅游业的对外交流与合作。

自2009年出台的国务院41号文件《关于加快发展旅游业的意见》开始，国家和政府陆续发布各项调控措施、方案，用有形的手推进旅游业的发展。《国家旅游休闲计划纲要》提出落实职工带薪年休假制度、规范旅游市场秩序的《旅游法》正式实施等利好政策层出不穷；旅游行业市场格局也发生着强劲且不断变化的态势，电子商务产业日渐成熟，在线旅游的市场渗透率进一步提升，旅游企业差异化竞争步入“正途”，社会资本旅游投资热情高涨，旅游地产热度不减……新的环境、新的问题考验着新的市场应对，一个更加契合旅游业新阶段发展的新政策呼之欲出。

国家旅游局局长邵琪伟此前曾表示，预计到2015年，旅游业增加值将占到全国GDP的4.5%，占服务业增加值比重将达12%，每年可新增旅游直接就业50万人，旅游业对于保增长、扩内需、调结构、促就业的积极作用将越来越明显。旅游业属于“城市无烟工业”，对于拥有丰富自然资源的中西部地区可以起到经济带动作用而不会破坏环境资源。不难看出，政府已充分意识到旅游业的这一带动作用，各项新举措、新政策将陆续出台，为中国旅游业转型升级指明方向。

① 张辉. 旅游经济论. 旅游教育出版社，2002.

四、旅游经济宏观分析模型

旅游经济宏观分析模型是旅游经济宏观调控所依据的技术方法，它的建立和分析应该包含以下几个步骤：[①]

1. 设计旅游指标体系。根据在特定时期对旅游业的影响差异性，挑选出与旅游业有关的指标 y_1，…，y_n，构成旅游指标体系。

2. 建立旅游经济宏观分析模型。在分析旅游指标体系的基础上构造宏观分析模型，系统地描述和分析旅游经济发展的现状及未来发展趋势。假定旅游客流量指标为 y_1，旅游消费水平为 y_2，旅游倾向指数为 y_3，其余指标记为 x_1，…，x_n，利用历史数据，可构造 y_1，y_2，y_3 分别关于全体 x_i（i=1，…，n）的函数，如下：

$$y_k=f_i(x_1, \cdots, x_n)\ (i=1,2,3)$$

如采用多元分析方法，则挑选的最优线性回归方程为：

$$y_i=\alpha_{i0}+\alpha_{i1}x_i+\cdots+\alpha_{ik}x_k\ (i=1,2,3;\ k\leqslant n)$$

其中，α_{ij}（i=1,2,3；j=0,1,…,k）为回归系数，使各回归方程具有：显著的 F 值；各回归系数有显著的 t 值；各回归系数的数值、符号有合理的含义。由此，可利用上述回归方程对旅游经济运行进行各种趋势分析和结构分析。

3. 旅游经济运行综合功能指数分析。在上述模型分析的基础上，可利用模型中数据反映出来的整体特征，合理构造旅游经济运行的综合功能指数，以便于对旅游业经济运行进行系统动态的综合分析。若记 F_i 为第 i 个回归方程的显著性统计值（i=1，2，3）为旅游指标的标准差（i=1，2，3），$\bar{y}_i$ 为旅游指标 y_i 的数据平均值（i=1，2，3），则有：

$$\bar{y}_i=\frac{1}{N}\sum_{s=1}^{N}Y_{is}\ ,\quad \sigma_i^{\ 2}=\frac{1}{N-1}\sum_{s=1}^{N}(Y_{is}-\bar{y}_i)^2$$

若 N 为历史数据的期数，则可以构造旅游经济运行在时期 s 的综合功能指数，如下：

$$a_s=\sum_{i=1}^{3}K_iY_{is}\qquad (s=1,\cdots,N)$$

其中：

$$K_i=F_i\Big/\left(\sigma_i\sum_{j=1}^{3}F_j\right)\qquad (i=1,2,3)$$

① 罗明义. 旅游经济学：分析方法·案例. 南开大学出版社，2005.

根据以上计算公式，在计算旅游经济综合功能指数时，对较好的回归方程（即 F_i 的数值较大）给予较大的权数，而对均方差较小的指标（y_i）值（σ_i 的数值较小）也给予较大的权数，由此得到的综合功能指数不仅同时反映了各指标 y_i 的离散程度和 y_i 的回归方程的优良性，还同时具有与各指标值 y_{is}（i=1，2，3）的计量单位无关的特点。

在分析计算中，还要注意指标 y_1（客流量）的单位是人数，指标 y_2（人均旅游消费水平）的单位是金额，指标 y_3（旅游倾向指数）的单位是百分比，这三个指标既无法直接相比较，也不能进行代数运算，因此用综合功能指数方法将它们组合成统一的指数，就可以对不同地区或国家的旅游经济进行横向评估和比较，还可对同一地区旅游经济发展的历史状况进行纵向分析，并利用该模型对旅游经济未来发展趋势进行科学的预测。

【案例分析】

中国滑雪旅游市场供需研究

滑雪旅游是一种依托雪资源，集参与性、趣味性、刺激性于一体的新兴的山地度假旅游产品，与其他旅游产品相比，具有参与性强、回归自然、旅游者滞留时间长、消费层次高、客源市场稳定发展的特点（杜庆臻，1999）。它不仅可以增加旅游者的参与性，还可以促进旅游淡季地方经济的发展。

在发达国家高山滑雪旅游非常普及，目前欧洲阿尔卑斯山区的滑雪者人数达 5000 万人，使用的滑雪缆车 14000 条，使用的滑雪道达 40000 条以上。1994 年法国国内国际滑雪者达 720 万人，其北部的阿尔卑斯山的 15 个滑雪场最为重要，滑雪营业额占全法国的 78%。在美国，喜爱滑雪运动的人数有 800 万之众。滑雪器材的年销售额高达 3.5 亿美元。在欧洲及北美洲的许多国家，滑雪运动已被众多的普通消费者所接受。国际体育用品联合会公布的 1996 年十大最受欢迎的体育运动中，滑雪运动名列榜首。滑雪旅游与观光旅游、度假旅游相结合，可以提高旅游地的利用率，目前滑雪旅游在国际上已经是一个非常经典的度假旅游产品，滑雪是冬季最受欢迎的休闲运动之一。

1. 中国滑雪旅游供给分析

据不完全统计，中国国内现有各种档次的滑雪场近百家，其中大部分集中于雪资源丰富的东北地区，在华北、西北、西南等地区也有少数滑雪场。按照目前滑雪场的分布状况，可将中国滑雪场分为四个集中分布区：

东北区：主要为黑龙江、吉林两省的滑雪场，以及辽宁、内蒙古两省区的部分滑雪场，以冰雪旅游资源而著称，雪资源和区位条件最好，适合开展中远程的滑雪旅游。

华北区：包括河北张家口地区及北京郊区的滑雪场，虽然区位优势明显，但是由于所处地理环境的自然雪资源并不十分充足，需要大量人工造雪来维持。

西南区：主要是四川、云南两省的滑雪场，雪资源较差，极个别的山地具有一定量的雪被，但开展滑雪旅游不具优势。

西北区：主要是新疆的滑雪场，地处干旱区，虽然天山山麓等个别山地也有雪被，但地处内陆，区位条件很差。

中国滑雪旅游的供给是有限的。由于雪资源的分布受到气温、地形等自然条件的限制，滑雪旅游地的分布也只能集中在少数几个区域。尽管华北、西北、西南地区也有一定数量的滑雪场，但只有东北区的滑雪旅游产品才能作为主打旅游产品或者代表地方旅游形象的产品，适合开展中远程滑雪旅游度假，而另外三个区适于开展近程滑雪旅游或者作为环城游憩带的一部分，面向本地游客。但东北地区在全国的地理位置对中国国内游客的吸引只能来自一个方向，对国外游客的吸引更受到诸多条件的限制，同时这些滑雪场中具有较高品位的国际性滑雪场很少，大部分是位于城市郊区的小型娱乐性滑雪场，不可能形成类似欧洲阿尔卑斯山这样著名滑雪胜地的辐射效应和广大的腹地。这也正是中国滑雪迟迟未能蓬勃发展的重要原因之一。

2. 中国滑雪旅游市场需求分析

滑雪旅游既有普通旅游产品的一般性质，又有不同于一般旅游产品的特殊性质，它是一种主动旅游，需要旅游者具有一定的财力、精力和体力。尽管滑雪旅游需求是众多因子共同影响的结果，但影响最大的是游客年龄（布坎南和艾伦，1985；威特和古德尔，1981）、受教育程度（潘勇，1998）、收入水平这三个因素。一般说来，处于20～35岁青年阶段的人口越多、受教育程度越高、收入水平越高，对滑雪旅游的偏好程度也越高，需求就越大。据此，我们用综合考虑这三个因素在内的滑雪旅游潜力指数来衡量中国 34 个省市区的滑雪旅游需求情况。

根据中国各省市区人口的年龄水平、受教育水平、收入水平，计算滑雪旅游潜力指数，潜力指数第一级的地区有广东、山东、江苏三省，这三个省的滑雪旅游市场潜力比较大，在年龄、教育水平、收入方面都处于全国领先水平。上海、北京等地区的教育、收入单个因素的潜力指数都比较高，但是与年龄因素结合分析，则整体潜力指数降低。因此，从旅游潜力指数的角度来看，中国滑雪旅游最主要的客源市场为广东、山东、江苏三省。具体来讲：广东省地处改革开放前沿地带，经济发达，教育水平高，人口较多，但距离东北区较远；山东省地处沿海，是华北地区经济发达地带，属于后起之秀，人口较多，教育水平较高，距离东北区不是特别远；江苏省位于东南沿海，自古以来就是江南经济富庶、教育发达、人口集聚的地区，因此这三个地区潜力较大。

3. 中国滑雪旅游供需关系

（1）潜在需求的普域性

从中国滑雪旅游的需求来看，尽管目前在中国滑雪旅游未达到饱和状态，而我国各个地区由于人口年龄、教育水平、经济收入水平不同，实际参与滑雪旅游的人数也不同，对滑雪旅游的潜在需求存在地区差异，潜在市场的规模也各不相同，但总的来讲潜在需求是存在的。滑雪旅游作为一种新鲜时尚的度假旅游产品将受到越来越多的人的青睐。

（2）供给的局域性

滑雪旅游的供给是有限的。首先由于雪资源的分布受到气温、地形等自然条件的限制，滑雪旅游地的分布也只能集中在少数几个区域。尽管华北、西北、西南地区也有一定数量的滑雪场，但只有东北区的滑雪旅游产品可以作为一种主打旅游产品或者代表地方旅游形象的产品。而东北地区在全国的地理位置并不是在地理中心，对中国国内游客的吸引只能来自一个方向；而对国外游客的吸引更受到诸多条件的限制，这就不可能形成类似欧洲阿尔卑斯山这样著名滑雪胜地的辐射效应和广大的腹地。这也正是中国滑雪迟迟未能蓬勃发展的重要原因。可见，滑雪旅游供给存在着局域性。

（3）供需的矛盾与解决方案

中国滑雪旅游供给的局域性和潜在需求的普域性之间存在着一个很大的矛盾，这也是旅游存在的一个普遍矛盾，只是这个矛盾在这里显得尤为突出。

由于中国滑雪旅游的供给是有局域性的，目前，虽然并未完全开发所有滑雪旅游资源，但是通过开发新滑雪产品的方式来增加供给显然是有限的，不足以弥补对滑雪旅游的大量需求，只有通过深层次挖掘东北地区滑雪旅游产品的潜力，来增加供给的有效性。

虽然滑雪旅游的潜在需求是普域性的，但实际需求则受到收入、年龄、教育程度以及距离等因素的诸多限制，滑雪旅游只能是一项高消费的度假旅游产品。对客源地的市场营销应针对具有中、青年龄层，受过高教育的高收入人士开展。潜在需求的满足只能通过降低滑雪旅游成本来达到，而这将需要一个相当长的时期才有可能达到。

资料来源：吴必虎，党宁. 中国滑雪旅游市场需求研究. 地域研究与开发，2004，23（6）.

案例思考题

1. 滑雪旅游度假地形成季节性旅游供求矛盾的主要原因是什么？

2. 你认为可以采取哪些方法对滑雪旅游度假地的季节性供求矛盾进行调节？

【复习思考题】

1. 旅游供给与旅游需求各有何特点？
2. 旅游供求之间存在怎样的关系？
3. 旅游供求矛盾的主要表现是什么？
4. 结合图示说明旅游供求的静态均衡和动态均衡。
5. 旅游价格的决定因素是什么？
6. 什么是旅游差价和优惠价？两者的区别是什么？
7. 试对旅游市场竞争调节机制进行分析。
8. 为什么有必要进行旅游宏观调控？
9. 旅游经济宏观调控的主要内容是什么？
10. 旅游经济宏观调控的手段主要有哪些？

第五章　旅游消费结构与优化

【案例导学】

旅游热重塑消费结构

随着海外旅游的日益增多，过去三年，中国消费者在餐饮、住宿、娱乐方面的消费增幅超过60%。

银联国际是中国银联股份有限公司的一个分支，其业务活动涵盖跨境交易，银联国际对140多个国家和地区的中国消费者做了调查。调查表明，过去一年中，中国消费者餐饮方面的消费增长了65%，娱乐方面的复合年增长率超过60%。

“中国消费者不只在免税店和国际奢侈品牌的店里消费”，银联国际分析家蔡辉明（音译）说道，“他们还会在当地的购物中心和零售店购买杂货、小吃、化妆品、玩具等”。这表明中国消费者，与以前在国外旅游时相比，对当地的生活方式保留时间更长，挖掘得更深。

蔡辉明说，数据显示，中国消费者的行为和所喜欢的旅游模式正发生悄然改变。

银联报告称，奢侈品仍占中国消费者海外购物的主流。不过用于其他方面的消费也在不断增加，如花费在演唱会和演出门票、体育运动、冲浪、水肺潜水、高空跳伞、赛马、远足和租车上的费用等。

报告显示，过去三年，住宿消费的复合年增长率约为40%。

中国国家旅游局称，中国的消费者更愿意到更远更广阔的地方旅游。中国国家旅游局数据显示，2013年，中国海外旅游9700万人次，消费总额达1020亿美元。

中国国家旅游局消息，2014年，中国海外旅行有望增长15%，增至1.1亿人次。过去三年，前往挪威、冰岛、希腊、尼泊尔、斐济旅游的复合年增长率达200%，反映出人们对著名旅游地日益增长的兴趣与热情。

蔡辉明说，与三年前相比，赴意大利、加拿大、毛里求斯的游客量增长了两倍多。

位于上海的中国旅行社总社市场部主任冯云说道，“消费者不再仅仅满足于目的地快速观光，第二天又赶去另一个地方”。传统的12天游五国的一揽子式旅行所占市场份额达历史新低，越来越多的游客开始背包旅行，为旅行、服务和消费市场带来更加丰富多彩的变化。

资料来源：中国日报.旅游热重塑消费结构，2014-5-15.

【学习目的】

通过本章的学习，掌握旅游消费的概念、性质和特点，认识旅游消费在旅游经济运行中的作用，了解旅游消费者最大效用均衡的分析方法及其在旅游消费决策中的运用，明确旅游消费结构的含义及其优化途径，理解旅游消费效果的含义及有关评价原则。

第一节　旅游消费概述

一、旅游消费的概念与性质

旅游消费是指人们通过购买旅游产品来满足个人发展和享受需要的行为和活动。旅游消费属于个人消费的范畴，个人消费包括满足基本生存和生活需要的消费以及满足发展与享受需要的消费两大主要方面。其中，基本生存和生活需要的消费是对维持个人和家庭最低生活需要的生活资料和劳务的消费，是保证劳动力再生产所必需的最低限度的消费；而发展与享受需要的消费，则是人们为了提高生活质量、提高文化素质、发展智力和体力而进行的消费。很显然，旅游消费是在人们的基本生存和生活需要得到满足后而产生的一种较高层次的消费需要，属于满足发展与享受需要的消费。旅游消费的过程，不仅是旅游者获得精神和物质享受的过程，同时也是旅游者增长见识、扩大视野、使体力和智力得到充分发展的一条重要途径。

旅游消费也是连接旅游客源地与目的地，或者说是连接旅游需求与旅游供给的纽带。旅游者在目的地旅游供给信息的基础上作出旅游消费决策，然后通过一系列对旅游产品和服务的消费行为，最终完成旅游活动并对旅游消费的效果作出评价。在这个过程中，旅游消费发挥着十分关键的作用。旅游消费一方面使旅游产品的价值得以实现，另一方面使旅游者的旅游需求得以满足。

随着社会经济的不断发展，尤其在经济发达国家，旅游已日益成为人们生活中不可缺少的重要组成部分，旅游消费在人们的总消费中也占据了越来越大的比例。

二、旅游消费的特点

由于旅游消费对象及内容的特殊性，使得旅游消费活动具有不同于其他一般消费活动的特征。

（一）旅游消费是综合性的消费

旅游消费是一个连续的动态过程，它贯穿在整个旅游活动之中。旅游消费的综合性可以从以下几个侧面反映出来：

首先，旅游消费对象是多种成分的综合体。旅游消费的对象是旅游产品，而旅游产品本身是一个综合性的概念，它由旅游资源、旅游设施和旅游服务等多种要素构成。其中，既包含着物质的因素，也包含着精神的成分；既有实物产品，又有以活劳动表现出来的服务；既有劳动产品，又有非劳动的自然创造物，等等。

其次，旅游消费内容具有很强的综合性。旅游者为了实现旅游的目的，必须购买交通产品以实现客源地与目的地之间以及目的地内部的空间位移，必须购买住宿产品和餐饮产品以满足食宿方面的物质和精神需要，同时还要购买游览、娱乐产品，有的还会购买旅游纪念品等。可见，旅游消费活动是集行、住、食、游、娱、购为一体的综合性消费活动。从另一个角度来看，许多经济部门和非经济部门，如饭店业、交通业、餐饮业、商业、海关、园林等，共同参与了旅游消费的实现过程，这也反映了旅游消费的综合性特点。

2014 年春节“黄金周”期间，受游客需求变化，以及电视剧和电影等因素影响，主题类旅游大受欢迎。根据各地旅游部门统计显示，人们已经不再一味地沉迷于过去单一的景区旅游，而是显示出越来越多元化的需求，包括冰雪游、海岛游、民俗游、温泉游、生态郊外游等主题休闲旅游已经成为越来越多家庭和游客的选择。

在出行方式上，人们越来越追求舒适、自由的旅游方式，加上“黄金周”高速公路免收通行费政策影响和互联网越来越普及，越来越多的游客选择灵活度高的自驾和自助方式。根据各地假日办的统计显示，扬州近 90%游客均为自助自驾游，海南博鳌 80%游客为自驾游，江西赣州 70%以上游客为自驾游客，而南京和哈尔滨自助游客占比亦超过 50%。

再次，旅游消费不仅满足了旅游者精神享受的需要，同时，由于旅游者离开了原来的生活环境，在旅游过程中也有基本生存需要，旅游消费也满足了旅游者的这种较低层次的需要。

最后，旅游者在消费旅游产品过程中所获得的效用是一种综合的效用，其中既有保健性的、文化性的效用，也有享乐性的和纪念性的效用等。

（二）旅游消费是一种以劳务为主的消费

这里所说的劳务即指服务。马克思曾指出："服务这个名词，一般地说，不过是指这种劳动所提供的特殊使用价值，就像其他一切商品也提供自己的特殊使用价值一样；但是，这种劳动的特殊使用价值在这里取得了'服务'这个特殊的名称，是因为劳动不是作为物，而是作为活动提供服务的。"（《马克思恩格斯全集》第26卷，第435页）可见，服务也是产品的一种形式。从总体上看，服务消费在旅游消费中占主导地位，服务消费贯穿于旅游者整个旅游活动过程的始终。但这并不是说其中不存在对物质产品的消费，相反满足旅游者需要的食品饮料、各种设施设备等都是有形的物质产品，但如果没有旅游从业人员提供的旅游服务，这些物质产品只能作为零散的旅游产品的生产资源而存在。旅游服务消费主要包括交通服务、导游服务、住宿服务、餐饮服务、文化娱乐服务、购物服务等。

（三）旅游消费与旅游产品生产的同一性

在一般物质产品的生产和再生产过程中，生产和消费是两个相对独立的环节，先有生产，后有消费。而以旅游资源为基础、旅游设施为凭借、旅游服务为核心的旅游产品，具有服务产品的一般特征，其生产和服务是同一个过程的两个方面。旅游产品不可转移性的特征也决定了旅游者必须亲自到旅游产品生产所在地进行消费，而旅游服务的提供也必须以旅游者的存在为前提。所以，旅游服务的提供即旅游产品的生产过程，同时也是旅游产品的消费过程，两者在时间和空间上都是统一的。

（四）旅游消费的不可重复性

旅游产品与其他物质产品不同，它的使用价值对旅游产品的购买者来说在时间上具有暂时性。也就是说，某个旅游者只在他购买该次旅游活动的时间范围内，他才对该旅游产品具有使用权，而不像其他物质产品，消费者在购买后即对其拥有所有权，可以重复使用。一旦旅游活动结束，该旅游者对旅游产品的使用权即告结束，旅游者消费活动随之停止。对于旅游产品中的服务而言，亦表现出明显的时间性。伴随着旅游活动的结束和旅游者的离去，旅游消费终止，旅游服务也即告终止。可见，旅游产品的不可转移性和不可储存性的特点，决定了旅游者对某旅游产品的消费是不可重复的。

此外，旅游消费的不可重复性还表现为旅游者在同一时间只能够买一次旅游活动，从而只能消费一个单位的旅游产品，而不像物质产品那样，消费者可以同时购买多个或多种产品。

（五）旅游消费是弹性较大的消费

旅游消费是在人们的基本生存需要得到满足后而产生的一种较高层次的消费需要。一般来说，满足人们生存需要的产品需求弹性较小，而满足人们发展和享受需要的产品需求弹性较大。旅游消费属于需求弹性较大的消费。除了旅游产品的价格、旅游者的收入水平和闲暇时间以外，客源地及旅游地的社会经济发展水平、国际政治经济形势、旅游者的人口统计特征和个性心理特征以及旅游地的其他有关旅游供给因素等，都直接或间接地影响着旅游消费的数量和质量。

三、旅游消费在旅游经济运行中的作用

由于旅游业是一个极具综合性和关联性的产业，旅游消费对整个国民经济所产生的重要的经济拉动作用已经毋庸置疑。国家旅游局统计数据显示，2012年，国内旅游人数达到29.6亿人次，同比增长12.1%，国内旅游收入实现2.27万亿元，同比增长17.6%；2013年全年旅游总收入2.9万亿元，国内旅游人数可达32.62亿人次，国内旅游收入可达2.6万亿元。

在旅游经济的运行中，旅游消费处于核心地位。旅游经济的运行过程，就是旅游产品生产、交换、消费诸环节周而复始地不断进行的过程，即旅游产品的生产与旅游产品的消费得以继续的过程。如果旅游产品的生产、交换和消费各个环节之间相互衔接、平衡协调，旅游经济运转就能顺利进行；反之，旅游经济活动就不能顺利运转。其中，决定旅游经济能否顺利运行的枢纽点就在于旅游消费。这是由旅游消费在旅游经济运行中的地位和作用决定的，具体表现在：

第一，旅游消费是旅游需求的实现和满足，并促发新的旅游需求和旅游产品生产。在生产、分配、交换和消费四个环节中，生产是起点，消费是终点。如果把社会再生产看做一个周而复始的过程，那么消费是第一个生产过程的终点，同时又是下一个生产过程的起点。一般来说，生产决定消费，但“消费的需要决定着生产”，生产取决于需要；而需要的形成和发展，又在很大程度上取决于消费的发展。没有需要，没有消费，生产就没有目的地。从这点上说，消费决定了生产，消费需求和消费水平决定了生产的发展方向和发展速度。

随着社会经济的不断发展，人们收入水平的提高和闲暇时间的增多，人们在基本生存需要得到满足后，进一步产生了个人发展与享受的需要。旅游是满足人们较高层次发展需要的主要活动之一。人们只有通过购买旅游产品，进行

旅游消费，才能实现旅游需求的满足。与此同时，正因为有旅游消费，旅游产品的生产才有了目的和对象。并且，当人们一般的旅游需求得到满足后，又会产生更高一级的旅游消费需求。这样，当每一种新的旅游需求产生后，就需要设计和生产新的旅游产品来满足这种新的消费需求，而新的消费需求得以满足后，又会产生更新的旅游需求……整个旅游经济活动就是按照需求—生产（消费）—满足—新的需求—新的产品—新的满足这种模式循环往复的。

第二，旅游消费是旅游产品的价值得以实现的过程，也是对旅游产品的最终检验。产品在消费中得到最后的完成，消费"是使产品成为产品的最后行为"。如果没有旅游消费，旅游产品就无法销售出去，旅游产品的价值就不能实现，旅游经济的运行就难以顺利进行。此外，旅游消费又是对旅游产品的最终检验。旅游产品如果不符合消费需求就会滞销，旅游经济仍不能顺利运转。通过旅游消费还可以检验整个旅游经济结构是否合理，旅游经济效益是否理想。

第二节　旅游消费决策

一、旅游消费者最大效用均衡

旅游消费决策是个人根据自身需要及其他相关条件，通过收集和加工有关的旅游信息，选择和确定旅游消费方案并付诸行动的过程。旅游消费决策过程一般包括产生旅游需要和动机、收集信息、选择旅游目的地或旅游供应商、进行旅游预算、决定是否外出旅游、外出旅游等几个阶段。影响旅游者旅游消费决策的因素有很多，从旅游者自身到旅游供给的诸多因素都会对旅游消费决策产生综合影响。这里，我们主要从旅游者效用满足最大化的角度对旅游消费决策进行探讨。

由于旅游者的可自由支配收入和可自由支配时间总是有限的，而旅游产品的价格是给定的，因而旅游者就存在着一个如何合理支出旅游消费及安排时间，实现最大限度旅游享受的问题。旅游消费者最大效用均衡，是指旅游者在支出一定的费用和时间的条件下，通过合理的比例搭配购买旅游产品，进行旅游消费，从而获得精神上与物质上的最佳感受，即达到效用最大化。

旅游消费者最大效用均衡可以通过无差异曲线和开支预算线来揭示。无差异曲线表示两种或两组产品的不同数量组合为消费者所提供的效用是相同的。假设现有 X 和 Y 两种产品，无差异曲线如图 5-1 所示。

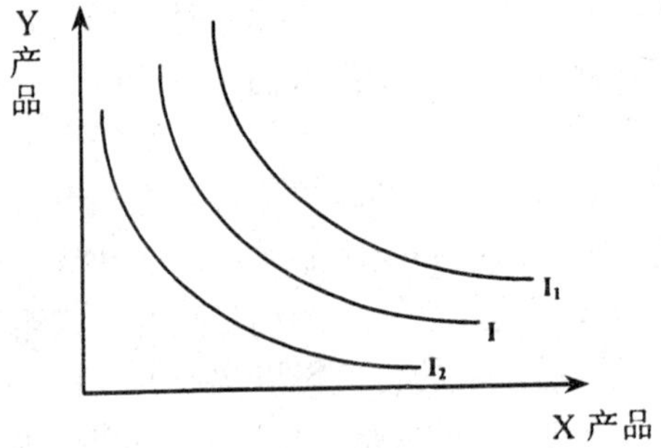

图 5-1　无差异曲线

图 5-1 中，I 为无差异曲线，线上任何一点所表示的 X 产品和 Y 产品不同数量的组合给消费者所带来的满足程度是相同的。无差异曲线具有三个特征，第一，无差异曲线是一条凸向原点并向右下方倾斜的曲线；第二，在同一平面上可以有无数条无差异曲线，离原点越远的无差异曲线所代表的满足程度越高（如 I_1），离原点越近的无差异曲线所代表的满足程度越低（如 I_2）；第三，在同一平面上，任意两条无差异曲线不相交。毫无疑问，理性的消费者总是愿意在尽可能高的无差异曲线上选择一种产品组合，使其效用最大化。

开支预算线是指在收入和商品价格既定的条件下，消费者所能够购买到的各种数量商品的最大组合。消费者能够得到的商品组合，一方面取决于其货币收入的多少，另一方面依赖于商品价格水平的高低，这两方面结合起来就构成所谓的预算约束。假设消费者的货币收入为 M，P_x 和 P_y 分别为商品 X 和商品 Y 的价格，如果用 Q_x 和 Q_y 分别表示 X 和 Y 的购买量，则有：

$$P_xQ_x + P_yQ_y = M$$

该式可以转换为：

$$Q_y = \frac{M}{P_y} - \frac{P_x}{P_y}Q_x$$

这一公式所表示的直线如图 5-2 所示。公式右边第二项 P_x/P_y 为该直线的斜率，右边第一项 M/P_y 是该直线在纵轴上的截距，M/P_x 即为直线在横轴上的截距。

在无差异曲线分析中，消费均衡是在无差异曲线与开支预算线的切点上（E 点）。这一点所对应的 X 产品和 Y 产品数量的组合既满足消费者需要又符合消费者的开支预算。此时消费者就获得最大满足，如图 5-3 所示。

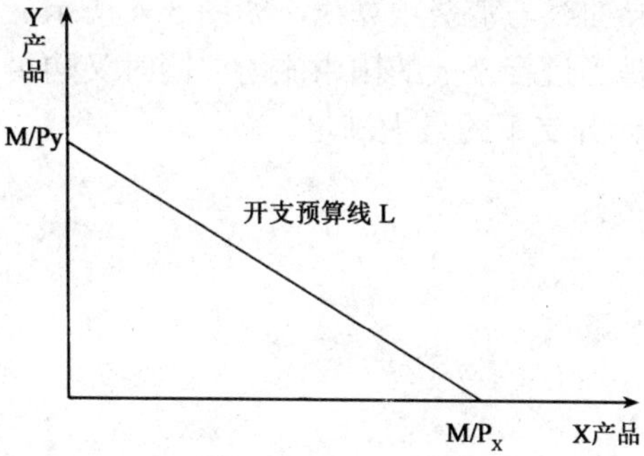

图 5-2　开支预算线

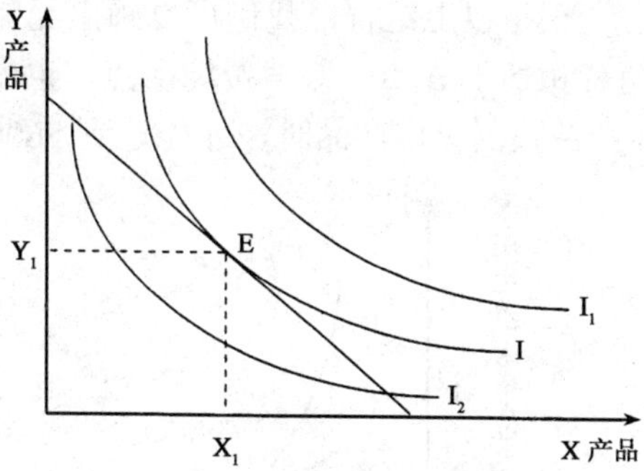

图 5-3　旅游者最大效用均衡（a）

二、消费者最大效用均衡与旅游消费决策

消费者最大效用均衡在旅游消费决策分析中，主要用于四个方面：第一，旅游消费与其他产品消费的决策；第二，旅游目的地的选择决策；第三，旅行方式的选择决策；第四，各种旅游消费支出比例的决策。

（一）旅游消费与其他产品消费的决策

人们往往要在旅游消费与其他产品消费之间进行选择，以期获得最大满足。当人们有一定的可自由支配收入时，或者将其储存起来，或者用于满足发展和享受需要的消费上，如购买高档家电用品，用于娱乐健身或外出旅游。但无论怎样安排，一个理性消费者总是要在收入水平和产品价格既定的情况下，作出使他们达到最大满足的消费选择。

假定每单位家用电器的平均价格为 1400 元，国内旅游日平均花费 200 元。现某消费者欲以 5600 元购买一部分家用电器，同时还要进行一次旅游，他在购买家用电器和购买旅游产品之间，应如何达到均衡呢？假设该消费者可获得满足的搭配如表 5-1 所示。

表 5-1　旅游者获得同等满足的产品组合（a）

获得同等程度满足的产品组合				
	A	B	C	D
家用电器（单位）	5	3	2	1
旅游产品（天数）	4	7	16	28
预算限制下可能的产品组合				
	M	B	E	N
家用电器（单位）	4	3	2	0
旅游产品（天数）	0	7	14	28

根据以上组合，我们可以画出无差异曲线与消费预算线，如图 5-4 所示，两者相切于 B 点，即消费均衡点。也就是当进行 7 天的国内旅游，同时又购买 3 个单位的家电产品时，才能达到 5600 元开支下的最大满足。

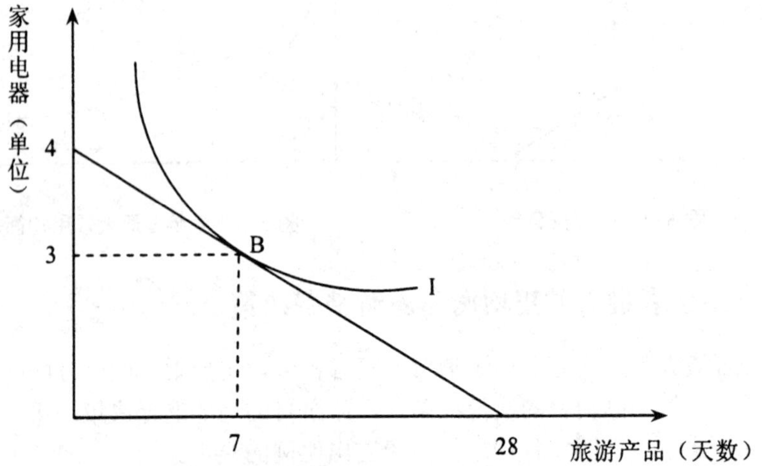

图 5-4　旅游者最大效用均衡（b）

（二）旅游目的地的选择决策

当人们决定外出旅游时，需要对旅游目的地进行选择。假定旅游者在上海、杭州两地旅游天数的几种搭配方案，都能使他感到满足，如表 5-2 所示。

表 5-2　旅游者获得同等满足的产品组合（b）

组合方式	A	B	C	D
上海旅游（天数）	1	2	3	4
杭州旅游（天数）	10	6.8	5.8	5

假定在上海旅游每日的平均费用为 240 元，在杭州每日平均花费 150 元。那么根据该游客 1500 元的旅游预算，他应在两地各停留多少天，才能得到最大满足？

图 5-5 中无差异曲线与消费预算线相切于 B 点，B 点所表示的在两地旅游天数的组合，即在上海旅游 2 天，在杭州旅游 6.8 天，该游客获得了消费均衡。

闲暇时间也是影响人们作出旅游决策的重要因素，假定该游客的假期只有 8 天，那么该游客对旅游的抉择还要受到 8 天假期的限制。

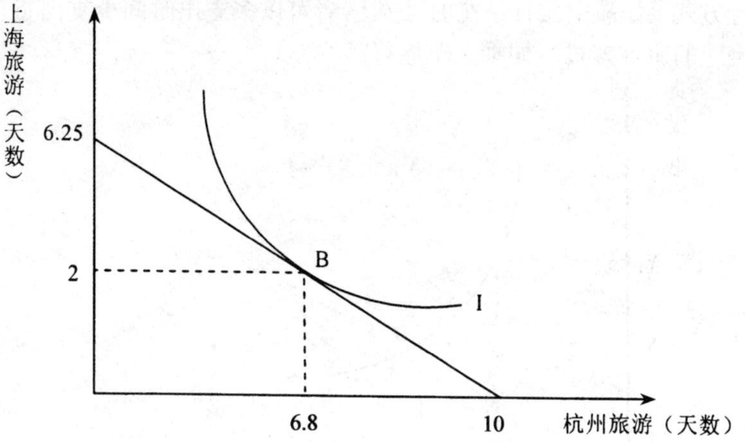

图 5-5　旅游者最大效用均衡（c）

（三）旅行方式的选择决策

旅游者外出旅游时首先要解决从居住地到目的地的空间位移问题，所以不得不对旅行方式作出选择。这里我们有一个假定前提，即旅游者在选择旅行方式时，只考虑其收入和时间两个因素（收入和时间几乎对每个人来说都是稀缺资源），而不考虑其他因素如旅游目的、旅行经验或目的地的地理位置等的影响。那么在选择旅行方式时，有人倾向于多支出货币少支出时间，而有人则倾向于少支出货币多支出时间。一般说来，高收入者的货币效用较小，而闲暇时间变得相对重要，所以在旅行方式选择时就倾向于多支出货币少支出时间；反之，则相反。这种选择行为可以用无差异曲线的分析方法加以解释。

时间问题一直是经济学中一个非常重要的问题。古典经济学家和马克思正是从劳动时间和社会必要劳动时间出发，才建立和发展了劳动价值论。西方经济学中也把时间作为一个非常重要的因素加以考察，如从动态角度考察资金的时间价值等。时间既然是稀缺资源，在时间的使用上必然存在着机会成本，这种机会成本就是时间的价值。一个从北京到广州的游客，如果他要在航空旅行和火车旅行两者当中进行选择，他必然把乘火车旅行时过多的时间消耗所造成的机会成本，或从空中旅行时节约的时间所带来的机会收益考虑进去。关于时间价值的度量并没有一个统一的标准，因为对于不同的人来说，时间的机会成本有很大差别，即便同一个人在不同时候的时间机会成本也不尽相同。但是，我们不能否认时间价值在理论上的存在。

如图 5-6 所示，纵轴表示货币支出，横轴表示时间支出，无差异曲线表示的是能给旅行者带来同样旅行满足程度的货币支出和时间支出的组合点的轨迹。在无差异曲线的 A 点，旅游者可以多支出货币少支出时间，即选择一种快速的旅行方式，如航空旅行；在B点旅游者可以多支出时间少支出货币，即选择一种慢速的旅行方式，如乘火车旅行。

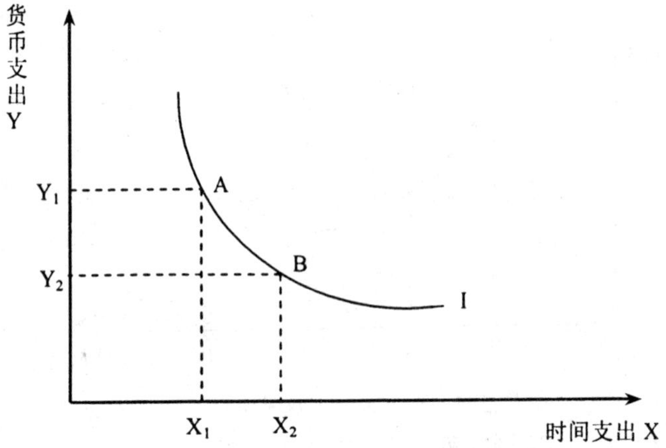

图5-6 旅游者选择旅行方式的无差异曲线

收入和时间构成一个旅游者的旅行约束。假定旅游者单位时间的时间价值为P_x，时间支出量为X，货币支出量为Y，则$P_xX+Y=M$就构成了一个人的旅行资源总量。它表现为一条直线，直线的斜率为P_x，它由旅游者每单位时间的时间价值来决定。直线在横轴上的截距为M/P_x，在纵轴上的截距为M。旅游者总是希望以最小的旅行资源支出达到最大的效用。显然，在既定的旅行资源M下，旅游者的均衡点在E点。如图5-7所示。根据这个时间支出和货币支出的组合点，旅游者可以选择一种适当的旅行方式。

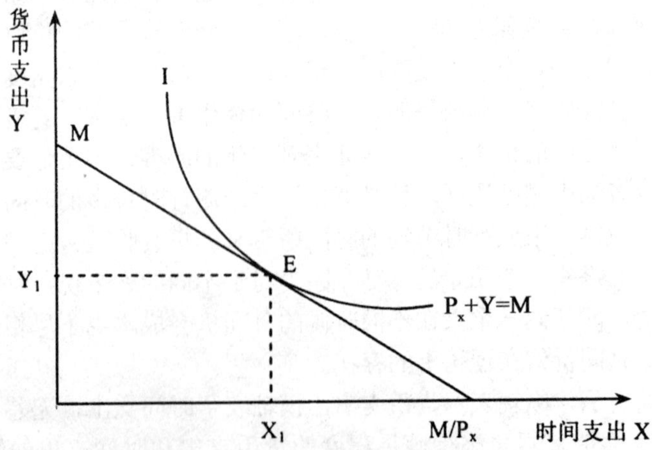

图5-7 旅游者最大效用均衡（d）

（四）各种旅游消费支出的决策

旅游者需要对旅游过程中的食、住、行、游、购等每一方面的消费量作出决策。假定某一旅游者打算在目的地再多停留几天，而且打算购买一些旅游纪念品带回去，但他可支配的用于旅游消费支出的钱仅余 900 元，那么他该如何在增加停留时间和购买纪念品之间作出选择，才能获得最大满足呢？假设在该目的地每日平均花费为 150 元，该旅游者欲购买的每单位旅游纪念品的平均价格为 20 元，该旅游者在以下组合情况下可获得同等程度的满足（参见表 5-3）。

表 5-3　旅游者获得同等满足的产品组合（c）

	A	B	C	D
旅游天数（天）	5	4	3	2
旅游纪念品（单位）	8	15	20	35

由于旅游者受到 900 元的预算限制，能使他获得最大满足的产品组合只有图 5-8 中 B 点所代表的组合，无差异曲线和预算线在该点相切。也就是说，当该旅游者选择再停留 4 天、购买 15 个单位的旅游纪念品时，能得到最大的消费满足。

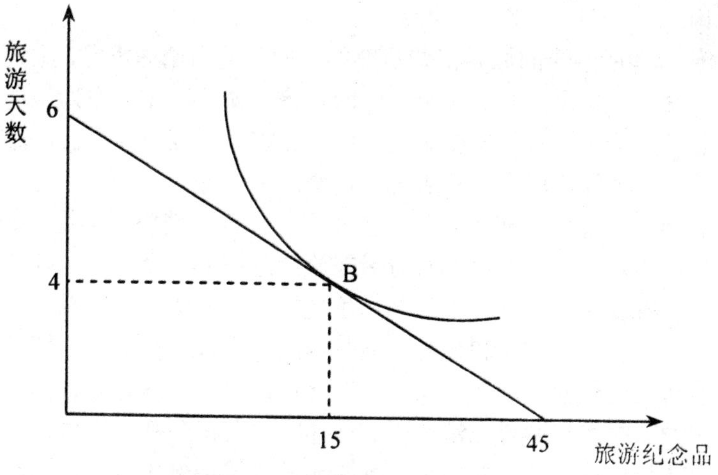

图 5-8　旅游者最大效用均衡（e）

除了无差异分析方法之外，我们还可以利用边际效用分析法来研究旅游消费者最大效用均衡。根据边际效用递减规律，随着旅游产品数量的增加，总效用随之增加，但边际效用却是递减的。这里，旅游消费者最大效用均衡的原则是，如果旅游者的货币收入是固定的，市场上各种产品的价格是已知的，那么旅游者一定要使其所购买的各种产品的边际效用与他所付出的价格成比例，也就是说，要使每一单位货币所获得的边际效用都相等。

在实践中，旅游消费者的消费决策除了受其本身的收入、时间、兴趣爱好、年龄等因素影响外，还要受到旅游目的地方面的影响，如旅游资源的吸引力、旅游服务质量、旅游产品价格，旅游目的地的政策法令、社会治安、人民友好关系等很多因素，这都制约着旅游消费者的旅游决策。旅游者作出的每一项旅游决策，都是对这些因素综合考虑的结果。

第三节　旅游消费结构

一、旅游消费结构的概念和分类

旅游消费结构是指旅游者在旅游过程中所消费的各种类型的消费资料的数量、质量及比例关系，是衡量一个国家或地区旅游业发展水平的重要标志之一。从不同的角度出发，旅游消费有不同的构成内容，也相应形成了不同的旅游消费结构。

1. 从旅游者所购买的旅游消费资料的不同功能与用途出发，旅游消费可分为行、住、食、游、娱、购等几个方面的消费。如前所述，作为旅游消费对象的旅游产品是满足旅游者外出旅游过程中各种需要的综合性产品，旅游消费就相应地涵盖各种不同单项产品和服务的消费。

2. 从满足人们旅游需求的不同层次出发，旅游消费可分为生存资料消费、享受资料消费和发展资料消费。旅游者在旅游过程中的食、住、行等方面的消费，是满足旅游者在游览过程中的基本生理需要的消费，而在观赏、娱乐、学习等方面所消费的物质产品和精神产品是满足旅游者精神享受、智力发展的需要。在旅游活动过程中，这两种消费相互交错，很难严格划分它们之间的区别和界限。例如，很多旅游者在消费饭店产品时既要得到基本生理需要的满足，同时也要求获得精神享受上的满足。探险旅游者或考察旅游者在满足自身享受与发展的需要中又掺杂着其生存需要的满足。

3. 从旅游消费资料的形态出发，可把旅游消费分为实物消费和劳务消费。实物消费是指旅游者在旅游过程中对物质产品如客房用品、食品、饮料等实物资料的消费；劳务消费是指旅游者在旅游过程中对活劳动的消费，如对交通运输服务、导游服务、饭店服务、餐饮服务等的消费。

4. 从旅游消费对旅游活动的重要性出发，可把旅游消费分为基本旅游消费和非基本旅游消费。基本旅游消费是指进行一次旅游活动所必需的而又基本稳定的消费，如交通、住宿、餐饮、游览等方面的消费；非基本旅游消费是指并非每位旅游者每次旅游活动都需要的且具有较大弹性的消费，如旅游购物、医疗消费、邮电通信消费等。

5. 根据旅游者的旅游目的，可将旅游消费分为观光型、度假型、商务型、探亲访友型、交流/专业访问型等旅游消费。如果旅游者只抱有单一目的外出旅游，就是单一性旅游消费。但在现实旅游活动中，旅游者到某地旅游往往有一个主要目的，如以观光、度假或专项旅游等，也不排斥其他旅游消费项目。如有的游客在观光后，还伴有娱乐、保健等消费；有的商务游客在完成商务活动之前或之后，伴有观光旅游消费。这时，旅游消费就表现为多样性消费，而多样性消费是现代旅游的一个特征。

此外，旅游消费还可以根据不同的旅游目的地、不同的客源产生地以及不同的旅游季节进行分类。

二、影响旅游消费结构的因素

如前所述，旅游消费是一种弹性较大的消费，而且旅游消费和旅游者的旅游需求以及旅游产品的生产或供给密不可分。因此，影响旅游消费需求和旅游供给的诸多因素都会对旅游者的旅游消费结构产生影响。概括起来，影响旅游消费结构的因素主要有三个方面。

（一）有关旅游者的因素

1. 旅游者的收入水平。收入水平决定着消费水平，也决定着需求层次，从而决定了旅游消费结构的变化。只有当人们的收入在支付其必需的生活消费和社会消费之后尚有一定数量的节余，即存在一定的可自由支配收入时，才有可能外出旅游。而且，旅游者的可自由支配收入水平也决定了旅游者的旅游消费水平和旅游消费结构。很多关于旅游行为的调查都表明，人们外出旅游的频率及消费额与可自由支配收入之间存在直接关系。一般来说，可自由支配收入越多，外出旅游的可能性越大，旅游消费水平也越高，旅游消费需求的满足程度会越充分。例如，可自由支配收入高的旅游者有可能选择较昂贵的旅游目的地，选择高档饭店和美味餐食，会在购物、游览方面花费较多，致使交通花费在其外出旅游总花费中占较低比重；而可自由支配收入较低的旅游者往往倾向于以游览为主，对住宿、饮食的要求不高，并很少购物，同时由于在交通方面通常没有太多的节省余地，这样就使得交通花费在其旅游总花费中占据相对较大的比重。

2. 旅游者的构成。旅游者不同的年龄、性别、职业、受教育水平以及不同的风俗习惯和兴趣爱好都不同程度地影响着旅游消费结构。一般来说，青年游客以游览娱乐型消费为主，而在住宿、饮食方面的消费相对较低；老年游客对住宿、餐饮和交通产品的质量要求较高。女性游客的购物消费在其全部旅游消费中所占的比例往往较大。旅游者的年龄、文化程度、职业不同，其收入水平和带薪假期也不一样，又进一步影响着旅游者的消费数量和停留天数。旅游者的文化背景以及兴趣爱好不同，对旅游产品的内容和质量要求亦各不相同。此外，旅游者的来源构成，如城乡构成、地区构成等因素都会不同程度地影响旅游消费结构的变化。

3. 旅游者的心理因素。根据斯坦利•普洛格对心理类型的研究，自我中心型的旅游者和多中心型的旅游者在目的地与出游方式的选择方面存在很大不同。此外，旅游者的从众心理以及消费方式的示范效应也影响着旅游者的支出投向。

（二）有关旅游供给的因素

1. 旅游产品的结构。生产水平决定消费水平，旅游产品的生产结构直接影响和制约着旅游消费结构。例如，我国旅游业凭借着丰富的观光型旅游资源，一直以来主要向旅游市场提供观光型旅游产品，这也是多年来我国城镇居民和入境游客在旅游消费结构上都是以观光游览为主，而对其他类型旅游产品消费较少的重要原因之一。随着旅游需求的发展变化和旅游产品结构的不断转型，目前我国的旅游消费结构正在由传统单一的观光旅游向度假休闲、保健疗养、文化旅游和生态旅游等复合型消费转化，旅游消费结构逐步升级。

从另一个角度来看，旅游产品是综合性产品，向旅游者提供的住宿、饮食、交通、游览、娱乐和购物等各类产品的生产比例是否合理，各种产品的内部结构是否恰当，将直接影响旅游消费数量和消费结构。如果向旅游者提供产品和服务的各相关部门的结构不合理，就会导致整体旅游产品中各构成要素比例失调。比如交通运力紧张，而饭店设施又供给过剩，或者饭店过多、游娱网点又过少等，这些情况都会破坏旅游产品的整体协调性，从而无法很好地满足旅游者的需求。除了数量结构之外，旅游产品结构同时还涉及质量结构问题。旅游产品在质量上也要符合一定的消费需求。如果旅游产品组成部分中任何一部分质量水平不高，旅游者就会改变其支出投向，从而影响旅游消费结构。

2. 旅游产品的价格。旅游产品价格的变化影响着旅游者的消费数量和消费结构。由于旅游产品的需求弹性较大，当旅游产品的价格上涨而其他条件不变时，人们就会把旅游产品的消费转向其他替代品的消费，使旅游消费数量减少；当旅游产品内部某一部分的价格上涨时，旅游者会抑制而减少对这部分产品及与其成互补关系的产品的支出，甚或改变支出投向，从而改变其旅游消费结构。

（三）有关客源地和目的地的宏观环境因素

1. 旅游客源地的社会经济发展水平。客源地的社会经济发展水平直接影响着旅游者的可自由支配收入水平和闲暇时间以及旅游者的受教育水平，从而对旅游需求的产生以及旅游者的旅游消费水平和消费结构产生重要影响。比如，社会经济发展水平较高的国家，其国民出游比例较高，旅游消费能力较强，在旅游消费结构方面与经济发展水平较低的国家相比存在着很大的不同。

东盟游客来华旅游消费结构特征分析

总体来看，近几年东南亚区域入境游客基本旅游消费比重呈逐年下降趋势，降幅较大的有菲律宾、新加坡、印度尼西亚，分别由65.3%、63.5%和64.6%下降到38.4%、55.1%和49.8%。

泰国基本旅游消费比重变动不大，维持在59.7%。可见，我国东南亚区域入境旅游市场面临着非基本消费比重过低的问题，与发达国家非基本消费支出60%以上的水平相去甚远。基本旅游消费中长途交通、住宿、餐饮比重较大，非基本旅游消费中购物比重较大。

旅游消费结构变动度用来考察平均每年消费结构的变动程度。通常用期末各类消费占总消费额的百分比减去期初同类消费占总消费额的百分比，将相减的差的绝对值相加即获得一定时期的结构变动值，用变动值除以考察年数，得到年平均结构变动度。

变动度较大的国家为菲律宾、印度尼西亚、泰国，说明以上三个客源国市场对亚太区域入境游客消费结构变动值的贡献率较大；变动度较小的国家为新加坡、马来西亚，说明多年来这两个客源国入境游客的消费结构变动并不显著。

菲律宾游客人均天花费由126.38美元增至156.47美元。其消费结构变动指数较大，比较突出的是长途交通和购物两项。长途交通由占消费支出的32.6%下降至11.6%，购物则由14%上升至47.7%，说明近年来菲律宾游客对来华购物表现出极大的兴趣，游客情愿在购物项目上支付相对更多的费用。这对于我国旅游业创汇显然是有利的。

新加坡、印度尼西亚游客人均天消费分别维持在159美元、150美元左右，变动较大的是购物和娱乐两项，数据表明，两国游客对来华购物兴趣递增，而对娱乐项目的兴趣正逐年递减。马来西亚游客人均天消费由149美元上升至157美元，游客消费变动度指数较小。泰国游客人均天消费由153.96美元上升至184.46美元。住宿和购物分别由15.5%、14.8%上升至20.4%、21.2%，长途交通和娱乐则由28.1%、8.9%下降至20.7%、3%。其他项目变动指数并不显著。

由消费结构特征分析不难看出，东盟主要客源国来华旅游，交通方面的消费指数正在逐渐下降，而且下降的幅度较大；然而购物的指数却在大幅上升。由此可见，东盟主要客源国的游客来华旅游，购物消费成为了他们支出的重要部分。

结合消费结构特征分析，中国旅游行业可以作出适当调整，在保证旅游质量的同时，将游客消费重心——购物适度提高，以此吸引游客来华旅游。在对我国旅游创汇有利的同时，也将具有中国特色的物品和精神输向国外，让更多东盟国家的公民了解中国，了解中国文化。

资料来源：游兔网. http://www.cic.mofcom.gov.cn/ciweb/cic/info/Article.jsp.

2. 旅游目的地的社会经济发展水平。旅游目的地的社会经济发展水平决定了其旅游供给能力和供给水平，包括各种旅游设施的完善程度、旅游产品的数量和质量结构以及旅游业的经营管理水平，这在一定程度上影响旅游者对目的地的消费选择和旅游消费结构。比如，一个经济发展水平较高的目的地的旅游设施齐全，旅游产品种类丰富，旅游消费者选择余地大，来访旅游者的旅游消费结构就会不同于经济发展水平较低的目的地地区（参见表 5-4）。例如，香港一直是游客心目中的购物天堂，这与其社会经济的发达程度密切相关。

表 5-4 大陆居民入境香港旅游的消费构成

排名 年份	1	2	3	4	5
2005	首饰及手表 26.4%	衣服/布料 23.8%	化妆品/个人护理用品 10.8%	皮具 9.0%	摄影机/光学器材 8.7%
2006	首饰及手表 28.1%	衣服/布料 23.1%	化妆品/个人护理用品 12.2%	皮具 10.5%	摄影机/光学器材 6.6%
2007	首饰及手表 25.7%	衣服/布料 25.1%	皮具 13.7%	化妆品/个人护理用品 12%	摄影机/光学器材 6.4%
2008	首饰及手表 25.7%	衣服/布料 22.6%	皮具 15.6%	化妆品/个人护理用品 13.4%	摄影机/光学器材 4.2%
2009	首饰及手表 28.6%	衣服/布料 21.3%	皮质用品/人造用品 17.9%	化妆品及护肤品/香水 14.5%	电器/摄影用品 7.1%
2010	首饰及手表 28.2%	衣服/布料 21.1%	皮质用品/人造用品 18.1%	化妆品及护肤品/香水 14.8%	电器/摄影用品 8.7%

资料来源：香港旅游发展局。

3. 目的地与主要客源地之间的距离。一般情况下，如果目的地距其主要客源地较远，那么来访旅游者在交通方面的支出相对就会在其旅游消费总支出中占较大比例，例如欧美国家和地区的来华游客当中，交通费用占其旅游花费中的比重就较大。

第四节　旅游消费结构的优化

一、合理的旅游消费结构的标准

旅游消费结构优化是一个动态的发展过程，它是指旅游消费结构从不合理状态逐步向合理状态的标准不断接近的过程。旅游消费结构的优化以最大限度提高旅游消费的经济和社会效益、促进旅游者身心健康和全面发展为目标。

合理的旅游消费结构，具体来说应该满足五个方面的要求。

（一）要实现旅游消费多样化

所谓旅游消费多样化，是指旅游消费的内容丰富多彩，方式多种多样。也就是说，供旅游者选择的旅游消费内容和旅游活动方式，必须满足消费者各种各样的需要。比如，向市场提供的旅游产品既要有观光游览，又要有各种能让旅游者参与其中、亲身体验的旅游项目；既要有利于旅游者消除疲劳、增进健康，又要有利于旅游者增长知识、开阔视野。旅游消费多样化是旅游消费合理化的基本要求，只有消费选择多样化，才能满足现代旅游者多样化的需要。

云南精心打造“八大旅游产品”

多年来，云南省充分发挥旅游资源特色和优势，不断丰富、完善各类旅游产品的内容，大力开发和发展特色鲜明的旅游产品，精心打造“八大旅游产品”，使云南旅游逐步成为在国际、国内市场上有竞争力和吸引力的旅游名牌产品，成为中国推向国际、国内旅游市场的重要旅游目的地。云南着力打造的“八大旅游产品”主要是：

1. 自然生态旅游产品。主要依托云南现有国家级、省级自然保护区和风景名胜区，在对综合自然生态系统、珍稀动植物、特有植被、高原湖泊加强保护的前提下，有针对性地选择、建立一批森林公园、热带雨林、草原风光、多样性生态类型和生物类型的自然生态精品旅游产品，使国内外旅游者在云南真正能够体验回归自然和感受“香格里拉”的神奇。

2. 民族风情旅游产品。主要依托云南 26 个民族绚丽奇异的民族文化和风情，向广大中外旅游者展示各民族的文化艺术、生活习俗、喜庆节日、风味产品、竞技活动、生产劳动等民族风情文化，使游客在旅游活动中游览民族村寨，参加民族节度，品尝民族餐饮，体验民族歌舞，购买民族商品，领略各种绚丽多彩的民族风情文化活动。

3. 会展商务旅游产品。充分利用云南“立体气候”条件，尤其是“春城”四季如春的气候和良好的地理区位条件，抓好国际、国内各种会议、展览精品旅游产品的推出，并围绕会展旅游需要，配合建设高尔夫球场、网球场、文化娱乐和会展中心等设施，精心组织中国昆明国际旅游节和各种民族节庆活动，使昆明日益成为广受国内外欢迎的商务会展旅游中心。

4. 度假旅游产品。依托全省已有的 10 个国家级、省级旅游度假区，建设和完善旅游度假区的度假旅游项目和配套服务设施，把各个旅游度假区发展成特色鲜明的度假旅游精品产业，使之与国际接轨并进入国际旅游度假市场，促进云南旅游逐步从观光旅游向观光与度假旅游转变，提升了云南旅游的品位和综合经济效益，并逐渐成为国际知名的度假旅游胜地。

5. 康体旅游产品。云南具有众多的江河湖泊、丰富的地热资源、特殊的气候和高海拔条件，尤其是地下温泉遍布全省大部分地区，利用温泉并结合中国传统的推拿、针灸等民间疗法，积极发展健康旅游；同时还结合云南 26 个民族的近 200 项传统体育活动，以及众多江河湖泊和良好的气候条件，建立了一批档次较高、服务设施较配套的体育中心，大力发展涌流、登山、攀岩、竞技等体育旅游产品和国际性体育赛事。

资料来源：互联网资料整理。

（二）旅游消费的各个构成部分之间要保持恰当的比例

一般而言，旅游业发展水平越低，基本旅游消费支出占总消费支出的比重就越高；反之，非基本旅游消费支出所占的比重就越高。基本旅游消费需求一般比较稳定，而非基本旅游消费需求则弹性较大。因此对某一旅游目的地而言，通过扩大基本旅游消费支出来提高旅游经济效益往往具有很大的局限性，一般要依赖于来访旅游者人数的增加才能达到此目的，此时旅游发展表现为一种数量型或粗放型增长。而通过提高旅游者在购物、娱乐等方面的非基本旅游消费支出却能够有效地提升旅游综合效益，这时旅游发展表现为一种质量型或集约型增长。非基本旅游消费支出比例的高低是反映旅游消费结构是否合理的一个显性指标，该比例越高，说明旅游消费结构越趋合理。

（三）要有利于实现旅游消费市场供需的平衡

由于受多种因素的影响和制约，旅游消费需求具有较大的弹性。而旅游产品的供给能力一旦形成，短期内难以出现较大规模的变动，具有一定的刚性或相对稳定性。所以，合理的旅游消费结构，一方面，应保证在旅游淡季和旅游“温冷点”有一定的消费规模，以提高旅游设施的利用率，充分发挥旅游消费对旅游业的促进作用；另一方面，在旅游旺季和旅游“热点”，旅游消费的水平和消费结构应与旅游地在某段时间内的供给能力相适应。

（四）要有利于旅游环境的保护

良好的旅游环境既是重要的旅游资源，也是旅游产品的重要组成部分，同时还是旅游消费得以顺利进行的必备条件。因此，合理的旅游消费构成必须有利于保护自然生态环境和社会环境，任何有悖于环境保护的旅游消费内容都应受到限制，同时应加快开发能促进环境保护的旅游产品，引导旅游消费结构向有利于环境保护的方向发展。

（五）要有利于促进旅游者素质的全面提高以及社会文明的进步

合理的旅游消费结构，应是通过提供丰富的旅游消费内容，使旅游者能进行各种旅游消费资料的选择和搭配，真正达到通过旅游来开阔视野、增进知识、提高修养，从而不断促进整个社会的文明与进步的目的。

二、我国旅游消费结构存在的问题及其优化

旅游消费结构的合理与否是相对而言的，国际旅游市场不可能有一个统一不变的合理消费结构模式。因此，应以上述合理消费结构的主要原则为依据，结合一定时期的具体情况，合理组织旅游产品的生产，正确引导消费，不断改变不合理的消费结构，使消费结构逐步趋于合理化。

（一）我国旅游消费结构存在的问题

经过 30 多年的努力，我国旅游业取得了长足的发展，旅游消费结构也发生了一定的变化。现阶段我国旅游消费结构主要存在以下问题：

1. 基本旅游消费所占比例过大。以我国入境旅游消费结构为例，“九五”和“十五”期间我国入境游客的旅游消费支出构成情况如表 5-5 所示。从总体上看，我国入境游客在“九五”期间的非基本消费占总消费的比例为 36.2%，基本消费的比例约为 63.8%；“十五”期间的旅游消费结构发生了较大的变化，其中非基本消费的比例增加到 41.4%，增幅超过了 5 个百分点，而旅游基本消费比例则出现了相应的下降。这说明我国入境游客在购物、娱乐等非基本旅游消费领域的花费在不断增加。

表 5-5 1996～2009 年我国入境游客旅游消费结构变化 单位：亿美元

年份	交通费	游览	住宿	餐饮	购物	娱乐	外汇总计
1996	32.64	3.879	20.09	12.24	21.71	2.55	102
1997	38.5	5.07	21.37	14.13	23.3	5.31	120.74
1998	41.59	3.4	17.64	12.1	27.85	6.2	126.02
1999	50.19	5.78	22.98	13.39	30.03	5.64	140.99
2000	54.84	4.7	25.15	14.44	28.07	14.6	162.24
2001	61.74	6.94	23.31	15.83	37.36	11.39	177.92
2002	67.68	9.58	25.69	17.73	44.44	11.01	203.85
2004	77.75	13.07	31.24	19.42	57.98	18.25	257.39
2005	91.4	11.13	41.6	26.37	75.87	15.5	292.96
2006	81.14	10.19	53.63	32.93	107.95	11.2	339.49
2007	123.85	18	59.38	37.48	104.94	21.1	414.68
2008	138.42	20.8	48.6	38.73	85.34	29.7	408.43
2009	130.9	22.02	44.43	36.14	91.49	28.82	396.75

资料来源：中国旅游统计年鉴（1997～2010）。其中 2003 年因“非典”统计数据缺失。

从各单项消费来看，在基本旅游消费中，用于旅游交通的消费支出列居首位，10 年来基本维持在 30%左右，变动幅度较小；旅游住宿消费支出位居其次，但在所有类型消费的支出比例中降幅最大，从“九五”期间的 15%左右下降至“十五”期间的 11%左右；餐饮消费比例有下降趋势；而用于游览方面的支出变动幅度不大，基本保持在 4%左右。在非基本旅游消费中，购物消费支出居首并呈现稳步增长态势；其次是用于其他服务方面的支出，消费比例逐年增大；娱乐消费支出位列第三，尽管比例仍相对较小，但增长很快。

虽然我国入境游客非基本旅游消费支出比例呈稳步上升趋势，但多年来始终在一个较小的范围内变化，相比旅游发达国家超过 60%的比例，仍处于较低水平。

2. 物质资料消费所占比例过大。我国入境旅游者和国内旅游者在游览娱乐等精神方面的消费比例还很小，说明我国还没有充分重视旅游景点和其他配套文化娱乐设施的建设，旅游活动中娱乐活动项目组织不足，由此引起旅游消费结构的不合理状态。

3. 低层次观光产品消费所占比例过大。统计资料表明，在我国的海外游客当中，观光型游客占了很大比例。国内旅游者的情况亦是如此。但相对于其他各类型游客来说，目前观光游客的人均支出水平明显偏低，这在很大程度上说明了我国的观光型旅游产品层次低。而且对一些观光旅游产品的消费是伴随着对资源和环境的过度利用和破坏而进行的。

（二）旅游消费结构的优化

如何尽快引导旅游消费结构趋向合理化、实现旅游消费结构的优化，对促进我国旅游经济更快更好发展具有重要意义。

基本旅游消费支出总是有限的，而非基本消费相对来说需求弹性大，增长潜力大。现代社会，人们越来越多地追求旅游消费方式的娱乐性、趣味性、综合性。为了更好地满足旅游者的需求，我国旅游业应加强文化娱乐方面的基础建设，努力开拓具有地方特色、民族特色的高层次文化娱乐活动，向游客提供丰富多彩的、有很强参与性和吸引力的休闲娱乐产品。同时加大对购物旅游资源的开发力度，提供花色品种繁多、有很强地方和民族色彩的高质量的旅游购物品。通过扩大旅游者的非基本旅游消费，最终达到优化旅游消费结构的目的。

据有关资料显示，世界旅游消费结构有三个变化趋势：一是观光旅游份额逐步下降，商务、购物旅游活动比重上升；二是自然风光旅游产品份额减少，内涵丰富的文化旅游产品份额上升；三是度假旅游逐步兴起并走向成熟。因此，要使我国的国际旅游消费结构不断向合理化的方向发展，就应当努力开发度假休闲旅游、文化旅游、生态旅游等较高层次的旅游产品，积极实现旅游产品结构的优化，通过旅游产品供给结构的优化来促进旅游消费结构的优化升级。

总之，我们应该依据合理消费结构的主要指标，正确分析当前旅游消费结构的现状，并在此基础上有步骤地调整旅游产品结构，努力提高旅游产品质量，完善旅游消费体系和保障体系，实现旅游业发展由数量扩张型向质量效益型的转变，使我国旅游消费结构不断趋向合理。

（三）我国旅游消费结构变化趋势

随着时代的发展和生活水平的提高，旅游者的旅游消费观念和模式正悄然变化。很多游客不再满足于游览传统景点，而是希望通过旅游达到放松身心或者通过深度游来增长见闻的目的。出游选择日渐个性化，旅游消费也呈现出多元化的拓展趋势，于是顺应市场，推陈出新，提供高品质的、多样化的旅游产品也就成了旅游企业发展的必然趋势。

1. 出境游增长速度加快

《旅游绿皮书》表明，近些年中国出境旅游的规模、人次增速非常快。2000年中国出境游为1000万人次，到2013年出境人数创历史记录达到了9730万人次。随着出境游人数的增加，中国人境外旅游消费不断增长，2013年出境旅游的消费额达到了1020亿美元，跃居世界第一。目前各国政府都已经展开了吸引中国游客的激烈竞争，包括简化签证程序、在中国进行旅游营销等，而且这些国家的旅游业界、饭店、景区、商场等，纷纷将中国游客视为重点客户群。中国人出境游的行为也正在发生着一定的变化，比如说中国的出境游客更年轻、更独立，更了解当地文化，更愿意融入当地的文化，更加国际化。中国越来越注重文明形象，以更加尊重自己的文化、尊重别人的文化的方式获得文化认同，赢得世界的尊重。

2. 国内游消费结构多元

2013 年中国居民国内旅游人数为 35.8 亿人次，同比增长 10%。国内旅游收入 2.85 万亿元，同比增长 12%。中国国内居民出游群体呈大众化态势。以往旅游多是有闲阶层的消遣，但现在转向普通大众，不管是老人、妇女还是农民，以前不太主流的群体都成为大众旅游市场的一部分。

游客的出游方式在过去一年发生了极大变化，以前人们多选择跟团游，但现在自助游成了主流。比如峨眉山旅游景区 2012 年接待的游客，团队游与散客的比例是 8:2，但 2013 年，这一比例变为了 2:8。九寨沟旅游景区和长白山旅游景区 2012 年团队游与散客的比例均是 7:3，但 2013 年均变成了 3:7。在自助游中，自驾出游人数将近一半。国内游客中将近 46%的游客采取了自驾车出游的旅行方式，即约 13.6 亿人次为自驾出游。

3. 消费层次不断提高，个性化私人定制产品出现

高层次的定制化产品已经开始受到市场关注，一般的观光旅游将逐渐减少。私人定制旅游现在是国外非常流行的旅游方式，根据旅游者的需求，以旅游者为主导进行旅游行动流程的设计。服务内容从单项特色预订服务，如旅游顾问、宝贝陪护、购物指导、机场接送、宠物寄养等，到更为高端的旅游行程预订服务，如私人商旅定制、主题游预订、主题游自由出行定制等。服务内容更加具体，弹性十足，也更加契合旅行者的不同需求。随着人们收入水平的日益提高、旅游消费经验的不断丰富、个性化需求的持续高涨、对旅游体验与服务品质的要求逐渐提升以及新型消费理念的广泛传播，尽管从量上不会完全替代观光旅游，但旅游品质更有保障、利润更高的定制旅游肯定会呈现上升的发展态势，拥有广阔的发展空间。未来的旅游市场，可以说谁先满足游客的需求多元化，谁就能站在旅游发展的前端。

第五节　旅游消费效果评价

一、旅游消费效果的含义

优化旅游消费结构的最终目的是要实现旅游者个人、旅游经营企业以及整个社会的和谐有序发展。对旅游消费效果进行评价，就是要考察是否达到了这一目的。

消费效果通常是指消费者通过消费某种产品而获得的需求满足程度。由于消费还包括生产企业的生产性消费，所以从广义来看，消费效果也包括生产者通过消费生产资料所获得的收益状况。

我们可以从旅游者以及旅游产品经营者两个角度来理解旅游消费效果。首先，对旅游者来说，在旅游消费中要消耗一定的金钱、时间、精力和体力，即旅游消费的“投入”；通过旅游消费使人们的体力、智力得到恢复和发展，精神得到满足，即旅游消费的“产出”。在旅游者的旅游消费过程中，投入与产出、消耗与成果、消费支出与达到消费目的的效果之间的对比关系，就是旅游消费效果。这里所说的旅游消费效果是一种心理现象，是旅游者通过旅游消费获得的心理感受和主观评价。其次，从旅游产品经营者的角度来看，通过消耗一定的生产资料和劳务，即生产性消费，而向旅游者提供旅游产品，最终获得相应的旅游收入、声誉和影响力以及顾客的满意等成果。这里，旅游消费效果就是旅游经营者的投入与产出的对比关系。

由于考察问题的角度不同，旅游消费效果可以被划分为不同的类型。比如，根据考察范围的不同，旅游消费效果可分为宏观消费效果和微观消费效果。宏观旅游消费效果，是把所有旅游消费作为一个整体，从社会角度研究旅游消费资料的价值和使用价值，分析旅游消费资料的利用情况，游客对它的满足程度，旅游消费对社会生产力及再生产的积极影响，以及对社会经济发展所起的促进作用。微观旅游消费效果，是从个体的角度来考察，是指游客通过旅游消费，在物质上和精神上得到的反映，如旅游消费能否达到游客的预期效果，游客能否获得最大满足。

根据一定的消费投入与所取得的成果之间联系的密切程度不同，旅游消费效果可分为直接消费效果和间接消费效果。直接旅游消费效果指的是一定的旅游消费投入直接取得的成果，如游客花钱乘车实现了空间位移；间接旅游消费效果是指一定的旅游消费投入所取得的不直接显示出来的效果，如旅游陶冶情操、提高人们的素质，则需要通过人们的工作生活实践，才能具体体现出来。

此外，根据考察时间的不同，还可将旅游消费效果分为当前消费效果和长远消费效果。当前旅游消费效果考察的是旅游消费给旅游者所带来的现实满足，以及给旅游经营者和旅游目的地所带来的现实经济利益；而长远旅游消费效果则是指旅游消费所产生的长期潜在效果，如通过旅游活动而实现的人们素质的提高，或者旅游消费对目的地社会文化的影响，往往要经过一段较长的时间才能显现出来。

二、旅游消费效果的评价原则

旅游消费效果所包含的内容非常丰富，只有从不同角度、不同方面进行比较分析，才能得出较为客观的关于旅游消费活动的综合性效果。在对旅游消费效果进行评价时，通常要遵循四个基本原则。

（一）旅游产品的价值和使用价值相统一

旅游产品（物质产品和劳务）作为消费资料进入消费领域，以商品形式满足人们的消费需要，在使用价值上要使旅游者能够得到物质与精神的享受，在价值上要以社会必要劳动时间来衡量。对国际旅游者来说，旅游产品的价值量则要以国际社会必要劳动时间来衡量。也就是说，旅游产品的数量与质量不仅应等同于国际上同等价格的旅游产品，而且要使旅游者得到与其一定的消费支出相适应的物质产品与精神产品，只有这样，才能使旅游消费效果达到最大化。

（二）微观旅游消费效果与宏观旅游消费效果相结合

微观旅游消费效果的评价是从个体的角度进行的，而宏观旅游消费效果则是从社会的角度来评价旅游消费给整个社会带来的影响。两个层次的消费效果之间存在密切关系，宏观旅游消费效果以微观旅游效果为基础，而微观旅游消费效果又以宏观旅游消费效果为依据，但二者有时也存在着矛盾。微观旅游消费效果反映出个人的主观评价，由于不同旅游者的旅游消费需求和评价标准各有不同，有时旅游者的某些消费需求可能有悖于接待国家的旅游政策，使得微观消费效果与宏观消费效果出现不一致的情况。对微观旅游消费效果的评价是必要的，从中可以了解旅游者的需求满足程度、旅游企业的经营状况、旅游供给与需求的匹配情况等信息。而对宏观旅游消费效果的评价通常更为重要，它从整体上研究旅游消费对资源配置、社会文化以及环境的影响，考虑的是整个社会的利益。在微观利益与宏观利益发生冲突时，前者要服从后者。对旅游消费效果的评价应是同时考虑微观效果和宏观效果的综合评价。良好的旅游消费效果必然是从微观上能满足旅游者的消费需要和旅游企业的经营发展需要，同时从宏观上又能促进整个社会的发展。

（三）旅游消费效果与生产效果、社会效果相结合

由于人们消费的对象就是生产的成果，所以生产的经济成果直接影响消费效果，考察消费效果也要兼顾生产消费资料的经济效果。如有些新开发的旅游产品，其消费效果可能很好，但该旅游产品的生产经济效果却可能很差。另外，旅游消费活动不仅是满足人们物质和精神需要的经济行为，同时也是一种社会行为。因此，评价旅游消费效果还要注意其社会效果，如对目的地居民和社会的影响。片面强调消费效果，完全撇开生产的经济效果或社会效果，也是不科学的。

（四）当前旅游消费效果与长远旅游消费效果相结合

当前旅游消费效果的取得不能以影响长远消费效果为代价，同时也不能因为追求长远旅游消费效果而对现实的旅游消费活动进行不恰当的抑制。在评价旅游消费效果时，必须要坚持当前消费效果和长远消费效果的统一。

【案例分析】

南京旅游消费结构存在的问题

1. 基本旅游消费比重过大

抽样调查发现，南京国内旅游者吃、住、行、游四项基本旅游消费之和为67.63%；非基本旅游消费中购物所占比例最大，为25.86%，剩余的6.51%为娱乐、邮电通信等。数据表明，南京国内旅游者的基本消费大于非基本消费。如果再考虑目前不断提高的消费价格指数，特别是和行直接相关的燃油价格，和食直接相关的肉类价格，和住直接有关的房产价格等的上涨，可以预测，在未来较长一段时间内，“行、游、食、住”四项旅游基本消费在南京国内旅游消费结构中的比例还会继续加大，这种失衡的增长会导致旅游消费增值空间缩小以及旅游者消费热情的降低。

2. 单一的景点类型制约消费空间拓展

南京作为华东地区最重要的旅游目的地，具有丰富的旅游资源，但是旅游资源类型比较单一，特别是星级旅游景区的资源类型相对集中，这直接影响了旅游消费的结构和水平。

南京旅游资源主要以自然资源和历史文化资源为主，休闲娱乐类旅游资源较少，特别是全国知名的景点几乎清一色地为文化类景点。文化类景点基本以观光为主，需要较高的文化层次和专业知识才能从中品味出乐趣，再加上较高的票价，两者作用使得这类景点的重游率较低，这不利于旅游消费结构的优化升级。就重复消费率较高的休闲娱乐类景点而言，无论数量和质量都还远远不够。珍珠泉景区仅仅停留在吸引本市旅游者的层面上；海底世界主题公园的客源也主要是本省旅游者；玄武湖景区因缺乏明确的定位，游客接待量一直不太理想。

3. 购物旅游缺乏品牌和创意

目前发达国家和地区的旅游购物消费已占游客总支出的60%以上。在国内旅游购物发展水平较高的城市，其旅游购物消费已占游客总支出的40%左右。而南京购物消费支出只占游客总支出的25%，与国际和国内许多旅游发达城市存在较大差距。南京旅游商品缺少品牌和创意。游客希望旅游商品更有新意，更有文化品味，但南京的传统旅游商品不是包装过时，就是内容老套：盐水鸭包装太简单，金箔画内容单调，雨花石几十年来都是放一碗水泡着。有特色又有品位的旅游商品，如云锦，价格普遍较高，使大众消费者望而却步。同时，大量具有开发潜质的旅游商品未被开发，如夫子庙民间艺术大观园内的秦淮民间艺术品：彩灯、剪纸、折扇、抖嗡……这些商品附加值高，便于携带又极具南京地方特色，但是目前仍然藏在深闺，没有受到足够重视。

4. 高端旅游消费的环境和能力有待改善和提高——以奖励旅游为例

欧洲奖励旅游市场每年以3%～4% 的速度发展，基本与世界旅游发展的速度同步，是欧洲旅游市场的重要组成部分。结合西欧较为成熟的奖励旅游市场发展的特点，对比南京奖励旅游市场的现状，我们可以得出如下结论：（1）南京以奖励旅游为主的高端旅游市场发展面临周边城市的很大竞争；（2）南京高端旅游市场中的娱乐和体育类产品数量不多，档次不高，在接待省外和境外游客的能力上比较欠缺；（3）南京高端旅游市场客源比较集中，主要为长三角经济发达地区的游客，但南京适宜旅游的时间较短，加之长线旅游价格的下降，使得南京高端旅游市场的客源数量增长缓慢；（4）南京是江苏省会议、会展举办的中心，未来会议会展旅游发展空间较大。

资料来源：曾超. 南京旅游消费结构存在问题及优化策略. 商场现代化，2008（3）（下旬刊）.

案例思考题

1. 本例中旅游消费结构存在的问题对当地旅游业的发展有何不利影响？

2. 南京作为旅游目的地应如何优化其旅游消费结构？

【复习思考题】

1. 什么是旅游消费？旅游消费有哪些特点？

2. 旅游消费在旅游经济运行中有何作用？

3. 什么是旅游消费者最大效用均衡？试用无差异曲线分析方法对旅游消费者的有关消费决策进行分析。

4. 什么是旅游消费结构？如何对旅游消费结构进行分类？

5. 试分析旅游消费结构的影响因素。

6. 如何判断旅游消费结构是否合理？

7. 当前我国旅游消费结构存在哪些问题？你认为应如何对其进行优化？

8. 说明旅游消费效果的概念和分类以及旅游消费效果的评价原则。

第六章　旅游收入分配与乘数效应

【案例导学】

迪士尼来了

迪士尼真的来了，会给上海、“长三角”地区乃至全国经济带来何种影响呢？有关专家学者就“迪士尼效应”问题发表了自己的看法。

效应一：直接拉动相关产业和周边经济。

上海华东师范大学旅游系主任楼嘉军说，迪士尼项目是世界级的主题公园，一旦项目正式投入运营，每年至少可以为当地吸引近千万人次的游客。这样规模的客源将为上海相关现代服务业带来新的发展机遇。项目能够增添上海都市旅游的新景点，带动宾馆、零售、餐饮、会展、娱乐、交通运输、金融保险、建筑等各行业的发展，提高上海的国际知名度和综合竞争力。

效应二：填补国内旅游产业空白。

根据国际经验，当人均GDP达到3000美元到10000美元时，一个国家或地区的经济社会发展方式就会开始发生某种根本性的转变，与此同时，包括体验型、参与型的旅游消费需求等在内的各种发展型的消费需求也开始逐步形成。

统计数据显示，目前“长三角”地区游客接待量占全国近1/4，旅游收入占全国近1/3，但在旅游资源优势上并不突出，尤其缺乏国际性的旅游资源或产品，如苏浙沪世界级景区（遗产）总共只有1.5处，占全国的4.28%。迪士尼项目的引入将填补“长三角”地区除山水旅游资源外无国际大型娱乐休闲主题公园的空白，一方面有助于提升“长三角”旅游产业的现代化和国际化水平，另一方面也有助于打造“长三角”国际旅游精品和世界旅游名牌。

效应三：有助于刺激本土文化产业和旅游产业加速发展。

迪士尼乐园落户上海，首当其冲的自然是国内动漫等文化产业以及主题乐园类的旅游产业。但是记者在采访中却发现，许多本土企业都已经做好了“同场竞技”的心理准备，并对通过不断创新赢得新的发展机遇充满信心。

效应四：有助于上海和长三角地区的经济结构转型。

从地图上看，同样位于浦东新区的2010年上海世博园区与上海迪士尼乐园规划选址所在地的距离并不遥远，而这两个投资规模同样超过200亿元的重大项目，将在推动上海乃至长三角地区经济结构转型的过程中扮演极为重要的角色。

发达国家的娱乐业要占整个社会支出的6%～7%，而我国在这方面还有相当大的空间。在拥有上海世博会和迪士尼乐园的“双引擎”之后，无疑将极大增强上海和长三角的吸引力，吸引更多的商务会议展览旅游活动到此举办，上海和长三角的现代服务业将会实现质的飞跃。

资料来源：杭州日报.迪士尼实现收入再分配，2009-11-09.

【学习目的】

通过本章的学习，掌握旅游收入的概念和分类，认识旅游收入指标，掌握影响旅游收入的因素，了解旅游收入分配的过程和内容，掌握旅游乘数的含义和类型，了解影响旅游乘数的因素，掌握旅游外汇漏损的原因及其降低途径。

第一节　旅游收入

一、旅游收入概念

旅游收入是旅游目的地国家或地区在一定时期内向游客（入境游客和国内游客）销售旅游产品和其他商品与劳务而获得的货币收入，它不包括游客在目的地国家或地区旅游中为商业目的的购物及购买房、地、车、船等资本性或交易性的投资、馈赠亲友的现金和给公共机构的捐赠。这里，一定时期常以年、季、月表示。货币收入除美国和少数国家以美元表示外，均以本国货币表示。

旅游收入是旅游经济运行的结果，也是测量旅游经济活动成果的一个重要指标。旅游收入一方面反映了游客的旅游需求通过目的地旅游产品的供给而得到满足，另一方面又体现了目的地供给的旅游产品的价值得到了实现。所以，旅游收入的多少反映了旅游目的地国家或地区旅游产品实现价值的大小。旅游收入越多，意味着旅游目的地国家或地区旅游业的产值越大，对其社会经济发展的作用也越大。

对旅游企业来说，旅游收入主要表现为企业营业收入，如饭店营业收入包括客房收入、餐饮收入、商品部收入、康乐部收入、车队收入、其他收入等；旅行社营业收入，包括综合服务收入、组团外联收入、零星服务收入、劳务收入、票务收入、旅游及加项收入、其他收入等。旅游收入是形成企业利润的基础。在旅游企业产品生产成本不变的情况下，旅游收入的大小同企业利润成正比例变化。旅游收入越多，旅游企业利润就越多，反之则相反，甚至出现负利润。

二、旅游收入分类

旅游收入是一个整体概念，其内部构成可根据不同的研究目的，从不同的角度进行分类。通常分为如下几类：

1. 根据旅游经营对象的不同，旅游收入分为国际旅游收入和国内旅游收入

国际旅游收入是旅游目的地国家或地区在一定时期向非本国居民销售旅游产品和服务而获得的外汇收入。它是一个国家或地区旅游产品的输出，如同外贸商品一样。不同的是外贸商品的出口是有形商品的出口，而旅游则是“无形出口”。对于旅游目的地国家或地区来说，国际旅游收入是境外游客来到旅游目的地国家或地区进行旅游消费的支出，即其他国家或地区国民收入的一部分通过其游客的消费转移到旅游目的地国家或地区，构成旅游目的地国家或地区财富的一部分，使其社会价值总量增加。它说明国际旅游业同其他生产性行业一样，能为旅游目的地国家或地区创造新的价值或增加值。

国际旅游收入由于是境外游客购买旅游目的地国家或地区的旅游产品，因而体现了旅游客源国和旅游接待国之间的国际经济关系。这种国际经济关系具体表现为旅游产品的输入和旅游产品的输出，从而实现旅游外汇的支出和旅游外汇的收入。对旅游接待国来说，收入的旅游外汇构成其国际收支的一部分。

这里应注意的是，旅游接待国的旅游外汇收入并不等于旅游客源国游客的旅游外汇支出。它只是游客旅游外汇支出中扣除客源国至接待国之间往返的国际交通费和客源国旅游经营商经营费用和利润之后的余额。另外，由于货币兑换率的变动，不同时期的旅游外汇收入用本国货币表示的国际旅游收入在数额上会存在差异。

世界旅游组织（UNWTO）公布的统计数据显示，2011 年，全球来自境外游客的旅游收入（国际旅游收入）最多的国家和地区为美国，高达 1163 亿美元；西班牙居第 2 位，国际旅游收入 599 亿美元；法国第 3 位（538 亿美元）；中国第 4 位（485 亿美元）。排名第 5 位至第 10 位的分别为意大利（430 亿美元）、德国（388 亿美元）、英国（359 亿美元）、澳大利亚（314 亿美元）、中国澳门和中国香港（272 亿美元）。

从亚洲其他国家的排名情况看，泰国居第 11 位（263 亿美元）、马来西亚

第 14 位（183 亿美元）、新加坡第 15 位（180 亿美元）、印度第 17 位（175 亿美元）、韩国第 22 位（123 亿美元）。日本没有进入 25 位以内。

国内旅游收入是一国或地区在一定时期内向本国居民销售本国（或地区）旅游产品和服务所得到的本国货币收入的总和。由于它来源于本国居民旅游消费支出，而本国居民的旅游消费支出是国民收入再分配的结果，即物质生产部门所创造的价值在本国不同地区之间的转移，因此它不会增加本国的国民收入（参见表 6-1）。但是，对旅游接待地区来说，来自客源地游客的旅游消费支出意味着“外部经济的注入”，会使其财富增加。

表 6-1　2002～2012 年我国国内旅游收入　　单位：亿元

年份	国内旅游收入	比上年增长%	占旅游总收入%
2002	3878.36	10.1	69.68
2003	3442.27	-11.2	70.51
2004	4710.71	36.7	68.87
2005	5285.86	12.2	68.77
2006	6229.74	17.9	69.72
2007	7770.62	24.7	70.91
2008	8749.30	12.6	75.34
2009	10183.69	16.4	78.91
2010	12579.77	23.5	80.06
2011	19305.39	23.6	85.78
2012	22706.22	17.6	87.64

资料来源：根据历年《中国旅游统计年鉴》数据整理。

国内旅游收入还可按地区分为省、自治区、直辖市旅游收入或城市旅游收入。国内旅游收入与国际旅游收入之和构成一个国家或地区旅游总收入。

2. 根据旅游需求弹性的不同，旅游收入分为基本旅游收入和非基本旅游收入

基本旅游收入是旅游目的地国家或地区在一定时期内向游客提供的基本旅游设施和旅游服务所获得的货币收入。它包括游客在旅游过程中必需支出的交通、住宿、餐饮、游览、娱乐以及接送和导游服务。一般说来，这些项目的消费为大多数游客所必需，其需求的价格弹性较小，即不论游客的收入水平、支付能力的高低和这些项目价格的变化如何，游客在旅游过程中都需购买，且人均购买数量有限。在其他条件不变的情况下，基本旅游收入同来访的游客人

次数、人均停留天数、人均基本旅游消费支出和人均天基本旅游消费支出成正比例变化，即游客人次数越多，游客人均停留天数越长，游客人均基本旅游消费支出越多，游客人均天基本旅游消费支出越大，旅游目的地国家或地区获得的基本旅游收入越多。其函数关系如下：

$$R = N \times S \times T \qquad \text{或} \qquad R = N \times P$$

其中，R 表示基本旅游收入总额；N 表示旅游总人次数；P 表示人均基本旅游消费支出；S 表示人均天基本旅游消费支出；T 展示人均停留天数。

非基本旅游收入是旅游目的地国家或地区在一定时期内向游客提供的基本旅游设施和旅游服务以外的其他商品和服务所获得的货币收入。它包括游客在旅游过程中支出的医疗保健、修理、美容、美发、邮电通信、咨询、购物、洗衣等费用。对这些项目，游客可根据自己的收入水平、支付能力、需要程度、兴趣爱好等进行灵活自由的选择。因此，这些项目的旅游需求价格弹性较大，游客在旅游过程中可以多买，也可以少买，甚至所有项目完全不买。可见，非基本旅游收入不随或不完全随游客人次数、人均停留天数等因素的变化而成正比例变化。

非基本旅游收入涉及的旅游项目的需求弹性较大的特点，为旅游目的地国家或地区增加旅游收入留下了较大的空间，尤其是这些项目中的购物对增加旅游目的地国家或地区旅游收入的意义重大。

3. 根据旅游收入构成的不同，旅游收入分为商品性收入和劳务性收入

商品性收入是旅游目的地国家或地区在一定时期内向游客提供实物形式的商品所获得的货币收入。它包括向游客销售的各种购物品（如土特产品、旅游纪念品、工艺美术品和日常生活用品等）和餐食、饮料的收入。

劳务性收入是旅游目的地国家或地区在一定时期内向游客提供的各种劳务性服务所获得的货币收入。它包括游客在旅游过程中购买的交通运输服务、住宿服务、文化娱乐服务、邮电通信服务、参观游览服务和其他服务。表 6-2 为 2013 年我国国际旅游收入中商品性收入和劳务性收入的情况。

表 6-2　2013 年我国国际旅游收入构成　　单位：亿美元

项　　目	收汇总额	所占比重（%）
总　　计	500.28	100.00
一、商品性收汇	149.01	29.8
1. 商品销售收汇	111.54	22.3
2. 饮食销售收汇	37.47	7.5

续表

项　　目	收汇总额	所占比重（%）
二、劳务性收汇	351.26	70.1
1. 住宿服务收汇	52.11	10.4
2. 长途交通服务收汇	172.78	34.5
3. 市内交通服务收汇	16.10	3.2
4. 娱乐服务收汇	36.13	7.2
5. 邮电通讯服务收汇	7.91	1.6
6. 参观游览服务收汇	25.55	5.1
7. 其他服务收汇	40.68	8.1

资料来源：根据 2013 年《中国统计年鉴》数据整理。

三、旅游收入指标

旅游收入指标是旅游目的地国家或地区掌握和分析旅游业发展状况的重要工具，是衡量其旅游业发展水平和对国家或地区经济贡献的重要指标。从历年旅游收入指标的比较中，可以看出旅游业发展的规模和速度，从而为制定旅游发展规划、选择旅游目标市场、加强旅游促销等提供依据和信息，并在旅游决策及提高旅游经济效益和经营管理水平方面发挥着重要作用。

旅游收入指标可根据需要细分为多个指标，但归纳起来主要有两大类，即总量指标和水平指标。

1. 旅游收入总量指标

（1）旅游总收入。旅游总收入或旅游业总收入，是指一定时期内旅游目的地国家或地区向国内外游客销售旅游产品、购物品和其他服务所获得的货币收入的总额。该指标综合反映了旅游目的地国家或地区一定时期的旅游经济的总体规模和旅游业的总体经营成果。它等于一定时期内的国内旅游总收入和用国内货币折算的旅游外汇总收入之和。

（2）国内旅游收入。国内旅游收入或国内旅游总收入，是指一定时期内国内游客在国内旅行、游览过程中用于交通、参观游览、住宿、餐饮、购物、娱乐等方面的全部花费。国内旅游收入指标反映了一个国家或地区国内旅游的发展水平，是衡量该国或地区国内旅游业经营成果的指标。

（3）国际旅游收入。国际旅游收入或旅游外汇总收入，是指在一定时期内入境游客在旅游目的地国家旅行、游览过程中用于交通、参观游览、住宿、餐饮、购物、娱乐等方面的全部花费。通常国际旅游收入都以美元表示。

国际旅游收入是衡量一个国家或地区国际入境旅游发展水平的重要指标，

反映了一个国家或地区旅游业的收汇能力和对该国国际旅游收支所做贡献的大小。1978～2012 年我国国际旅游收入如表 6-3 所示。

表 6-3 1978～2012 年我国国际旅游（外汇）收入 单位：亿美元

年份	旅游收入	比上年增长（%）	世界排名	年份	旅游收入	比上年增长（%）	世界排名
1978	2.63	-	-	1996	102.00	16.8	9
1979	4.49	70.9	-	1997	120.74	18.4	8
1980	6.17	37.3	34	1998	126.02	4.4	7
1981	7.85	27.3	34	1999	140.99	11.9	7
1982	8.43	7.4	29	2000	162.24	15.1	7
1983	9.4	11.6	26	2001	177.92	9.7	5
1984	11.31	20.2	21	2002	203.85	14.6	5
1985	12.50	10.5	21	2003	174.06	-14.6	7
1986	15.31	22.5	22	2004	257.39	47.9	7
1987	18.62	21.6	26	2005	292.96	13.8	6
1988	22.47	20.7	26	2006	339.49	15.9	5
1989	18.60	-17.2	27	2007	419.19	23.42	5
1990	22.18	19.2	25	2008	408.43	-2.6	5
1991	28.45	28.3	21	2009	396.75	-2.9	-
1992	39.47	38.7	17	2010	458.14	15.5	4
1993	46.83	18.7	15	2011	484.64	5.8	4
1994	73.23	*	10	2012	500.28	3.23	4
1995	87.33	19.3	10				

*注：1994 年起为根据境外旅游者花费抽样调查结果计算的国际旅游收入，因而当年国际旅游收入与上年不可比。

资料来源：《中国旅游统计年鉴》1978～2013 年。

2. 旅游收入水平指标

（1）人均旅游（外汇）收入。人均旅游（外汇）收入是指旅游目的地国家或地区一定时期内平均每接待一个游客人次所获得的货币收入。该指标反映的是游客在旅游目的地国家或地区人均消费水平，其中国内旅游人均旅游收入以本国货币计量，国际旅游人均旅游外汇收入用美元计量。它是一定时期的旅游总收入（国内或国际）与旅游总人次（国内游客或国际入境游客）之比。其计算公式为：

$$Ru = Rt \div N$$

其中，Ru 为一定时期的人均旅游（外汇）收入；Rt 为一定时期的旅游总收入（国内或国际）；N 为一定时期接待的游客总人次（国内游客或国际游客）。

在实际工作中，首先，人均旅游（外汇）收入主要用来比较不同时期旅游目的地国家或地区平均接待每一（境外）游客人次收入的多少，以分析增加或减少的原因，从而作出相应的决策和采取相应的措施。其次，用于比较不同旅游目的地国家或地区接待平均每一（境外）游客人次收入的差异，从而作出相应的决策。

此外，人均旅游收入指标（Ru）可与旅游总收入指标（Rt）结合起来，用于评价旅游经营效果。在其他条件不变的情况下，二者的变化关系有如下几种情形：

①Rt 与 Ru 同方向、同比例变化，表明旅游总收入的增加或减少，人均旅游收入同比例地增加或减少。由此推论出，旅游总收入随着游客人次的变化而变化。

②Rt 与 Ru 同方向但不同比例变化，若 Rt 增长速度超过 Ru 增长速度，则意味着旅游总收入的增加来源于游客人次的更快增长；若 Ru 增长速度超过 Rt 增长速度，则意味着旅游总收入的增加主要来源于非基本旅游收入的大幅增长。

③Rt 与 Ru 呈反方向但同比例变化，旅游总收入会按比例的不同减少或不变。

④Rt 与 Ru 呈反方向但不同比例变化，会出现两种组合情况：

一是 Rt 增大，Ru 却减少，表明旅游总收入虽然增加了，然而人均旅游收入却减少了，反映旅游总收入的增加是靠来访游客人次的增多获得的，而不是依靠提高旅游业的经营效果，即提高游客人均消费水平获得的。如果 Rt 增加的速度超过 Ru 减少的速度，则意味着旅游总收入增加完全依赖于来访游客人次更快的增长。

二是 Rt 减少，Ru 却增加，表明此时虽然旅游业的经营效果提高了，但由于种种原因来访游客数量减少了，以至于由提高旅游业经营效果带来的人均收入的增加难以弥补游客数量减少所造成的损失，结果导致旅游总收入减少。如果 Rt 减少的速度超过 Ru 增加的速度，即使旅游业经营效果有一定的提高，旅游总收入仍将大为减少。

（2）人均天旅游（外汇）收入。人均天旅游（外汇）收入或人天旅游（外汇）收入，是指旅游目的地国家或地区平均每天从每位游客那里获得的旅游（外汇）收入。它是旅游目的地国家或地区一定时期的旅游总收入与其接待的游客总天数的商数，或旅游目的地国家或地区一定时期的人均旅游收入与其接待的游客人均停留天数的商数。用公式表示为：

$$Rd = Rt / N \times Da \quad 或 \quad Rd = Ru / Da$$

其中，Rd 为人均天旅游收入；Da 为一定时期游客在旅游目的地国家或地区平均停留天数；Rt、Ru 和 N 同前。

人均天旅游（外汇）收入指标主要用于分析和比较不同时期旅游目的地国家或地区游客平均每人天旅游消费支出的大小以及同一时期不同旅游目的地国家或地区游客人天旅游花费的差异，从而为其作出相应的决策和采取相应的措施提供依据。1998～2006 年入境游客人均天消费情况如表 6-4 所示。

表 6-4 1998～2006 年入境游客人均天消费情况 单位：美元/人天

年份	人均天花费	其中			
		外国人	香港同胞	澳门同胞	台湾同胞
1998	133.87	141.63	117.73	94.22	127.15
1999	135.00	144.58	109.33	120.18	121.58
2000	136.85	145.07	113.37	110.37	130.68
2001	138.76	156.77	102.41	119.94	125.95
2002	140.09	147.72	111.19	102.09	151.50
2003	140.09	147.72	111.19	102.09	151.50
2004	156.84	171.06	119.83	115.79	152.15
2005	154.16	167.33	117.10	100.04	152.70
2006	164.29	175.07	119.49	100.37	157.29

资料来源：《中国旅游统计年鉴》1998～2007 年。

（3）旅游换汇率。旅游换汇率是旅游目的地国家或地区向入境游客提供单位货币的旅游产品所换取的外汇数量。旅游换汇率与同期旅游目的地国家或地区的外币兑换率是一致的。但是，在发展中国家，旅游换汇率一般高于其他商品出口的换汇率。因为在发展中国家，劳动生产率水平较低，其他出口商品换汇成本较高，而旅游产品的核心是服务，其单位出口值所耗物质投入比出口商品少得多，加上它是就地出口，不存在其他出口商品的流通费用。所以，加强旅游产品的出口特别受到发展中国家的重视。旅游换汇率指标反映了旅游外汇收入对一国或地区国际收支平衡作用的大小。

（4）旅游收汇率。旅游收汇率又称旅游外汇净收入率，是旅游目的地国家或地区一定时期的旅游外汇净收入与同期旅游外汇总收入的比率。它等于一定时期内旅游目的地国家或地区旅游外汇总收入与同期旅游外汇支出总额的差除以旅游外汇总收入。其公式为：

$$Re = Rt - E / Rt$$

其中，Re 为旅游收入率；E 为旅游目的地国家或地区旅游外汇支出总额；

Rt 同前。

旅游收汇率的高低同一个国家或地区社会经济发展水平和产业结构、经济体系的完善程度密切相关。一般说来，社会经济发展水平高，产业结构合理，经济体系完善，旅游业发展中所需进口物质、技术和人员引进少，从而旅游外汇支出也少。所以，旅游收汇率的高低反映了一个国家或地区旅游业发展过程中的自立程度。

（5）旅游创汇率。旅游创汇率是旅游目的地国家或地区在一定时期内经营入境旅游业务所获得的非基本旅游外汇收入与基本旅游外汇收入之比。其公式为：

$$C = Ro / Rb$$

其中，C 为旅游创汇率；Ro 为非基本旅游外汇收入；Rb 为基本旅游外汇收入。此公式表明，旅游创汇率与非基本旅游外汇收入成正比，而与基本旅游外汇收入成反比。

入境游客因购买旅游产品而来到旅游目的地国家或地区，除消费旅游产品外，必然会多多少少购买其他商品和服务，从而使旅游目的地国家或地区旅游外汇收入增加。旅游产品出口的这种能力是其他出口商品所不具有的。因此，旅游目的地国家或地区要增加旅游外汇收入和提高旅游创汇率，应不断促进和提高境外游客在非基本旅游产品和服务上的消费水平。旅游创汇率的高低既反映了一个国家或地区的产业结构、经济体系的完善程度，又反映了其旅游业的发达程度以及创汇的能力和潜力。

四、影响旅游收入的因素

旅游业是一个关联性较强的产业，同时又是一个波动性较大的产业，其发展会受到多种因素的影响，这些因素既有客源地方面的，也有目的地方面的，还有客源地与目的地之间相互关联方面的。除旅游人次、游客人均消费水平与停留天数这三个带有决定性的因素外，其他一些因素也会对旅游目的地国家或地区的旅游收入产生影响。这里仅就如下三个主要因素的影响进行简要阐述。

1. 旅游需求价格弹性

旅游收入是旅游产品价格与旅游产品销售量的乘积。一般说来，在旅游产品销售量一定时，旅游产品价格越高，旅游收入就越多；同样，在旅游产品价格一定时，旅游产品销售量越大，旅游收入也越多。但是，在旅游产品销售量一定时，提高旅游产品价格并不是在任何情况下都可以使旅游收入增加，因为其中有一个旅游收入同旅游需求价格弹性的关系问题。

当旅游需求价格弹性系数＞1 时，旅游产品需求量的变化幅度将大于旅游产品价格的变化幅度。这时，若适当降低旅游产品价格，会引起旅游需求量的大幅增加，从而使旅游收入增加的数量大于因旅游产品价格下降造成的损失；反之，若此时提高旅游产品价格，则会引起旅游销售量的大幅下降，从而使旅游收入减少。所以，当旅游需求价格弹性＞1 时，要增加旅游收入，宜采用适度降价而非提价策略。

当旅游需求价格弹性＜1 时，旅游产品需求量的变化幅度小于旅游产品价格变化的幅度。这时若降低旅游产品价格，旅游产品销售量的少量增加不足以弥补旅游产品价格下降所造成的损失，从而导致旅游收入的减少；反之，若适度提高旅游产品价格，旅游产品销售量的减少是有限的，结果会使旅游收入增加。所以，当旅游需求价格弹性＜1 时，要增加旅游收入，宜采用适度提高旅游产品价格的策略。

当旅游需求价格弹性=1 时，旅游需求量的变化幅度与旅游产品价格变化幅度相同，因而旅游产品价格变化对旅游收入不会产生什么影响。

概括起来，旅游收入、旅游产品价格与旅游需求价格弹性三者之间的关系如表 6-5 所示。

表 6-5 旅游收入、旅游产品价格与旅游需求价格弹性之间的关系

	Ep＞1	Ep=1	Ep＜1
旅游价格上升	旅游收入减少	旅游收入基本不变	旅游收入增加
旅游价格下降	旅游收入增加	旅游收入基本不变	旅游收入减少

2. 汇率变动

汇率是两种不同货币之间的兑换比率。它的变动会对我国旅游产品价格和旅游收汇产生直接影响。一般来说，外币汇率上升，意味着本币的贬值，这样以外币表示的旅游报价就相对降低，从而有利于吸引更多的外国游客来访，增加旅游外汇收入，同时，也有助于增强本国旅游业在国际旅游市场上的竞争力，扩大市场份额。但是，本币的贬值，也会导致在国际旅游市场上促销费用的增加和旅游进口物资成本的上升，这对于旅行社和需进口一些设施、设备和物资的饭店来说会导致旅游外汇支出的增加。反之，外币汇率下降，意味着本币的升值，这样以外币表示的对外旅游报价会相对上涨，从而会抑制游客的旅游需求，导致来访游客的减少和旅游收入的下降。这里应注意的是，由于汇率的变动，同量的旅游外汇收入在不同时期用本币表示的数额会存在差异。因此，旅游目的地国家或地区在衡量旅游总收入时，对用本币表示的旅游外汇收入应注意由于汇率变动而引起的数额上的差异，以便使不同时期的旅游总收入更具真实性和可比性。

3. 通货膨胀

通货膨胀是一国经济在一定时期内消费品物价水平普遍的持续的上涨，它对人们的货币购买力会产生直接影响。旅游目的地国家若发生通货膨胀，意味着物价指数上升，人们手中的货币贬值，购买力降低，从而影响其他国家居民来访，使到访游客人次减少和旅游收入下降。反之，客源国的通货膨胀则相反，它会促使居民出境旅游。因为单位货币虽然在客源国贬值了，然而对没有发生通货膨胀的旅游目的地国家旅游产品的购买力并未降低。

第二节 旅游收入分配

旅游收入分配是按照旅游产品生产要素通过货币形式在各个经济行为主体之间进行的分配。它是旅游经济活动中一个重要的组成部分，不仅关系到旅游产品的再生产和扩大再生产，而且关系到旅游产品生产的主体——旅游职工、旅游企业以及国家或地区的利益，从而关系到旅游目的地国家或地区旅游业的发展规模、速度和水平。

一、旅游收入初次分配

旅游收入初次分配是指旅游企业将获得的营业收入首先在企业内按生产要素以货币形式进行的分配。这里的旅游企业主要是指旅行社、饭店、餐馆、交通运输公司、旅游景点和旅游纪念品商店等。旅游企业产品的生产要素主要由劳动、资本、自然资源和经营管理才能构成。它们与收入的关系可用函数式表示为：

$$I = f(L、C、N、M)$$

其中，I 表示收入；L 表示劳动；C 表示资本；N 表示自然资源；M 表示经营管理能力。I 的大小取决于 L、C、N 和 M 的投入量。因此，在旅游收入初次分配中，在补偿用于生产旅游产品所耗费的物质资料之后，剩余的部分（旅游收入中扣除补偿价值部分）即为旅游从业人员所创造的新价值。这部分价值可分解为职工工资（包括劳动者和经营管理者）、政府税收（营业税、企业所得税等）和企业留利（净利润）三个部分，这就是国家、旅游企业和旅游从业人员从旅游收入初次分配中各自得到的初始收入。

也就是说，在取得旅游收入后，旅游部门和企业首先应该在直接经营旅游业务的部门和企业中进行分配。这些部门和企业包括饭店、餐馆、旅行社、交通部门、旅游景点、旅游购物店及旅游娱乐部门等。在一定时期内，旅游部门和企业付出了物化劳动和活劳动，向旅游者提供了满足他们需要的旅游产品，从而获得营业收入。在这些收入中，首先必须扣除当期为生产旅游产品而消耗的生产资料部分，如旅游设备设施的折旧、原材料和物料的消耗、建筑物的折旧等。这部分不参与初次分配，参与分配的是营业收入中的净收入部分。旅游净收入在初次分配中分解为员工工资、政府税收和企业自留利润三大部分，这就使得国家、旅游部门和企业、旅游从业人员三方都得到了各自的初始收入。如图 6-1 所示。

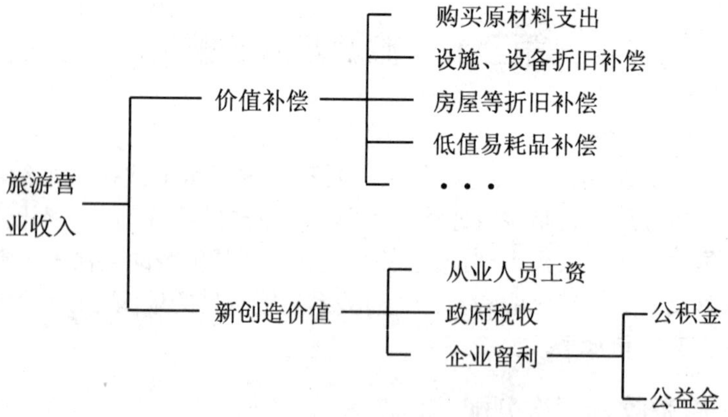

图 6-1　旅游企业营业收入分配图

在上述旅游企业中，旅行社是一个特殊的行业，它不仅在旅游需求者和旅游供给者之间起桥梁作用，而且是旅游产品的组合者，即根据市场需求，首先向饭店、餐馆、交通运输公司、旅游景点等批量预订其产品，经过加工组合，形成包价旅游产品，向市场销售而获得包价旅游收入。旅行社在旅游业中的这种特殊职能和地位决定了它与其他旅游企业不同，在旅游收入初次分配中具有独特的作用，即首先从其包价产品销售中得到营业收入和首先进行营业收入的分配。

在分配中，首先偿付构成其营业收入中很大一部分的营业成本，即根据旅行社与上述旅游企业签订的购买合同规定的支付时间、支付方式、双方约定的价格和购买数量等向它们分配其营业收入。这些旅游企业再将所获得的营业收入按前述方式进行分配。在旅行社营业收入分配中，又分为组团社（组合旅游产品的旅行社）营业收入和接待社（接待组团社招徕游客的旅行社）营业收入。它们之间的收入分配关系如图 6-2 所示。

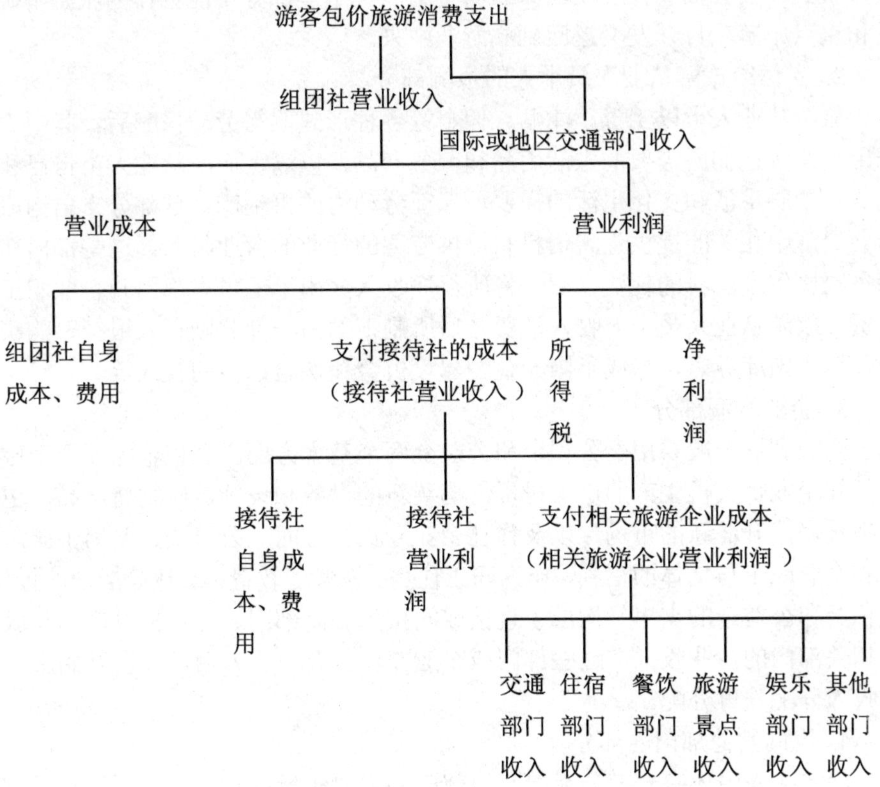

图 6-2　包价旅游收入初次分配图

二、旅游收入的再分配

旅游收入再分配是指旅游收入在初次分配的基础上，按照价值规律和经济利益原则的要求在旅游目的地国家或地区全社会范围内进行的进一步分配过程。旅游收入的再分配既是旅游产品不断扩大再生产的需要，也是社会经济各组成部分之间密切联系和运转的要求。

旅游收入经过初次分配以后，在初次分配的基础上按照价值规律和经济利益原则，在旅游目的地国家或地区的全社会范围内进行再分配，以实现旅游收入的最终用途。旅游收入再分配的流向主要有以下四方面。

1. 上缴政府的各类税金部分

政府通过各种财政支出的方式来实现国民收入的再分配，旅游收入中缴纳给政府的各类税金（如营业税、增值税、所得税等）构成了政府财政预算收入的一部分，这部分收入通过财政支出的方式，用于国家的经济建设、国防建设、公共事业和社会福利投资及国家的储备金。其中一部分可能会作为旅游基础建设和重点旅游项目开发又返回到旅游业中来。

2. 支付给旅游从业人员个人的报酬部分

旅游从业人员以工资、津贴、佣金等各种形式取得劳动报酬后，其中大部分用于购买他们所需要的生活用品和劳务产品，以满足旅游从业人员自己和家庭成员物质生活和文化生活的需要，保证劳动力的再生产。这部分支出构成了社会经济中相关的提供生活资料和提供劳务的行业的营业收入，这些部门在扣除了物质生产资料的耗费以后，将所得净收入又用于支付本部门和企业职工的工资。旅游从业人员个人收入消费之后所剩下的另一部分则存入银行、购买保险、购买国库券等，形成了国家金融建设资金和保险部门的收入等。

3. 企业利润部分

企业利润一般要用于公积金和公益金两个基本方面。公积金主要用于旅游部门和企业扩大再生产的追加投资，购买新的设备和设施，研制新产品，更新改造技术，开辟新的市场，以及弥补企业亏损等方面。公益金主要用于旅游部门和企业职工与集体的福利，作为职工住房、医疗、教育、文体等活动的投资。公积金和公益金的支出又构成了直接或间接为旅游部门、企业提供产品与服务的相关部门的营业收入，这些部门或企业在获得营业收入后，又会开始新一轮的收入分配与再分配。

4. 流向其他部门的部分

旅游收入中还有一部分流向其他部门，主要包括：支付贷款利息而构成金融部门的收入，支付保险金而构成保险部门的收入，支付房租或购买住宅而形成房地产部门的收入，租赁设施设备而形成租赁单位的收入等。

旅游收入再分配如图 6-3 所示。

旅游收入经过上述再分配之后，部分旅游收入进入相关企业、事业单位和政府机构，它们又根据其生产和事业发展的需要，对所收取的部分旅游收入再次进行分配，如此继续下去，使社会经济中各相关企业和部门都获得了其应有的派生收入，这就是旅游业的发展对旅游目的地国家或地区整个社会经济所起的带动作用。

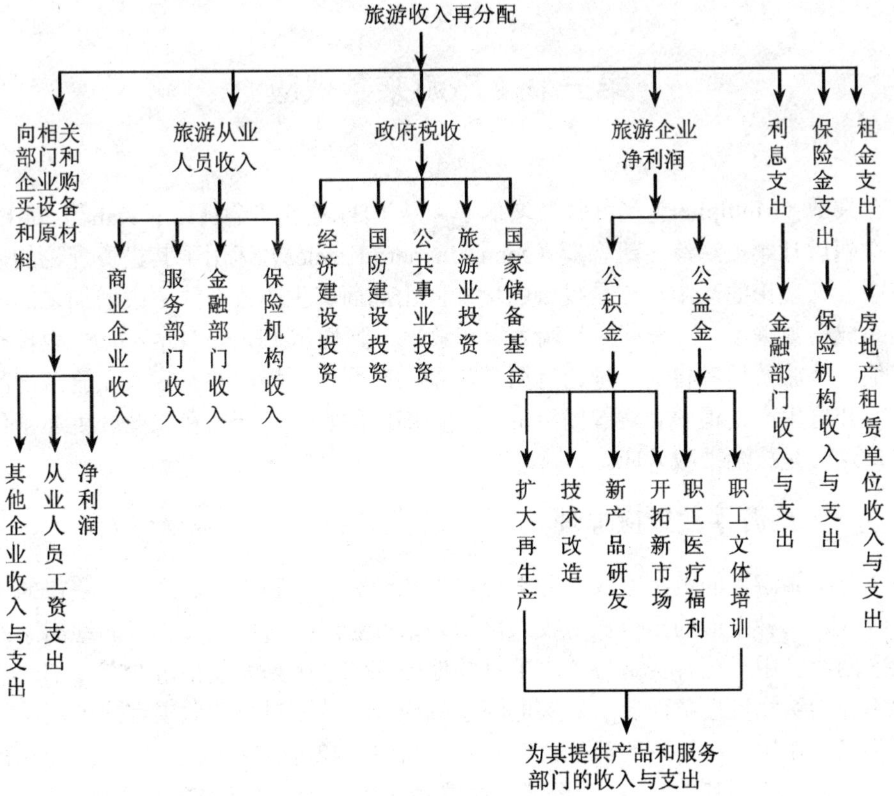

图 6-3　旅游收入再分配流向图

2004 年湖南省实现的旅游总收入（旅游产值）为 371.59 亿元，初次分配中，政府、旅游企业和从业人员所占份额大致为 1.1：6.7：2.2。在扣除旅游企业的中间投入后，旅游业创造的国民收入为 168.56 亿元，旅游业毛附加值率为 0.4536，即每 1 元旅游产值平均直接产生 0.4536 元增加值。旅游业附加值率处于省各产业中等水平。

这一年湖南省旅游业直接创造的国民收入占全省 GDP 总量的 3.06%，经过在当地经济中的交换和周转，间接形成的国民收入为 435.84 亿元，合计 604.40 亿元，占当年全省 GDP 的 10.83%。旅游间接形成的国民收入是直接创造的国民收入的 2.58 倍。

资料来源：左冰，保继刚. 旅游国民收入及其初次分配格局研究——以湖南为例. 中国旅游报，2006-12-22. 作者略有改动。

第三节　旅游乘数效应

乘数（Multiplier）又称收益增值率，是1931年由卡恩（R. F. Kahn）提出，并在随后几年被约翰•凯恩斯（John Maynard Keynes）运用于其投资理论的研究中。该理论的基本观点是投资的增加同由此而产生的收益的更大增加之间的关系成倍数关系。后来英国萨瑞大学布赖恩•阿切尔（Brian H. Archer）教授和其他一些旅游学者将这一理论运用于旅游的研究中，提出旅游收入在旅游产品生产和再生产过程中会对国民经济和其他部门的收入、产出和就业产生连锁作用，这就是旅游乘数效应。

一、旅游乘数效应原理

对于旅游目的地国家或地区来说，外来游客购买和消费其产品所获得的旅游收入是一种无形的出口贸易收入，是外来资金"注入"到旅游目的地国家或地区的经济中。这种资金虽然由于目的地国家或地区为发展旅游业有一部分需向境外购买物资设备而流出目的地国家或地区，从而对目的地国家或地区的经济不发生作用外，留下的部分会在旅游产品生产和再生产过程中通过分配和再分配逐渐渗透到其他部门，乃至整个经济系统中。乘数效应的产生过程如图6-4所示。

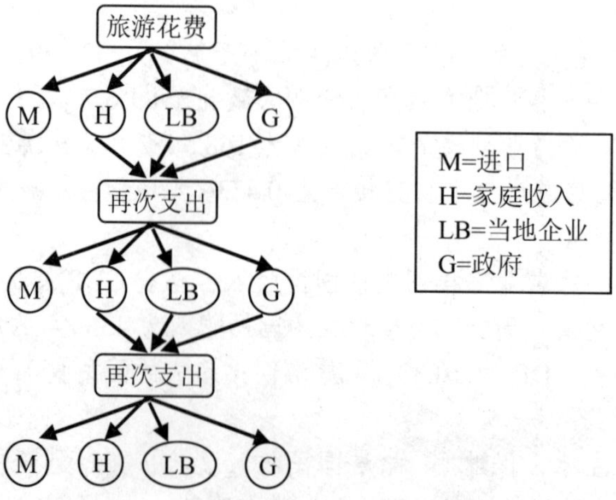

图6-4　乘数效应的产生过程

旅游收入对目的地国家或地区经济的这种渐次渗透分为三个阶段，即直接效应阶段（direct effects）、间接效应阶段（indirect effects）和诱导效应阶段（induced effects）。

1. 直接效应阶段

直接效应阶段是指外来游客购买和消费旅游目的地国家或地区的旅游产品和服务所支出的货币，对目的地国家或地区旅游企事业单位（如旅行社、饭店、餐饮业、交通部门、商业部门和景区景点）形成的收入、产出和就业产生的直接影响。这些在旅游收入首轮分配中获益的企事业单位除将其收入的一部分按规定比例向政府缴纳税收和向境外购买所需的物资设备外，其余部分将用来扩大产品和服务的生产和支付职工工资，从而使其产出进一步增加，职工队伍也可能扩大。

2. 间接效应阶段

间接效应是指那些向旅游企事业单位销售其产品的相关企业所得到的收入在其生产和再生产过程中的进一步分配对经济的扩大所产生的影响。同样，这些从旅游企事业单位获得的游客部分收入除按规定向政府缴纳有关税收后，也要将其一部分用于向其他企业购买原材料、机械设备等，以扩大其生产能力，另一部分用于支付职工工资，改善员工福利。这是目的地国家或地区所获得的旅游收入的第二轮分配。这些企业为维持或扩大产品生产又用其收入的部分旅游收入向经济体系中的其他企业购买所需的物资和设备。这样，旅游收入就会渐次渗透于目的地国家或地区的经济体系中，从而导致其经济产出总量的扩大、就业机会的增多和家庭收入的增加，这就是旅游收入的间接效应阶段所产生的效应。大量研究表明，旅游收入这个阶段的效应总是大于其直接效应的，不过，其产生效应的大小依目的地国家或地区经济规模和经济结构的不同而不同。一般说来，目的地国家或地区的经济规模大、经济门类齐全、经济联系紧密，旅游收入的间接效应也大，反之就小。

3. 诱导效应阶段

诱导效应是指目的地国家或地区直接获得旅游收入的企事业单位的职工以及为旅游企事业单位销售产品和服务的经济体系中其他部门和企业的职工，将其从旅游收入分配和再分配中所得到的工资等个人收入用于购买当地生产的消费品和劳务，从而刺激了当地生产消费品和劳务的企业、部门和单位收益的增加。旅游收入在经济体系中的这种连锁作用所引起的各个企业、部门和单位职工消费的增加对目的地国家或地区的经济发展又是一次有力的推动。这就是旅游收入的诱导效应，这种效应根据豪斯顿（Floyed Houaston）对旅游者在美国密苏里州所产生的诱导效应的计算，这部分货币在当地经济中的流通是间接效应所产生的货币流通的 3 倍。当然，这种诱导效应的大小依不同目的地国家或地区经济发展水平和居民的习俗风尚不同而不同。一般说来，经济发展水平高，消费品质量高，供应又充足，能满足居民日益增长需要的目的地国家或地区，旅游收入所产生的诱导效应就大；反之，经济发展水平低，消费品稀缺，质量又差，居民热衷于购买进口消费品的目的地国家或地区，其旅游收入的诱导效应就低，甚至出现负值。

旅游收入的间接效应和诱导效应合在一起，称之为继发效应（secondary effects）。旅游收入乘数效应是旅游收入的直接效应加上继发效应与直接效应的比率。1992 年世界各地区旅游收入乘数效应如表 6–6 所示。

表 6–6　1992 年世界各地区旅游收入乘数效应　　单位：亿美元

	北美	南美	西欧	东欧	亚太	中东	非洲	世界
直接效应	720	107	844	340	751	39	38	2901
继发效应	1801	268	2110	849	1878	147	95	7252

资料来源：《世界旅游理事会（WTTC）1992 年报告》。

二、旅游乘数效应的测量

乘数通常是用来分析国民收入的变化与带来这种变化的投资支出变化的关系，用公式表示为：

$$K = \frac{\Delta y}{\Delta I}$$

式中，K 表示乘数；Δy 表示国民收入的变动量，即增加的收入量；ΔI 表示投资的变动量，即增加的投资量。

由于均衡国民收入等于消费加储蓄，或等于消费加投资，所以收入增加量等于消费增加量加投资增加量。这样，上式可展开为：

$$K = \frac{\Delta y}{\Delta I} = \frac{\Delta y}{\Delta y - \Delta C} = \frac{\Delta y / \Delta y}{(\Delta y / \Delta y) - (\Delta C / \Delta y)} = \frac{1}{1 - (\Delta C / \Delta y)}$$

$$\because \ 1 - \frac{\Delta C}{\Delta y} = \frac{\Delta S}{\Delta y}$$

$$\therefore \ K = \frac{1}{\Delta S / \Delta y}$$

式中，ΔC 表示消费增加量；ΔS 表示储蓄增加量；ΔC / Δy 表示边际消费倾向（Marginal Propensity to Consume），用英文字母表示为 MPC，即逐年国民收入中消费所占比重的趋向；ΔS / Δy 表示边际储蓄倾向（Marginal Propensity to Save），用英文字母表示为 MPS，即逐年国民收入中储蓄所占比重的趋向；而进口物资倾向（Marginal Propensity of Materials）则用英文字母表示为 MPM，即逐年国民收入中用于购买进口物资所占比重的趋向。如表 6-7 所示。

表 6-7　假定的国民收入分配例表　　单位：亿元

年份	国民收入	消费	储蓄	进口	MPC	MPS	MPM
2002	9000	6300	1800	900	0.70	0.20	0.10
2003	12000	8640	2160	1200	0.72	0.18	0.10
2004	15000	11100	2700	1200	0.74	0.18	0.08
2005	12000	9000	1920	1080	0.75	0.16	0.09
2006	16000	12000	2880	1120	0.75	0.18	0.07

按照以上变量之间的关系可得出旅游乘数如下计算公式：

$$K = \frac{1}{1 - MPC} = \frac{1}{MPS} \quad \cdots\cdots①$$

$$K = \frac{1}{MPS + MPM} \quad \cdots\cdots②$$

$$K = \frac{1 - TMP}{MPS + MPM} \quad \cdots\cdots③$$

$$K = \frac{1 - TMP}{1 - MPC \times C} \quad \cdots\cdots④$$

其中，③式和④式中的 TMP 表示外来旅游者购买进口产品支出的比例；④式中的 C 表示当地居民购买进口产品支出的比例。

①式反映的是封闭经济情况下（没有对外贸易，没有境外投资）的乘数效应；②式反映的是开放经济状态下（即有对外贸易）的乘数效应，式中 MPS+MPM 表示储蓄加进口的比例，由于它们未进入本地经济循环中，因而属于旅游收入中的漏损；③式进一步结合了②式，将本应进入旅游收入中的外来旅游者在当地购买进口物品所占的比例予以扣除；④式更进一步将本地居民（流入居民手中的部分旅游收入）购买进口物品的比例进行了扣除。所以，④式反映的是将上述各种形式的漏损扣除后，留下的旅游收入在进入目的地国家或地区的经济循环之中所产生的效应。

例如，某旅游企业投资增量为 100 万元，其营业收入增加了 200 万元。若该企业用其中的一半即 100 万元向相关企业购买设备和原材料，则这些出售设备和原材料的企业的收入增加了 100 万元，而它们又用其中的一半即 50 万元向其他企业购买设备和原材料，那么其他企业的收入又增加了 50 万元。这个过程若继续下去，则会引起目的地国家或地区社会收入的不断增加。按照上述乘数公式，该目的地国家或地区由此旅游企业营业收入增加引发的社会收入增量总和为：

$$\because\ K=\frac{1}{\Delta S/\Delta Y}$$

$$\therefore\ \Delta y=\frac{\Delta S}{1/K}=\frac{\Delta y-\Delta C}{1/K}=\frac{\Delta I}{1/K}=\frac{\Delta I}{1}\times\frac{K}{1}=\Delta I\times\frac{1}{1-\Delta C/\Delta y}$$

$$=200\text{万元}\times\frac{1}{1-50\%}=400\text{万元}$$

该旅游企业旅游收入乘数效应如表 6-8 所示。

表 6-8　某旅游企业旅游收入乘数效应

分配过程	旅游收入	每轮分配于生产和生活消费的比例	每轮消费货币量	每轮储存与进口比例	每轮储存与进口货币量
第一轮	200 万元	50%	100 万元	50%	100 万元
第二轮	100 万元	50%	50 万元	50%	50 万元
第三轮	50 万元	50%	25 万元	50%	25 万元
……		50%		50%	

如果该旅游企业和其他企业都将其收入的更大部分如 80%用于生产和生活消费，那么目的地国家或地区社会收入的增加量将为 1000 万元，即为最初投资增量的 5 倍。可见，旅游企业和其他企业增加的收入中用于生产和生活消费的部分越多，目的地国家或地区社会收入的增加量就越大；反之，用于生产和生活消费的部分越小，而用于储蓄和购买进口物资的部分越多，则目的地国家或地区社会收入的增加量就越小。

上面叙述的乘数效应同大多数乘数模型一样是静态的，是以如下的假设为前提的：一是生产和消费的作用是线性的，即游客任何增加的旅游花费都和其以前等量的旅游花费对目的地经济产生同样的影响；二是目的地的旅游供给能满足游客增加的需要量；三是目的地旅游产品的价格保持相对稳定。虽然可将静态的乘数模型转变为动态的，可消除这些假设，但由于对数据的要求更高而甚为困难。

三、旅游乘数的类型

旅游乘数的类型可从不同侧面反映旅游收入对旅游目的地国家或地区国民经济的影响。主要的旅游乘数类型如下：

1. 营业额乘数（transaction or sales multiplier）

营业额乘数又称销售额乘数，是指外来游客的支出数量与其在旅游目的地国家或地区经济体系中不断流转所引起的社会总销售额或产量之间的比例关系。它反映的是一个国家或地区旅游业的发展对整个国家或地区经济增长的影响。例如，外来游客在某旅游目的地国家或地区开支100万元，引起目的地国家或地区旅游企业将其中50万元用于生产和生活消费，而向旅游企业销售其生产和生活消费所需物资和物品的企业又用收入50万元中的25万元向其他企业购买生产和生活所需的物资和物品。这样不断流转下去，最终使目的地国家或地区的社会总销售额增加至200万元，即销售额增值率（产出乘数）为2。通常这类乘数比较大，一般为2至3，甚至4。

2. 收入乘数（income multiplier）

收入乘数是指外来游客在旅游目的地国家或地区的单位消费额同由此引起的目的地国家或地区净收入变化量之间的比例关系。它分为居民收入乘数和政府收入乘数。在分析旅游业的宏观经济作用时，被认为是灵敏度最高的“显示器”。

（1）居民收入乘数。居民收入乘数测量的是外来游客在旅游目的地国家或地区的消费同当地居民个人收入增加额之间的比例关系。它反映的是一个国家或地区旅游业的发展对该国或该地区居民个人收入增长的影响。

该乘数有两种表示法：一为常态表示法，二为比例表示法。

①常态收入乘数（normal income multiplier）表示的是外来游客在目的地国家或地区的消费支出额与由此引起当地居民个人收入增加额之间的关系。其测算公式为：

$$K = A \times \frac{1}{1 - BC}$$

式中，K表示居民收入乘数；A表示外来游客消费支出中扣除漏损后留在目的地国家或地区的部分所占比例；B表示外来游客支出中分配给当地居民所占的比例；C表示当地居民从外来游客支出中所得收入用于个人消费支出所占的比例。

例如，某年外来游客在某旅游目的地旅游支出100万元，在连续的分配中有70万元留在当地，其中，分配给当地居民的外来游客支出占30%，而当地居民所得外来游客支出中用于个人消费的部分占60%，则该旅游目的地的收入乘数为：

$$K = 0.7 \times \frac{1}{1 - 0.3 \times 0.6} \approx 0.85$$

通常情况下，居民收入乘数小于 1。

②比例收入乘数（ratio income multiplier）分为两种类型：

一是旅游收入的直接效应与间接效应之和同旅游收入直接效应的比例关系，即（直接效应＋间接效应）/直接效应。

二是旅游收入的直接效应与间接效应、诱导效应之和同旅游收入直接效应的关系，即（直接效应＋间接效应＋诱导效应）/直接效应。

例如，若某旅游目的地的旅游收入直接效应为 0.4，旅游收入的间接效应为 0.1，旅游收入的诱导效应为 0.2，则两种类型的比例收入乘数分别为：

第一种类型：$K=\dfrac{0.4+0.1}{0.4}=1.25$

第二种类型：$K=\dfrac{0.4+0.1+0.2}{0.4}=1.75$

通常情况下，第一种类型的比例收入乘数大于 1，而小于 2。

（2）政府收入乘数（government income multiplier）。政府收入乘数是指旅游目的地国家或地区每增加一个单位旅游收入同最终引起政府收入增加量之间的比例关系。政府收入增加量来自旅游企业和其他相关企业上缴的税金、手续费和其他应上缴国库的收入项目，这些纳入国库的资金再由政府用于其他项目的投资、政府工作人员工资的支付和政府行政经费的开支。它们通过在经济体系中的不断流转，使政府的收入不断扩大。所以，政府收入乘数测定的是目的地国家或地区旅游收入对国家或地区政府带来的宏观效益。

3. 就业乘数（employment multiplier）

就业乘数是指旅游目的地国家或地区每增加单位旅游收入所创造的旅游部门直接就业人数与其他部门间接就业人数之间的比例关系。它表明该国或该地区增加的旅游收入在对其经济体系的渐次渗透中所导致的最终就业的影响。就业乘数有两种表示法：

（1）比例法。它是由外来游客的消费所形成的旅游收入对旅游目的地国家或地区带来旅游部门直接就业人数与为其他部门和企业造成的间接就业人数之和同旅游部门直接就业人数之间的比率。例如，由于外来游客的消费，使旅游部门的企事业单位就业人数增加了 1000 个，由此引起了目的地国家或地区其他部门的企事业单位就业人数增加了 1600 个，则该国或该地区的旅游就业增值率为 $\dfrac{1000+1600}{1000}$，即 2.6。

（2）数值法。它是指外来游客一定量的旅游支出为旅游目的地国家或地区所创造的就业者数量。比如，10 万元旅游收入为旅游目的地国家或地区提供的就业人数。

例如，2005 年我国入境旅游收入 292.96 亿美元，比 2004 年的 257.39 亿美元增加了 35.57 亿美元。2004 年全国旅游从业人员 244.87 万人，2005 年为 260.42 万人，按数值法计算，2005 年单位旅游外汇收入（亿美元）可提供的就业人数为（不包括为旅游业提供产品和服务的其他相关企事业单位增加的就业人数）：

$$K = \frac{260.42 - 244,87}{292.96 - 257.39} = \frac{15.55}{35.57} = 4372\text{（人/亿美元）}$$

表 6-9 为一些国家旅游就业乘数值。

表 6-9 一些国家旅游就业乘数值（2002 年）

国家	直接就业	直接加间接就业	旅游乘数值
美 国	6480480	16347900	2.52
英 国	1061470	2953330	2.78
法 国	1337180	3398630	2.54
西班牙	1279260	3261240	2.55
意大利	1063210	2651640	2.49
韩 国	569479	1882010	3.31
新加坡	42890	140625	3.28
斯里兰卡	203753	589520	2.89
菲律宾	886698	2781030	3.14

资料来源：WTTC 2003 TSA Account: Regional Report.

4. 产出乘数（output multiplier）

产出乘数同营业额乘数类似，是指外来游客的消费同由此引起的旅游目的地国家或地区全部有关企事业单位经济产出水平增长程度之间的比例关系。与营业额乘数不同，产出乘数是用由外来游客的消费引起增加的总产量来衡量的，因而包括库存量；而营业额乘数是用由外来游客的消费引起增加的总产量中被游客消费掉的部分来衡量的，因而不包括库存量。

5. 进口额乘数（import multiplier）

进口额乘数是指旅游目的地国家或地区每增加一个单位的旅游收入同由此引起的进口增加额之间的比率关系。随着旅游目的地国家或地区旅游业的发展，旅游收入的增加，旅游企事业单位和为旅游企事业提供产品和服务的其他相关企事业单位从境外进口的物资、设备也会增加，该乘数测定的是旅游收入的增加额同由此导致的进口增加额之间的关系。

上述几种乘数之间还存在着一定的内在联系。例如，假设某旅游目的地国家本年度比上年度的旅游收入增加了 100 万美元，经过在其经济体系中的流转使最终产出增加了 250 万美元，居民个人收入增加了 20 万美元，政府收入增加了 60 万美元，进口物资和设备增加了 50 万美元，直接就业人数增加了 300 人，继发就业人数增加了 100 人，则该国的产出乘数为 2.5（$\frac{250}{100}$）；居民个人收入乘数为 0.2（$\frac{20}{100}$）；政府收入乘数为 0.6（$\frac{60}{100}$）；进口额乘数为 0.5（$\frac{50}{100}$）；就业乘数为 4（$\frac{300+100}{100}$），即每增加 1 万美元可创造 4 个就业机会（数值法），或 1.33（$\frac{300+100}{300}$）（比例法）。

总之，乘数理论在旅游中的运用有助于衡量由外来游客来访带来的旅游收入对旅游目的地国家或地区产生的经济影响，也有助于目的地国家或地区分析其旅游业发展的绩效，从而为进行旅游决策和旅游规划的制定提供有用的信息和依据。但是，运用乘数理论分析旅游收入增量和由此引起的相关经济增量之间的关系需具备如下的条件：一是市场上必须能保障所需的生产资料和消费资料的供应；二是要有完善的市场机制，使企业能够随时根据市场供求情况来调整其生产规模和经营方式。该理论的不足之处：一是该理论只说明了由外来游客的消费所带来的旅游收入对目的地国家或地区经济产生的有益影响，却未涉及由此所增加的成本；二是难以准确地计量外来游客的开支对目的地国家或地区居民个人收入变化的影响以及由此产生的诱导影响，因此在不少国家和地区所建立的研究模型中，简单地使用平均数和边际消费倾向来替代。

四、影响旅游乘数效应大小的主要因素

从上述旅游乘数的测量公式可以看出，影响旅游乘数效应大小的主要因素是：

1. 边际消费倾向和边际储蓄倾向

边际消费倾向越大，即每增加一个单位的旅游收入中用于消费的比例越大，从而在旅游目的地国家或地区经济体系中流转的数额就越大，旅游乘数效应就越大；反之，边际储蓄倾向越大，即每增加一个单位的旅游收入中用于储蓄的比例越大，这部分旅游收入就游离出旅游目的地国家或地区经济的运转之中而不发生作用，从而使旅游收入对目的地国家或地区经济所产生的乘数效应越小。

2. 边际进口物资倾向

边际进口物资倾向越大，意味着每增加一个单位的旅游收入中用于购买境

外物资设备的比例越大，这部分旅游收入也游离出旅游目的地国家或地区经济运转之中而不发生作用，从而大大降低了旅游收入对目的地国家或地区经济所产生的乘数效应。同样，旅游目的地国家或地区接待的境外游客和从旅游收入分配和再分配中得到收入的居民在该国或该地购买进口商品，也会使旅游乘数效应降低。

3. 旅游收入在经济体系中的周转次数

旅游收入在旅游目的地国家或地区经济体系中流转的次数越多，即旅游收入分配和再分配的次数越多，意味着促进生产和再生产的产业门类越多，从而使旅游收入对目的地国家或地区经济所产生的乘数效应也越大；反之，周转的次数越少则乘数效应也越小。

4. 旅游收入的漏损（见第四节）

总之，旅游收入乘数的大小同旅游目的地国家或地区的经济门类、结构和发达程度密切相关。一般说来，旅游目的地国家或地区经济中与旅游业直接和间接相关的产业门类越全，自给程度越高，旅游收入分配和再分配中用于消费的比例越大，流转次数越多，旅游乘数就越大，反之则越小。这就是为什么经济发达国家的旅游乘数效应往往高于发展中国家的主要原因（参见表 6-10）。

表 6-10　一些国家旅游收入乘数效应值

国家	旅游收入乘数值
英国	1.73
爱尔兰	1.72
斯里兰卡	1.59
牙买加	1.27
埃及	1.23
多米尼加	1.2
塞浦路斯	1.14
斐济	1.07
塞舌尔	1.03
马耳他	1.00
毛里求斯	0.97
菲律宾	0.82

资料来源：克里斯·库珀等. 旅游学原理与实践. 高等教育出版社，2004.

五、旅游乘数效应的局限性

旅游乘数可以衡量旅游业当前的经济业绩以及旅游花费水平和模式变化的短期经济影响。旅游乘数特别适用于研究旅游花费对于企业的营业额、收入、就业、政府收入和收支平衡的影响。然而，乘数效应的发挥需要一定的条件，于是乘数效应理论存在一定的局限性。

1. 乘数理论忽略了不同旅游接待国或地区不尽相同的经济背景。乘数理论不以分析旅游目的地的产业结构、经济实力为基础，而实际上不同的经济背景会产生不同性质和不同量值的乘数。如果旅游目的地经济实力强大、技术先进，并且消费品门类齐全，经济上自给程度很高，无论是数量还是质量都能满足当地居民和外来游客对物质商品和服务的需要，那么旅游所带来的收入则会尽可能多地留在该目的地，减少对进口商品和服务的消费；反之，旅游消费则不一定能带来预期的乘数效应。

2. 乘数理论的前提之一是要有一定数量的闲置资源可用，以保证需求增加后供给能相应增长。而实际中可能存在供给缺乏的情况，这时要满足需求增长的要求，就必须从其他经济活动中占用资源，导致其他活动的产出减少。因此，乘数效应的发挥也受到产业结构的协调与完备程度的制约。

3. 乘数理论所需数据难以获得。旅游的本质决定了数据收集工作的困难。旅游作为一个生产多项产品的行业，将直接影响一个经济体系的许多部门，同时，旅游花费也分散的存在于这些部门之中。为了把这些花费从各个部门分离并计算出来，需要投入大量精力对旅游者的花费进行准确的调查。

4. 乘数效应是适用于短期的，旅游乘数效应也存在这种局限。乘数效应属于需求决定论，应将长远供给能力考虑在内。哈耶克认为这种短期的消费会抑制长期的投资，因此会影响长期的经济增长潜力。

第四节　旅游收入漏损

旅游收入漏损（leakage）是指旅游目的地国家、地区、企业和社团为发展经济和正常的生产经营活动而购入进口商品、劳务或偿还贷款、开展对外交往和促销等，致使部分旅游收入流失的现象。旅游收入中漏损的部分越大，对旅游乘数效应的影响也越大，反之则越小。因此，在论及旅游乘数效应时，不能不讨论漏损问题。

一、旅游收入漏损的主要形式

1. 进口漏损

进口漏损是指旅游目的地国家、地区、企业和社团为购买进口商品和劳务而导致的旅游外汇的流失。它包括三个部分：

（1）直接进口漏损。直接进口漏损是经营旅游业务的企业因自身发展和运营的需要，将外来游客消费中所获得的收入中的一部分用于购买境外物资和劳务而导致的外汇流失。其中，进口境外物资包括各种建筑和装饰材料、原材料、机器设备、食品饮料、车辆和其他运输工具、陈设用品、计算机管理系统等；进口劳务主要是境外管理人员和厨师等。

（2）间接进口漏损。间接进口漏损是向经营旅游业务的企业供应各种商品和服务的其他有关企业和单位，为了经营和发展，用得到的旅游收入中的一部分又从境外进口各种物资和劳动力所导致的旅游收入的流失。这样，在计算旅游乘数效应时应将直接进口和间接进口漏损的旅游收入扣除掉，其公式为：

$$\frac{1}{1-\mathrm{MPS}+\mathrm{MPM}}$$

（3）诱导性进口漏损。诱导性进口漏损（C）是直接和间接为旅游业工作的各类从业人员用以工资形式分得的旅游收入中的一部分，或全部购买境外生产的消费品所导致的旅游收入的流失。同样，这部分漏损也需从旅游外汇收入中扣除，其公式为：

$$\frac{1}{\mathrm{MPS}+\mathrm{MPM}+\mathrm{MPC}\times \mathrm{C}} \quad \text{或} \quad \frac{1}{1-\mathrm{MPC}\times(1-\mathrm{C})}$$

2. 合资、外方独资形式的漏损

合资、外方独资旅游企业和向旅游企业供应商品和服务的其他合资、外方独资企业将收入的旅游外汇以工薪和所得利润汇出旅游目的地国家或地区所导致的旅游外汇流失。

3. 旅游促销和产品销售工作形成的漏损

旅游促销和产品销售工作形成的漏损是指旅游目的地国家、地区、旅游企业和旅游团体为加强对外旅游宣传和促销，在国外设立的旅游机构、旅行社和派出人员从事宣传促销活动所导致的旅游外汇收入的流失。

4. 对外贷款利息漏损

对外贷款利息漏损是指旅游目的地国家、地区、旅游企业和向旅游企业供应商品和服务的其他企业用收入的旅游外汇偿还所借外债利息导致的旅游外汇的流失。

5. 旅游外汇管理漏损

旅游外汇管理漏损是指旅游外汇收入管理环节上形成的旅游外汇流失。主要表现有旅行社应收境外旅游团费形成的呆账，拥有旅游外汇收入的企业和单位违规私下倒卖外汇形成的流失，某些个体经营者收入的旅游外汇持留手中或购买进口物品或在国外储蓄形成的流失，以及不法个人直接向外国游客用本币兑换外币形成的流失等。

这样，若外来游客在旅游目的地国家或地区消费1美元，其中进口国外物资占0.25，旅游目的地国家或地区在国外开展旅游宣传和促销费用占0.05，外资或合资旅游企业和外方员工将其分配的利润和工资汇至国外占 0.2，三者合计占0.5，那么留在该目的地国家或地区的旅游外汇收入只有0.5美元。据有关专家测算，一个来自发达国家的游客在发展中国家旅游中每花费100美元，由于上述1、2、4造成的漏损，仅有约50美元留在发展中国家的经济中。

二、影响旅游外汇漏损的因素

影响旅游外汇收入漏损的因素很多，其中主要有六个方面。

1. 旅游目的地国家或地区的经济发展水平和经济结构

旅游目的地国家或地区的经济发展水平包括国内生产总值、人均国内生产总值水平、科学技术水平、产业技术装备水平和经营管理水平等，经济发展水平高，旅游业发展的自主程度就高，不仅各项旅游设施建设配套完善，而且质量标准和管理水平也高。经济结构包括产业结构、技术结构和产品结构，如果经济结构完善、合理，对旅游业发展支持的力度就大，对外依存度就小；反之对外依存度就大，旅游业发展所需的进口物资就会增加。

2. 旅游目的地国家或地区各种资源的供给能力

旅游目的地国家或地区资源的供给能力是指旅游业发展所需的各种资源的自给能力。这里的资源不是指作为游客旅游对象的各种旅游吸引物，而是指保证游客旅游活动正常运转的各种资源，如农、牧、渔业资源，制作工艺品、旅游纪念品的原材料，生产旅游设施、设备和用品的矿物资源和非矿物资源，以及生产、加工和制作能力。如果旅游业发展所需的各种资源及其加工制作能基本自给，就无需从外进口或进口较少。

3. 旅游目的地国家或地区对外开放程度

旅游目的地国家或地区对外开放程度是指包括旅游业在内的对外开放的广度和深度。在当今世界，除个别国家外，各国都或多或少地受到世界经济一体化浪潮的冲击，加入世贸组织的国家已有100多个。我国加入世贸组织后，对外开放的广度和深度都在加大，外资以合资、控股、独资的形式进入我国经济的领域越来越多，其中境外饭店早在20世纪80年就已进入，旅行社业也于2001年起逐步对外资敞开大门。因此，开放程度越高，旅游外汇收入流失量也越大，反之则相反。

4. 旅游目的地国家、地区、旅游企业和旅游社团对外进行旅游促销的范围和规模要发展国际入境旅游业，增加旅游外汇收入，旅游目的地国家或地区及其旅游企业必须对外开展旅游宣传和促销。例如，目前我国在世界一些主要旅游客源国和地区先后开设了17个办事处，一些大的国际旅行社在国外设立了旅行社，国家和地区旅游行政机构与一些旅游企业每年在国外开展的旅游促销活动以及参加境外举办的国际旅游博览会等都需要支出外汇。如果这类旅游宣传促销活动范围广、规模大，所支出的外汇就多，反之则小。

5. 旅游目的地国家或地区的有关法规和政策

旅游目的地国家或地区的有关法规和政策包括有关进口物资的规定、旅游业中有关引进外资的优惠政策、有关外汇收入管理的规定、居民出国旅游的有关规定等。这些法规和政策的宽严程度都会对旅游外汇收入的漏损产生不同的影响。

6. 旅游目的地国家或地区居民的民族意识和消费倾向

旅游目的地国家或地区居民的民族意识强弱、价值观念、收入水平对其消费倾向也会产生影响，尤其是对那些追求所谓国际“名牌”产品的人来说，形成外汇流失的情况就更多。

一般说来，在经济发达国家，由于经济发展水平高，科学技术发达，旅游业发展所需设施、设备、技术、产品自我供给能力强，管理先进，因而国际旅游业中外汇收入漏损率低，而许多发展中国家在上述方面差距较大，其旅游外汇收入漏损率较高；同样，同大国相比，许多小国由于国土资源有限，经济结构比较单一，旅游业发展中所需的不少物资、用品都需要进口，其旅游外汇收入流失的比例也较大。

三、减少旅游外汇收入漏损的途径

为了减少旅游外汇收入的流失，充分发挥旅游乘数效应的作用，促进旅游目的地国家或地区经济的发展，有必要制定相应的政策和采取有力的措施，控制和减少旅游外汇收入的漏损。

1. 在经济上，积极发展本国经济，努力调整本国的经济结构和产品结构，不断提高科学技术发展水平，对需要进口的设施和先进设备要组织国内科技力量攻关、研究，在符合质量标准的前提下尽快投入生产，以满足国际入境旅游和国内旅游发展的需要，尽量减少国外产品的进口。

2. 在外资项目上，根据国家产业政策和旅游产业政策，加强引进项目的审批，使引进项目符合国家经济发展和旅游业发展的需要，尤其是与旅游业发展相左的严重污染项目要严加控制，以减少社会成本和风险。

3. 在法规上，要制定完善的经济法规和外汇管理制度，加强外汇市场的管理，严厉惩办违反国家政策法规规定、扰乱金融秩序的不法行为，加强对外汇的监管，控制外汇的流失。

4. 在海关监管上，加强对进口物品的关税管理，防止偷税漏税，对各种高档酒品、饮料和奢侈品的进口应实行高额关税，以限制其需求。

5. 在旅游产品开发上，应着力开发符合现代旅游发展趋势，促进旅游可持续发展的低漏损旅游产品，如生态旅游产品、民风民俗旅游产品、游客参与式旅游产品等，以充分利用本国和本地区旅游资源、物资和劳动力，减少对自然资源的危害和对进口物资的消耗。

6. 在人力资源上，要努力培养具有现代经营理念，既懂现代管理技术又有管理才能的旅游专门人才，以减少对外国管理人员的引进，从而减少外汇的流失。

例如，每 1000 美元的旅游花费对斐济旅游收支平衡的影响，如表 6-11 所示。

表 6-11　每 1000 美元的旅游花费对斐济旅游收支平衡的影响　　单位：美元

旅游花费（+）		1000.0
进口支出（-）		236.1
其中：直接支出	120.8	
间接支出	115.3	
净外汇流入额		763.9
其他进口支出（-）	326.3	326.3
最终净外汇流入额		437.6

资料来源：TCSP（1992）转引自克里斯·库珀等. 旅游学原理与实践. 高等教育出版社，2004.

【案例分析】

武汉上半年旅游收入突破 300 亿，显乘数效应

据旅游部门统计，2010 年上半年，武汉市接待游客 4103 万人，实现旅游总收入 324.45 亿元，同比分别增长 43%和 51%。粤客在汉日均消费 2000 元，乘数效应明显。广东最大旅行社广之旅有关人士介绍，高铁来汉旅游产品当地报价 3000 元左右，3 日游人均每天 1000 元，算上吃购娱等消费，日均实际消

费达 2000 元，与在国内著名旅游目的地城市相当。

高铁游客到达武汉后多住四星级或五星级酒店，拉动旅游团队房价上涨 20%～30%。市统计局数据印证：1～7 月武汉市线上企业客房收入超 9 亿元，同比增长 20.2%，高铁旅游贡献三成。

在高铁游“浇灌”下，湖北特产连锁店如雨后春笋，粤客人均消费百元左右。从去年 5 月至今年 7 月，武汉市已开设 7 家湖北特产食品连锁店。名为“特享礼”的连锁超市内，集中武汉热干面、藕汤、新农牛肉、三峡香菇、魔芋、恩施党参……年内，“特享礼”有望开到 15～20 家。2 年内，可望开到 30 家，并在高铁沿线布局。

目前，特产超市已进入户部巷、江汉路步行街、武昌火车站，高铁客成购买主力军。精武人家鸭脖店负责人童明俊称，高铁开通后，光顾精武路的旅游大巴增加了 50%，大批广东游客现买现尝后，都会花上一两百元购买鸭脖礼品。上半年，鸭脖企业借机加速扩张，销售增长 30%至 50%。

市饮食服务管理处负责人龚新华表示，全市半年“吃”下 129.77 亿元，同比增长 13.6%，高铁游贡献三成。户部巷管委会负责人桂新称，双休日、节假日高铁客占 60%，人均消费 30 元左右，比本地市民高一倍以上。

资料来源：新华网. 武汉上半年旅游收入突破 300 亿. 显乘数效应. 2010-10-28.

案例思考题

结合武汉市高铁开通后旅游收入猛增的案例，谈谈你对旅游乘数在社会经济发展中的作用和地位的认识。

【复习思考题】

1. 什么是旅游收入分配？简要叙述国际入境包价旅游收入的分配流程.

2. 什么是旅游乘数？简要叙述旅游收入乘数效应的发挥过程。

3. 什么是旅游外汇收入漏损？旅游外汇收入漏损主要表现在哪些方面？如何减少旅游外汇收入的漏损？

4. 2006 年某市旅游总收入 1.5 亿元，比 2005 年净增 0.2 亿元。2005 年该市旅游直接从业人员 5 万人，2006 年旅游直接从业人员比上年增加 8%，那么 2006 年每增加万元的旅游收入可提供多少就业人数？

5. 某地“九五”期间，对旅游业与相关产业总投资为 2 亿元，国内和国际旅游总收入 8.6 亿元，即每投入 1 元获得了 4.3 元收入。这样，每增加 1 元旅游收入，若其中 0.58 元用于消费，则对当地经济带来的乘数效应是多少？

第七章　旅游发展的综合效益分析

【案例导学】

养老旅游：有待挖掘的银发市场

中国目前大约有 1.7 亿潜在的老年人旅游市场。这些人当中有多少人想旅游呢?据 2013 年中消协对老年人口的调查显示，40%的人有出游愿望和能力，那么 1.7 亿老年人中应该有超过 6800 万老年人有旅游的愿望和能力。老年旅游的发展和国家的富裕程度及发达程度是成正比的。在欧洲，老年旅游者占整个市场的 30%还多，每年出游人数达到 3 亿人次，旅游消费 135 亿欧元。老年旅游市场的发达，应该作为一个国家真正富强、人民生活真正富裕的表现。

养老旅游：实质是异地养老的种类之一，是养老服务与旅游活动的有机结合体。面对养老与旅游的跨界融合，有人说“养老旅游”重旅游、轻养老，核心是旅游，而“旅游养老”则重养老、轻旅游，核心是养老。无论是“养老旅游”，还是“旅游养老”，其实质还是养老。换言之，养老旅游是异地养老的一种，准确地讲，是异地短期养老（一般是一年之下）。与一般的居家、社区甚至机构养老的研究角度不同，养老旅游是养老服务与旅游互动的有机结合体，是一种身体疗养与精神赡养互为补充的形式。

参照一些学者、专家的研究结果，我国的养老旅游主要形成了以下五种发展模式：候鸟式养老模式、居家式养老模式、疗养式养老模式、立体化养老模式、农家休闲养老模式。不管哪种发展模式，其本质是不变的：养老旅游是一种将度假、休闲、养生、观光等旅游形式融于养老的复合发展业态。

养老旅游：一群健康、快乐、有为、成功的活跃型长者主动寻求的积极养老模式。养老旅游所吸引的老年群体必定是一群身体健康、精神活跃的乐龄人士。对于他们而言，追求一种积极而非消极的养老状态，是其选择养老旅游的重要原因。养老旅游目的地往往首先要求周边要有旅游景区或者旅游资源，以满足老年人“边旅游边养老”的目的。但是，为了满足上述乐龄人士积极而非消极的养老需求，仅仅有外部的旅游资源还远远不够。因为健康、快乐仅仅是积极养老的初级阶段，有为、成功才是积极养老的高级阶段。

因此，养老旅游目的地在关注老年人健康服务、旅游休闲和文化娱乐需求的同时，更应从老年人自身所特有的兴趣爱好出发，创造一个有利于“老人”价值发挥的环境。正如绿城集团在乌镇雅园引入的“颐乐学院”，通过专门为老年人开设老年人大学，强调以学为乐，充分重视老年人精神需求的满足，为广大老年客户实现“健康老人、快乐老人、有为老人和成功老人”的人生目标提供了一个积极的服务平台。

养老旅游：依托医养健康产业延长停留时间，增加养老旅游目的地的综合效益。虽然养老旅游实质还是养老，但正如前文所述，它把养老服务与旅游活动有机地结合在一起，使旅游成为老年人的一种生活方式。既然养老旅游是一种新型的专项旅游项目，毫无疑问养老旅游群体具有很强的“移动性”。统计表明,一般养老旅游群体在单一目的地停留时间集中于15天到3个月的区间段内。

对于养老旅游的消费者而言，不同目的地之间的“移动”既是正常的，又是必须的，因为这种正常的旅游移动一方面推动了全国养老旅游市场的快速发展，另一方面也在充实和丰富着养老群体的精神生活。但对于养老旅游的提供者而言，反而由于这种“移动”限制了自身综合效益的提升。为了尽可能延长养老旅游群体的停留时间，各个养老旅游目的地均使出浑身解数，可谓“八仙过海、各显神通”，但收效甚微。可以引入医养健康产业，通过对于健康服务的关注来延长养老旅游群体的停留时间，通过健康呵护、健康管理、保健疗养来增加养老旅游目的地的对外吸引力。

资料来源：互联网资料整理。

【学习目的】

通过本章的学习，明确旅游综合效益的含义及其研究内容，掌握旅游微观效益的概念及其主要评价指标和评价方法，了解旅游宏观效益的含义以及旅游宏观经济效益、旅游社会效益与旅游环境效益的评价分析方法，认识提高旅游微观效益与宏观效益的主要途径。

第一节 旅游发展的综合效益

一、旅游发展综合效益的含义

旅游业是一个关联性很强的经济产业，其增长与发展不仅对经济发展、社会稳定、生态环境等具有较强的敏感性和依赖性，同时又对这些方面具有明显的影响作用。

旅游发展的综合效益也可称为旅游效益，是指旅游的发展对整个社会产生的综合影响，主要包括旅游的经济效益、社会效益和环境效益。其中，经济效益又可分为直接经济效益和间接经济效益，前者是指旅游业所获得的经济收益，主要表现为旅游外汇收入；后者是指旅游业对相关产业的发展和对整个国民经济的促进作用。由于旅游业所具有的高度综合性和关联性的特征，旅游发展所带来的间接经济效益往往大大超过其直接经济效益。社会效益主要体现在增加劳动就业机会，促进不同地区和国家人民之间的信息、文化的交流，促进社区基础设施的完善，以及有助于树立国家或地区形象等方面。环境效益主要表现为旅游业的发展能够促进地区环境的改善，增强人们环境保护的观念等。

在我国旅游业 30 多年的发展过程中，随着市场经济体制的不断完善，人们对于旅游产业功能的认识也在不断深化。如果说 20 世纪 90 年代中期以前更重视旅游发展的经济贡献的话，那么进入 21 世纪以来其社会意义逐步得到广泛关注。旅游业不仅能够获得外汇收入，更能在解决社会就业、改善社区环境、促进人力资本发展等方面发挥重要作用。在旅游与环境的关系方面，以往着重宣传“旅游业是无烟工业”以获得政府和社会的支持，而现在人们已经发现，如果管理不善，旅游同样能对资源和环境造成破坏。旅游业应当是“环境友好产业”，旅游的发展必须建立在资源可持续利用的基础之上。

从另一个角度来看，旅游效益还可分为旅游微观效益和旅游宏观效益。旅游微观效益主要是指旅游企业的经济效益，而旅游宏观效益涉及宏观经济效益以及整体的社会效益和环境效益。

二、旅游发展综合效益的内容及其关系

（一）旅游经济效益

经济效益是指人们在生产活动中投入与产出之间的比较。这种比较通常以价值形式表示，又可解释为费用与收入或者所费与所得的比较。投入包含活劳动、物化劳动的消耗和固定资产的占用，产出是指投入所获得的成果。投入与产出的比较可能会出现两种情况：一是生产同样数量和质量的产品所消耗和占用的劳动量小，其经济效果大；二是生产同样数量和质量的产品所消耗和占用的劳动量大，其经济效果小。经济效益根据其分析范围的不同，可分为局部的微观经济效益和社会的宏观经济效益两个层次。

任何旅游经济活动都是为了取得一定的经济成果，这种经济成果就是旅游经济活动的所得。同时，要取得一定的经济成果就要付出相应的经济代价，这

种经济代价就是旅游经济活动的所费。旅游经济效益就是人们在旅游经济活动中所费与所得的比较，这种比较可以通过两者之间的差值即旅游经济净收益以及两者之间的比值即旅游经济效率综合反映出来。

在其他条件一定时，旅游经济活动的所得和所费之间通常存在同向的数量变动关系。旅游经济发展水平和国民经济发展现状会对旅游经济活动的所得与所费之间的比例关系产生重要影响。

对旅游经济效益的研究，一方面要对直接向旅游者提供服务的旅行社、饭店、交通部门、景区（点）等经营企业和部门，在提供旅游产品上的所费和所得进行比较；另一方面还要对间接向旅游者提供服务，而直接被旅游企业和部门所利用的旅游地有关基本建设和基础设施的经营企业和部门的所费和所得进行比较。

美国“9·11”事件打击了全球旅游经济增长

2001 年，是世界旅游业在近 20 年发展中遭受最严重挫折的一年。根据世界旅游组织和世界旅游理事会的报告分析，由于美国“9·11”事件的影响，使 2001 年全球国际旅游入境人数仅为 6.89 亿人次．与上年 6.98 亿人次相比下降了 1.3%，是近 20 年来国际旅游发展的最低潮，比 1982 年由于世界经济危机影响下降 0.4%和 1991 年海湾战争影响仅增长 1.2%的水平还要分别低 0.9 个和 2.5 个百分点，严重打击了全球旅游经济的发展，突出表现在以下几方面：

一是“9.11”事件发生后，使后四个月全球国际旅游人数急剧下降，增长率与上年同期相比迅速跌落到-10.9%。同时，世界每一个旅游区域的国际旅游入境人数都出现了急剧下降，其中非洲地区下降了 3.5%，美洲地区下降了 24.0%，东亚及太平洋地区下降 10.3%，欧洲地区下降了 6.2%，中东地区下降了 30.2%，南亚地区下降了 24.0%。

二是“9·11”事件严重影响全球旅游经济增长，使 2001 年全球旅游总需求比上年下降了 4.4%，旅游总需求减少了 1878 亿美元；2002 年下降 3.0%，减少 1240 亿美元；两年合计共减少旅游总需求 3118 亿美元。同时，使 2001 年全球旅游出口比上年下降 9.6%，2002 年下降 5.7%。

三是“9·11”事件使 2001 年全球旅游经济就业下降了 2.9%，减少就业人员 595.5 万个；2002 年下降 2.2%，减少就业人员 449.7 万个；两年合计受“9·11”事件影响减少旅游就业人员高达 1045.2 万个。

资料来源：互联网材料整理。

（二）旅游社会效益

旅游发展的社会效益反映的是旅游发展对整个社会所产生的影响。旅游活动的实质是人类社会与文化的交融。游客从四面八方涌入目的地，在目的地的旅游活动中，产生了人与人、人与社会、人与环境的多向关系。在与目的地人们相互接触交往中，带来了语言、文化、道德水准的交流和影响。游客渗入目的地的社会生活中，彼此在生活方式、价值观念、习惯、信仰等方面的差异会给对方带来一定的冲击。这种冲击对目的地来说更为明显和持久，对目的地社会既会产生正面效应，也会产生负面效应。正面效应主要体现在促进目的地基础设施和社区环境的改善，促进传统文化的发掘和保护以及不同文化之间的交流，提升目的地形象，增加就业机会等方面；负面效应集中体现在大量游客涌入之后，可能会引发诸如文化之间的冲突、传统文化的消退、原有社会生活方式的改变、设施的不足、当地居民与外来游客的对立和矛盾等不利影响。而对旅游者来说，也可能因为旅游地过于拥挤而对其整体旅游经历产生负面影响。

与家门口游客众多不同，在南锣鼓巷附近的沙井胡同 21 号院，游客常常成群结队地进院游览。“有陌生人进院，我就出来询问，不胜其烦。”该院居民刘先生说，去年一伙游客不听劝，居民不得已只能报警求助。游客进院后拿起相机就拍照，让居民的隐私权得不到保障。记者在院内的空地看到，居民在此晾晒内衣裤，有时这些也成为游客镜头之中的原生态场景。居民在门口贴出三张白纸，写了三首打油诗警告游客，“我院不是紫禁城，也无皇上金殿登。游人若是闯我院，出去让你变公公。”折射出居民的无奈。同在沙井胡同内的其他四合院门口，都挂着谢绝参观的告示，记者在什刹海周边的一些游客较多的胡同里看到，有的院门口的木门上，居民甚至用粉笔写出“谢绝参观”的警语。

（三）旅游环境效益

由旅游发展所引起的环境质量的变化统称为旅游的环境效益。与旅游相关的环境有广义和狭义之分。广义的环境一般指的是自然环境、社会文化环境和经济环境的综合；而狭义的环境则仅定义为资源与自然生态环境。这里所说的环境对应的是其狭义的概念。

旅游与环境之间存在着多种关系，两者既相互促进，又相互制约。旅游活动对环境既可能产生积极影响，同时也可能产生消极影响。或者说，旅游的发展对环境可能产生外部经济性，也可能产生外部不经济性。就积极方面而言，由于环境既是旅游活动赖以开展的基础，又是目的地旅游资源的有机组成部分，所以某地为了发展旅游业会在一定程度上促进其环境的保护与改善以及环境资源的有效开发与利用，这又进一步导致旅游目的地吸引力的提升以及游客人数的增加，最终提高旅游经济效益。这就是正向的环境效益。但在旅游业发展过程中，也有可能出现对环境和资源的破坏和污染，造成旅游吸引力下降以及旅游经营成本的增加，最终导致旅游经济效益下滑甚至威胁到旅游业的发展，表现为负向的环境效益。

根据国家旅游局初步统计，目前有 22 个试点景区的数字化建设总体方案已通过住房和城乡建设部专家组的评审；黄山、峨眉山等 8 个试点景区初步建成了综合性的数字化指挥调度中心；九寨沟、黄山等 10 个试点景区开通了门票网络预售，累计销售额超过 10 亿元；龙门、庐山等 10 个试点景区安装使用了电子门禁系统；十三陵、钟山、天山天池等 20 个试点景区建成 LED 大屏幕信息发布系统，通过卫星联播实现了景区资源相互推介宣传；大部分试点景区还建成使用了森林防火或集旅游消费者安全、资源保护等多功能于一体的综合视频监控系统，实现了对主要景区、景点和游人集中地带的实时监控。信息技术的应用可以更加有效地对自然景观和文物古迹进行保护,并实时控制游客容量。当某一景点达到最大容量的时候，通过可视化管理，并通过 LED 屏提醒游客合理恰当地安排游览路线。同时，云数据中心的服务器虚拟化技术，可通过巩固网络资源、降低电力消耗和设施成本来减少含碳气体排放，体现低碳景区理念。

以上三方面的效益存在着密切关系，它们相互作用共同构成了旅游效益这一整体概念。其中任何一种效益的变动都会直接并且通过对其他两种效益的作用而间接影响旅游发展的综合效益。比如，旅游经济效益的提高可以使目的地有更多的资金和税收用于各种服务设施和基础设施的建设与完善，用于环境治理和资源保护，从而促使社会效益和环境效益的提高；旅游社会效益和环境效益的提高又能为旅游业及其他相关产业和部门长期获得经济效益提供必要的基础和保证。片面强调一种效益而忽视甚至否定其他影响的做法是不科学的，不利于旅游的长期可持续发展。

因此，对旅游效益的研究应是一种系统研究，它涵盖了不同的研究范畴，其中既包括对旅游微观经济效益的研究，即要研究旅游企业在其经营活动中所费和所得的关系，同时还包括对旅游宏观效益的研究，即研究旅游活动的开展对全社会的经济、文化、社会、环境及其他方面带来的正负影响。旅游管理部门在制定旅游发展方针、政策和规划时，必须把旅游的微观和宏观效益结合起来共同研究，以旅游微观效益为出发点，以旅游宏观效益为目标。只有多种效益并存才能实现旅游经济活动的可持续发展。

第二节　旅游发展的微观效益分析

一、旅游微观经济效益的概念

旅游经济活动的微观效益主要是指旅游企业的经济效益，表现为旅游企业的经营收益同其成本之间的比较，即为游客提供直接服务的旅行社、交通运输企业、旅馆、餐馆、游览点、娱乐场所等企业，在提供旅游产品时对物化劳动、活劳动的占用和耗费与企业所获得的经营成果的比较。

旅游企业的经营收益，是指旅游企业在旅游经济活动中，通过提供满足旅游者需要的旅游产品而创造的利润和税收，也就是旅游企业所获得的营业收入在扣除了旅游产品成本后的余额；旅游企业的成本，是指旅游企业在生产经营过程中所耗费的全部物化劳动和活劳动的价值形态。可见，在市场经济条件下，旅游企业要想取得理想的经济效益，就必须努力提供市场需要的旅游产品或服务，扩大市场份额，同时严格控制经营成本，不断提升利润水平。

二、旅游微观经济效益的评价

（一）旅游微观经济效益的主要评价指标

对旅游企业经济效益进行评价，就是要分析和比较旅游企业的收入、成本和利润等经济指标。

1. 旅游企业的经营收入

旅游企业的经营收入是指旅游企业通过提供和出售旅游产品和服务所实现的收入。旅游企业经营收入的高低反映了旅游企业经营规模的大小和经营水平的高低。我们可用 TS 来表示旅游企业经营总收入。

2. 旅游企业的经营成本

旅游企业的经营成本是在一定时期内旅游企业生产经营所耗费的全部成本费用。成本的高低不仅影响企业利润量，也是衡量企业竞争力的标志。当某企业的成本费用低于社会上生产同样产品的平均成本时，在同样价格下就会获得较高的利润；在竞争激烈的市场环境中，该企业则可以用降低价格的办法，在企业获得正常利润的情况下扩大市场份额。

按照成本的经济用途，旅游企业的经营成本可划分为营业成本、管理费用和财务费用三大类。其中，营业成本是指企业在经营过程中直接支出的费用，包括原材料费、运输费、水电费、燃料费、宣传费、清洁卫生费、低值易耗品摊销、经营人员工资、奖金及其他营业费用。管理费用是指企业为组织和管理经营活动而发生的费用以及企业统一负担的费用，包括公司经费（包括行政管理部门的人员工资、办公费、会议费、差旅费、物料消耗以及其他行政经费）、职工教育经费、劳动保险费、外事费、咨询费（聘请经济技术顾问、法律顾问的开支）、审计费（聘请注册会计师进行查账验资及资产评估等各项开支）、诉讼费、土地使用费及其他管理费等。财务费用是指企业经营期间发生的利息净支出、汇兑净损失、金融机构手续费、加息及筹资发生的其他费用。这种划分方法，可用以核算各种产品的总成本和单位成本，研究产品成本结构的合理性，考核各种费用定额的执行情况，进一步挖掘减少费用支出的潜力。如果用 TC 表示经营成本，C_o 表示营业成本，C_m 表示管理费用，C_a 表示财务费用，那么旅游企业经营成本的计算公式是：

$$TC = C_o + C_m + C_a$$

按照成本的性质，可划分为固定成本和变动成本两类。固定成本或固定费用是指在一定的业务范围内不随业务量的增减而相应变动的成本或费用，又称不变成本或分摊成本，如固定资产的折旧费、租赁费、利息、保险费、管理费、人员工资以及一切待摊费用等。变动成本或变动费用是指随着业务量的增减而按比例增减的成本或费用，又称可变成本，如食品、饮料的原材料、辅料、配料、客房餐厅的低值易耗品、饭店洗涤、修理等服务部门的原材料、辅料等。对于高固定成本的旅游企业，产品销售量对利润有重要影响。如果用 FC 表示固定成本，Vc 表示变动成本，Q 表示产品销售量，那么旅游企业经营成本的计算公式是：

$$TC = FC + VcQ$$

分析旅游企业的经营成本，除了要看总成本外，还要分析成本的构成情况，加强对成本的控制和管理。

3. 旅游企业的经营利润

旅游企业的经营利润是指旅游企业的全部收入扣除其全部成本和所缴纳税款之后的余额，由营业利润、投资净收益和营业外收支净额等几部分构成。其中，营业利润是从企业的经营收入中扣除经营成本及税金之后的余额；投资净收益是指企业向外投资获得的利息、股息、投资回收或转让款项与账面投资净值的差额；营业外收支净额是指企业的固定资产盘盈和变卖的净收益、无法支付的应付款和其他收入等营业外收入扣除固定资产盘损、赔偿金、违约金、罚金、公益性捐助等营业外支出后的净额。如果以 R 表示旅游企业的营业利润，TR 表示旅游经营总利润，T 表示税金，I 表示投资净收益，D 表示营业外收支净额，则有下列计算公式：

$$R = TS - TC - T$$

$$TR = R + I + D$$

其中，投资净收益 I＝投资收益－投资损失

营业外收支净额 D＝营业外收入－营业外支出

经营利润反映了旅游企业在市场上的竞争力和经营管理水平。在消费者导向观念指导下的企业，其经营活动的最终目的是在满足顾客需要的同时获得企业的最大利润。企业将根据国家规定依法缴纳所得税金，给全社会带来效益。其余的利润将按规定分为盈余公积金、公益金和向投资者分配的股息。需要时还要用利润去弥补上一年度的亏损和税款滞纳金等。从利润的分配途径看，企业利润起到了保证投资、保证企业不断扩大营业量、不断提高企业职工福利的作用，是企业经营活动中的积极因素。在旅游产品质量和价格不变的情况下，成本愈低，利润就愈高；在经营旅游产品所耗费用不变的情况下，销售额愈高，利润就愈大。

（二）旅游微观经济效益的主要评价方法

利用上述几个主要指标，可以对旅游企业的经济效益进行分析和评价。较为常用的评价方法有以下几种：

1. 损益平衡分析法

损益平衡分析法又称为盈亏临界点分析法。这是一种使用很广的传统分析方法，尤其在新产品经济分析中，可用来确定企业不亏损条件下的产品最低销售量，也就是确定产品的销售收入与总成本相等的临界点。这样就需要对产品的销售量、成本和利润的关系进行分析，故此分析法又称量本利分析法。

当企业处于不亏损的情况时，其利润为零，即销售收入等于固定成本和变动成本之和。计算损益平衡销售量的公式如下：

$$PQ_E = FC + VcQ_E$$

$$Q_E = \frac{FC}{P - Vc}$$

其中，Q_E 代表损益平衡销售量；P 是单位产品价格。如果把营业税率 T_S 考虑进去，则损益平衡销售量的公式为：

$$Q_E = \frac{FC}{P(1 - T_S) - V_C}$$

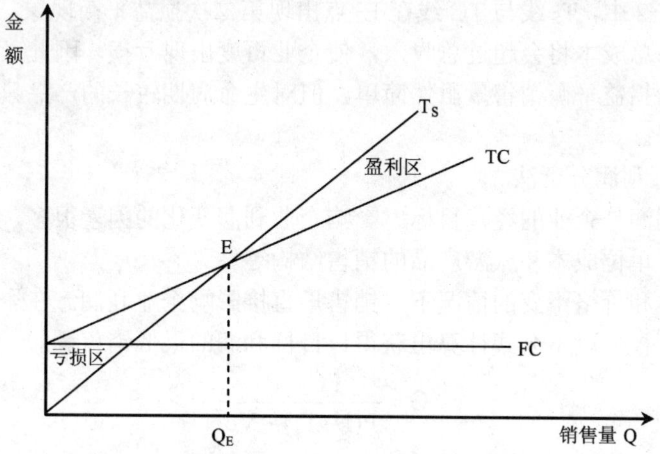

图 7-1　损益平衡分析图（a）

在图 7-1 中，T_S 为总销售收入线；FC 为固定成本线；TC 为总成本线，它是固定成本 FC 和变动成本 V_CQ 的总和。T_S 与 TC 相交于 E 点，即损益平衡点，对应的销售量 Q_E 就是损益平衡销售量。当销售量小于 Q_E 时，总收入低于总成本，企业亏损；而当销售量大于 Q_E 时，总收入高于总成本，而且二者之间的差距会随着销量的扩大而增大。但由于产品的售价和变动费用往往会随着销售量的扩大出现相应变化，如由于经营促销的需要而调低单位产品价格，或由于管理上的需要和疏漏使变动费用上升，总收入和总成本在销售量上升到某一点时会出现再次相等的状况，如图 7-2 所示。

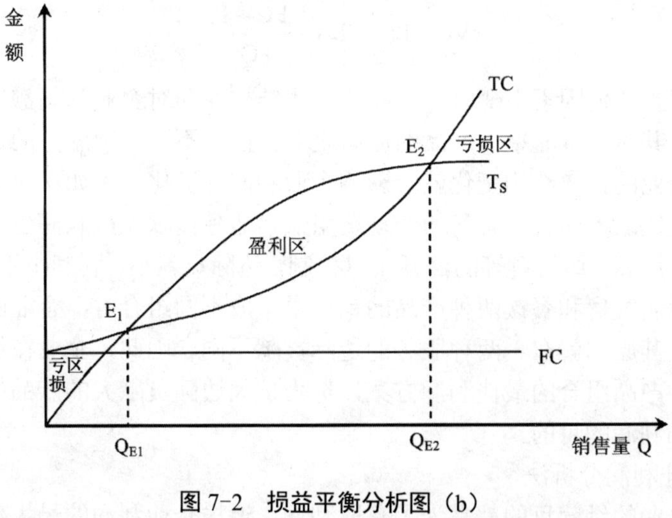

图 7-2　损益平衡分析图（b）

在图 7-2 中，T_S线与 TC 线在 E_2点出现第二次损益平衡现象。当销售量超过 Q_{E2}时，总成本将会超过总收入，使企业再度出现亏损。因此，用这种方法计算产品的损益平衡销售量虽然简单，但对生命周期较长的产品只能以此作为估算的根据。

2. 目标利润分析法

获取利润是企业的经营目标。影响企业利润变化的因素很多，有销售量、单位价格、单位成本和旅游产品的销售结构等。

在成本和价格不变的情况下，销售量直接影响企业利润。在企业目标利润既定时，可根据以下公式计算出获得该目标利润的最低销售量：

$$Q = \frac{FC + R}{P(1 - T_S) - Vc}$$

其中，Q 表示销售量，P 为单位价格，R 为目标利润，其余标示同前。

固定费用和变动费用的变动会影响利润的变化。固定费用增加，损益平衡点提高，在销售量不变的情况下，利润额会减少；反之则会增加。而单位变动费用的提高，在价格不变的情况下，边际贡献减少，利润减少；反之则增加。

在目标利润既定的情况下，可根据上面公式换算出目标价格和目标变动费用。目标价格的计算公式为：

$$P = \left(\frac{FC + R}{Q} + Vc\right)\left(\frac{1}{1 - T_S}\right)$$

目标变动费用的计算公式为：

$$Vc = P(1 - T_S) - \frac{FC + R}{Q}$$

此外，当其他因素不变时，产品的销售结构变动对企业利润额增减的影响也很大。尤其对经营非单一产品的旅游企业，由于不同单项服务的边际贡献不同，因此企业的销售结构变化就会影响企业利润的变化。例如，对于饭店经营的客房及餐饮服务而言，客房的变动费用低，边际贡献大，利润也较高；而餐饮的变动费用高，原材料等的消耗难以控制，边际贡献小，利润小于客房产品。这样，当饭店客房和餐饮两种产品的销售量形成不同组合时，企业的利润就会出现变化，其原因就在于两种服务的边际贡献不同。因此，企业在经营时要注意选择各种产品组合的最佳利润方案，努力扩大边际贡献大的产品的销售量，以达到增加利润的目的。

3. 最佳利润分析法

任何企业的经营目的都是为了获取利润，追求企业利润的最大化。当产品的边际收入等于边际成本时，达到最佳利润。边际收入是指每增加一个单位产品销售量所得到总收入的增加量。边际成本是指每增加一个单位产品销售量所付出总费用的增加量。如果用 MR 表示边际收入，MC 表示边际成本，△TR 表示总收入的变化量，△TC 表示总成本的变化量，△Q 表示销售量的变化量，则有：

$$MR = \frac{\Delta TR}{\Delta Q}$$

$$MC = \frac{\Delta TC}{\Delta Q}$$

当 MR＞MC 时，表明销售产品所增加的收入比消耗的费用大，此时企业的总利润仍可再增加，所以还并非最佳利润。但随着销售量的增加，由于原材料消耗的增加和管理上可能出现的疏漏，往往使变动成本相应增加。当销售量超过某一点后，其边际收入开始小于边际成本，即 MR＜MC，表明销售产品时所得到的收入不足以弥补所消耗的成本，从而出现亏损，企业总利润下降，因此也不是最佳利润。只有当 MR=MC 时，表明销售到这一单位产品时，企业的收入和费用相抵，总利润不再增加，同时也无亏损出现，企业经营实现了利润最大化。

任何一个旅游企业都应采取科学的管理方法，进行严格的成本核算，控制边际成本，在保证质量的前提下，充分利用现有的设施设备，使总利润不断上升。

4. 边际收益分析法

边际收益又称边际贡献，即指每增加一单位销售量所得到的收入超过所增加的成本的部分。如果用 Mr 表示边际贡献，则其公式为：

$$Mr = P(1 - T_S) - Vc$$

当 Mr＞FC/Q 时，企业有利可图；当 Mr=FC/Q 时，企业刚好保本；当 Mr＜FC/Q 时，则企业出现亏损。

计算企业的保本销售量和保本销售额时，可借助边际贡献的概念，前面提到的损益平衡销售量计算公式就可转换式为：

$$Q_E = \frac{FC}{Mr}$$

保本销售额则为：

$$PQ_E = \frac{FC}{Mr} \cdot P = FC \div \frac{Mr}{P}$$

其中 Mr/P 为边际贡献率，表示单位价格中边际贡献的比率。因此，

$$PQ_E = FC/边际贡献率$$

对经营多种产品的旅游企业而言，由于各单项旅游产品的销售单位不同，在计算其损益平衡销售量时可用保本销售额的计算方法代替，从而直接采用边际贡献率，使计算更为方便。因为旅游企业所经营的各单项旅游产品的边际贡献率不等，所以在计算时一般采用加权平均数，这样更切合实际。

$$保本销售额=\frac{固定费用总额}{加权平均边际贡献率}$$

$$加权平均边际贡献率=\frac{边际贡献总额}{预计销售总收入}$$

$$\begin{aligned}边际贡献总额 &= 预计销售总收入-\sum(各单项产品变动费用\times \\ &\quad 该项产品预计销售量 \\ &= \sum PQ - \sum VcQ\end{aligned}$$

$$\begin{aligned}预计销售总收入 &= \sum\left(各单项产品的价格\times该项产品预计销售量\right) \\ &= \sum PQ\end{aligned}$$

5. 成本结构分析

不同类型、不同设施设备条件的旅游企业，具有不同的成本结构。有的企业固定投入多，变动费用相对较低，如现代化程度高的旅游饭店、大型远程客运公司、旅游汽车公司和配备现代科技的大型娱乐场所等。有的企业则变动费用很大，而固定成本相对较少，如旅行社、餐馆等。对提供同一种旅游服务的企业，也存在规模、服务设施和技术水平相差很大的情况，在产品成本结构上存在很大区别。

不同成本结构的企业，其销售量对企业利润的影响程度不同，这是由于在生产过程中固定成本和变动成本发挥的要素作用不同所造成的。变动成本高的企业，其经营杠杆率低。经营杠杆率表明的是总利润对产销量变化的敏感度，它说明产销量增减同企业变动成本和利润变化的关系。从企业的成本结构方面对其利润进行分析，就是对不同经营杠杆率的企业就其销售量对企业利润的影响程度进行分析。因此，成本结构分析法又称为经营杠杆率分析法。

测定影响程度的尺度称为经营杠杆率测定度，即为产品销售量变动的百分数与利润变动百分数之比。计算公式如下：

$$D_{OL}=\frac{\frac{\Delta R}{R}}{\frac{\Delta Q}{Q}}$$

$$=\frac{\frac{\Delta QP-\Delta QPT_S-\Delta QVc}{QP-QPT_S-QVc-FC}}{\frac{\Delta Q}{Q}}$$

$$=\frac{\Delta Q\left[P\left(1-T_S\right)-Vc\right]}{Q\left[P\left(1-T_S\right)-Vc\right]-FC}\times\frac{Q}{\Delta Q}$$

$$=\frac{Q\left[P\left(1-T_S\right)-Vc\right]}{Q\left[P\left(1-T_S\right)-Vc\right]-FC}$$

式中，D_{OL}为经营杠杆率。

成本结构不同的企业，其经营策略的重点也不同。D_{OL} 高的企业主要依靠扩大销售量以获得大额利润，可称为市场指向型企业。这类企业若单纯依靠挖潜节流的办法降低成本通常不能获得最佳利润，而是要在加强科学管理的同时，通过扩大销售量，充分利用企业现有的物资设备条件，多渠道地进行宣传，广泛招徕旅游者，才是获得高利润的有效方法。而对于 D_{OL} 较低的企业而言，由于变动费用多，因此随着销售量的扩大，变动成本也相应增多。这类企业若欲取得大额利润，必须从提高科学管理方法入手，采用先进技术，节约人财物力的消耗，严格成本核算，故这类企业被称为成本指向型企业。这类企业只有在降低成本的基础上扩大销售量，才能获得最佳利润。

经营杠杆率是一个弹性概念。同一企业在不同销售量水平上的经营杠杆率也不同，也就是说同一企业中不同销售量对利润的影响程度是不同的。销售量离保本点愈近，其增量对利润增量的影响愈大，反之愈小。这个弹性又称为利润的经营杠杆率弹性。

三、提高旅游微观经济效益的途径

旅游微观经济效益反映的是旅游企业所得与所费的相互关系，而旅游企业的经营收入和经营成本就是其所得和所费的具体体现。因此，提高旅游微观经济效益的重要途径无外乎尽可能地降低经营成本，或者增加经营收入，或者同时取得这两种结果。

（一）提高旅游企业销售收入

增加经营收入意味着要扩大客源，增加产品的销售。旅游企业要在充分的市场调研与预测的基础上，向目标市场提供合适的旅游产品，并通过有效的市场促销手段，扩大产品销售量。但需要注意的是，产品销量的增加不能以盲目降低价格为手段，否则将不能达到增加经营收入的目的。旅游企业应该注重通过提高内部管理水平，不断提高旅游产品与服务质量来更好地满足顾客的需要，树立企业品牌形象，避免低层次的价格竞争，在此基础上增加收入，提高经济效益。

1. 加强旅游市场调研，扩大旅游客源。旅游客源是旅游业赖以生存和发展的前提条件，也是增加旅游企业营业收入的重要途径。因此，必须随时掌握旅游客源市场的变化，对现有客源的流向、潜在客源的状况，以及主要客源国的政治经济现状与发展趋势进行调查、研究和分析，有针对性地进行旅游宣传和促销，提供合适的旅游产品和服务，不断扩大客源市场，增加旅游企业的经营收入，提高经济效益，否则就会失去市场竞争力，失去客源，而没有客源就没有旅游经济活动，也就无法实现和提高旅游企业的经济效益。

2. 大力开发适销对路的旅游产品。旅游企业应根据旅游者的需求类型和需求层次，及时开发、生产与之相适应的旅游产品。同时，旅游企业应加强市场营销，将旅游产品的相关信息及时、准确地传递到目标市场，使广大潜在的消费者转化为现实的消费者。在互联网时代，僵硬的广告已经不是一个好的选择，博客、微博、微信等一些社交网络媒体中用户自己撰写的内容更能让人信服，传播速度也更快。

3. 不断提高旅游产品质量。与一般商品不同，旅游产品具有生产和消费的同一性特点，旅游者在消费前无法对产品质量进行判断，在消费后对产品质量的评估已无法逆转，存在着比一般商品更大的“购买风险”。一旦出现产品质量问题，必然造成难以挽回的不良影响。随着点评网站的出现，消费者对旅游产品的评价已经成为影响其他潜在购买者决策的重要因素之一，只有坚持高质量的旅游产品，才能使企业立于不败之地。因此，旅游企业要不断提高产品质量，树立良好的产品形象和企业形象，这也是扩大产品销量的关键措施之一。

4. 适应市场变化，提供多元化的项目和服务。随着旅游活动的发展，旅游者的消费需求日趋多样化，除观光、游览等传统活动外，融休闲、娱乐、探险、求知为一体的旅游活动越来越受到消费者的青睐。对此，旅游企业应当积极开发、组织综合性的旅游活动，提供多种多样的旅游项目和旅游服务。比如随着游客休闲度假需求量的增长，越来越多的旅行社开始提供邮轮旅游服务，已经成为旅行社业务新的利润增长点。

5. 提高员工素质，改善服务质量。旅游产品是以无形的服务为主体的，因此，员工素质是影响旅游产品质量的关键因素，也是影响旅游经济效益的重要因素。旅游服务质量的好坏，不仅表现在旅游景观是否具有吸引力、旅游活动的内容是否丰富多彩、旅游接待设施是否安全上，更重要的是体现在旅游服务人员的服务态度、服务技能、文化素质和道德修养上。提高员工素质的关键是人才的培养和开发。应当通过岗前教育、岗位培训、业余和脱产学习等多种方式和途径，提高旅游从业人员的文化素质、技术能力和道德水平。改善和提高服务质量就能迎合游客的需求，促使他们延长逗留时间，增加消费，从而相应提高旅游经济效益。

（二）降低旅游企业经营成本

对旅游企业来说，降低经营成本意味着加强企业内部经济核算，降低物质消耗程度。旅游企业的经济核算是企业借助货币形式，通过财务分析的方法，对旅游经济活动过程的耗费进行反映和监督，从而发现问题，减少消耗，挖掘潜力，最终提高经济效益。另外，旅游企业还可通过提高员工素质，加强劳动分工与协作，设计科学合理的服务流程，充分利用有效的服务设施设备来提高劳动生产率，减少人财物力的消耗，降低旅游产品的成本。

1. 建立企业的经营管理制度和内部监控机制。要对成本开支的范围和标准实行严格控制，将经营成本与部门或个人的物质利益挂钩，使各个工作环节都能做到互相监督和自我监督，尽量减少不必要的开支和浪费。对于固定成本较大的旅游企业，主要通过增加销售量，提高设备使用率等方法来降低经营成本。对于变动成本较大的旅游企业，主要通过提高工作效率，实行严格的成本控制，减少变动成本的耗费等方法来降低经营成本。

2. 提高劳动生产率，降低旅游产品成本。提高劳动生产率，就是要提高旅游企业职工的素质，加强劳动的分工与协作，提高劳动组织的科学性，尽可能实现以较少的劳动投入完成同样的接待任务，或者以同样的投入完成更多的接待任务，达到节约资金占用，减少人财物力的消耗，降低旅游产品的成本。同时，提高劳动生产率还有利于充分利用现有设施，扩大营业收入，达到提高利润、降低成本、增加旅游经济效益的目的。

3. 加强经济核算。经济核算是经济管理不可缺少的重要环节。旅游企业借助货币形式，通过记账、算账、财务分析等方法，对旅游经济活动过程及劳动占用和耗费进行反映和监督核算，有利于发现旅游经济活动中的薄弱环节和问题，分析其产生的原因和影响因素，有针对性地采取有效的对策，开源节流，挖掘潜力，减少消耗，提高效益。

4. 合理利用外部经济条件。一方面，旅游企业要重视选址问题，旅游企业所处的地区对获得外部经济收益具有重要的影响。一般来说，旅游企业选择建立的地区或地点，应是那些交通、能源和环境等基础设施较好、旅游需求集中的地区或地点。因为基础条件好、环境优良的地区，可以相对减少投资费用，更容易吸引各类旅游人才。另一方面，旅游企业形象对获得外部经济也具有重要的影响作用。旅游企业如果形象好，可以获得社会与公众对企业的理解与信任，必然会减少不必要的经济纠纷。

5. 加强旅游企业的管理基础工作，不断改善经营管理。良好的管理基础工作，不仅是改善旅游企业经营管理的前提，也是创造良好经济效益的重要途径。因此，加强旅游企业的管理基础工作，必须切实做好以下工作：一是要加强标准化工作，促使企业各项活动都能纳入标准化、规范化和程序化的轨道，建立良好的工作秩序，提高工作效率。二是要加强定额工作，制定科学合理的定额水平和严密的定额管理制度，充分发挥定额管理的积极作用。三是加强信息和计量工作，通过及时、准确、全面的信息交流和反馈，不断改善服务质量，并在加强计量监督和管理前提下，不断提高服务质量、降低成本、提高经济效益。四是加强规章制度的制定和实施，严格各种工作制度、经济责任制度和奖惩制度，规范职工行为，促进经营管理的改善和提高。

第三节　旅游发展的宏观效益分析

一、旅游宏观效益的概念

旅游发展的效益必须把旅游经济活动的微观效益与宏观效益统一起来。一方面，旅游企业的经济效益直接影响和决定了旅游业乃至整个社会的宏观效益；另一方面，旅游发展的宏观效益反过来也影响旅游企业经济效益的可持续性。

旅游宏观效益是指在旅游经济活动中，社会投入的活劳动、物化劳动及自然和社会资源的占用与消耗即旅游宏观成本，与旅游业及全社会收益即宏观收益的比较。它指的是包括旅游业在内的社会整体效益，其中既包括旅游业本身以及其他相关产业和部门的经济效益，还包括社会效益和生态环境效益。

旅游活动是一种复杂的社会活动，涉及人与自然界、人与社会以及人与人之间全方位的接触和联系。因此，旅游者在进行旅游活动时，除了接触为其直接提供服务的企业部门之外，还要和目的地的人以及许多经济与非经济部门发生联系，如交通、电信、金融、公安、环保、城建等。这些部门虽不是专为旅游活动设置的，但旅游活动同样离不开它们所提供的产品和服务。因此，在旅游经济活动中，旅游者的需求必然会影响旅游目的地的收入、就业、文化、交通、治安、城建、商业和其他相关部门的发展。在旅游的影响中，有些对社会经济的发展十分有利，而有些则起到负面作用。正面影响是旅游宏观收益，而负面影响则是旅游宏观成本。一般来说，旅游活动给目的地国家或地区带来的影响要远大于对客源国或地区的影响，因此对旅游宏观效益的研究往往在旅游接待国更被重视。

旅游宏观成本是指为开展旅游活动而付出的社会总成本，其中既包括旅游企业投入的活劳动和物化劳动的价值，还包括国民经济中相关经济和非经济部门为旅游业发展的需要而提供的物化劳动和活劳动的价值，以及社会在保护生态环境、维护社会秩序等方面的投入和纠正、整理旅游宏观损失所付出的代价。此外还要计算机会成本的因素。旅游宏观成本一般可分为有形成本和无形成本两大部分。

旅游宏观收益反映的是旅游业的发展为全社会带来的成果和收益。它包括旅游企业的盈利，旅游企业以及相关部门向国家、地方上缴的税金，经济建设不可缺少的外汇收入，促进国民经济中相关产业和部门的发展，就业机会的增加以及给整个社会、文化、环境带来的经济的与非经济的收益。

旅游宏观收益与宏观成本的内容如表 7-1 所示。

表 7-1 旅游宏观收益与宏观成本

宏观成本	宏观收益
旅游吸引物的开发投入	旅游企业利润
旅游企业的物化劳动和活劳动投入	旅游外汇收入
旅游基础设施的投入	各级政府税收
旅游营销活动的投入	相关部门、行业的发展与收益
国际旅游业的外汇投入	旅游业与相关产业和部门的就业机会
相关产业和部门的物化劳动与活劳动投入	促进地区产业结构合理化
旅游活动对生态环境的破坏	促进落后地区经济的发展
旅游活动对文物古迹的损坏	低机会成本的收益
旅游活动对道德观念、社会安定的冲击	旅游活动带来的科技交流成果
旅游活动引起目的地的物价上涨	旅游活动带来的经济、贸易成果
对原有经济结构的消极影响	历史遗产的发掘和保护
高机会成本的损失	自然景观的开发和保护
	人们精神需要的满足
	人们消费结构合理化
	国际关系的促进与世界和平的推动

二、旅游宏观经济效益分析

分析旅游宏观经济效益，可以使人们了解旅游业发展的规模及其对整个国民经济的影响，同时为旅游业发展提供决策依据。然而由于旅游业并非是一个从生产角度定义的、传统意义上的标准产业，其构成内容复杂，其中很多行业部门又隶属于其他某些标准产业，因此对旅游经济影响的评估往往存在很大难度。

（一）衡量旅游宏观经济效益的指标

用以分析旅游宏观经济效益的指标通常包括以下几个：

1. 旅游外汇收入和旅游总收入。旅游外汇收入是在一定时期内，目的地国家或地区因接待来访的境外游客，向其提供各种商品和服务而获取的外汇收入。国际旅游是一种重要的服务贸易形式，接待入境旅游即意味着旅游产品的出口，旅游外汇收入的多少标志着目的地国家或地区旅游创汇能力和旅游业发展水平的高低。旅游总收入是目的地接待国内外游客所获取的全部直接收入，它反映了旅游业发展的总规模收益。两者都是评价旅游宏观经济效益的重要指标。

2. 旅游投资效果系数和旅游投资回收期[①]。旅游投资效果系数是一定时期内旅游投资所获得的盈利总额同投资总额的比值。如果把资金的时间价值考虑进去，就要通过贴现计算每年的平均现金净流量。一般情况下，旅游投资效果系数越大，说明旅游投资效益越好。如果以 E_i 表示投资效果系数，T_i 表示投资效果总额，F_i 表示年平均现金净流量，旅游投资效果系数可用如下公式计算：

$$E_i = \frac{TS - TC}{T_i} \text{（静态指标）}$$

$$E_i = \frac{F_i}{T_i} \text{（动态指标）}$$

旅游投资回收期是旅游投资效果系数的倒数。一般情况下，旅游投资回收期数值越小，说明旅游投资的回收时间越短，投资效果就越好。如果用 T_b 表示投资回收期，其计算公式如下：

$$T_b = \frac{T_i}{TS - TC} \text{（静态指标）}$$

$$T_b = \frac{T_i}{F_i} \text{（动态指标）}$$

3. 旅游税收。税收是衡量旅游经济对国民经济影响的一个重要指标。虽然

---

① 罗明义. 旅游经济学（第二版）. 南开大学出版社，2004.

目前国内外对旅游税收的概念还没有统一明确的界定，但旅游税收的来源通常有两类：一是来自对旅游者的征税，二是来自对旅游产品及服务经营企业的征税。世界旅游组织在其1998年公布的一份报告中曾指出世界上不同国家征收的旅游税税种共有40多个，不同国家具有不同的旅游税收制度，各个旅游税种的名称也不一样。大多数国家的旅游税收实际上都包括旅游商品税、旅游所得税、旅游财产税以及特定旅游税等几大类。旅游税收能够增加政府的财政收入，增强政府提供公共产品的能力，同时还能在一定程度上促进旅游的可持续发展。

4. 旅游乘数。旅游乘数（详见第六章）反映了旅游直接收入的增加对国民经济其他部门的促进作用，也是用来分析旅游宏观经济效益的一个重要指标。这里不再赘述。

（二）旅游卫星账户

当前在世界范围内不断普及的旅游卫星账户体系被认为是现阶段最准确和可信的评估旅游经济影响的统计工具。旅游卫星账户（Tourism Satellite Account, TSA）是在国民账户之外设立一个虚拟账户，将所有涉及旅游的部门中由旅游引致的产出部分分离出来单列其中，用以测度旅游业的规模及其经济影响。由于卫星账户体系可以准确地把旅游业所带来的直接或间接收入计算出来，因而能够真实反映旅游业对国民经济总产值、就业、投资等的贡献。

旅游卫星账户作为一个国民经济核算的工具，除了提供国民经济核算中有关旅游业的准确内容与数据之外（如游客消费、旅游产业活动的供给等），从经济学意义上，它可以较全面地反映旅游活动的供需情况、供需的对应与平衡问题，即游客消费是由哪些产业提供和满足的？满足程度如何（国内生产或进口比例情况）？可以较深入地了解和分析游客消费、旅游供给的总量和结构状况，从而了解旅游需求和产业的市场总体均衡状况；可以核算旅游业的产业规模（如旅游业的GDP值、旅游就业的总体情况），从而全面分析旅游业在国民经济中的产业地位。此外，作为一个较全面的数据库，旅游卫星账户的基础数据还可以为政府的公共政策提供依据（如游客消费政策、旅游就业政策等）。旅游卫星账户的建立，对推进我国国民经济核算体系的改革，完善旅游统计体系都将产生积极的促进作用。

具体来讲，旅游卫星账户可测量以下内容①：

1. 旅游业对国内生产总值（GDP）的贡献；
2. 旅游业与其他经济部门相比的总体规模；
3. 旅游业创造的就业岗位数量；

① 查尔斯·R. 格德纳，布伦特·里奇著. 李天元等译. 旅游学（第10版）. 中国人民大学出版社，2008：360.

4. 旅游投资数量；
5. 旅游业产生的税收收入；
6. 旅游消费情况；
7. 旅游对国家收支平衡的影响；
8. 旅游业人力资源的特征。

（三）旅游增加值的测算

在研究旅游经济效益时，通常要注意旅游增加值的测算。

由于旅游产品是满足人们综合性、多样化旅游需要的产品，因此旅游服务必然要以多种物质的和非物质的产品为依托。如在一次旅游活动中，旅游者的消费是由饭店、餐饮、交通、游览、娱乐、商业、海关等多方面服务构成的。在这些物质和非物质的产品中，很多是其他生产部门的产出。它们的产值已属于其他部门所有，不能算旅游业的产值。因此，对旅游业总产值进行计算时，若把外购的物品也计算在内，就会出现重复计算的情况。如饭店产品中需外购的电力、燃料、食品、洁具、装饰以及运输、通信、维修、广告等服务的中间消耗，在计算饭店产值时必须除去，才可避免重复计算。否则，既不能真实地反映旅游业的产值，也不能正确反映其他产业的产值，故而应该用增加值这个概念来表示各产业的贡献。增加值就是由总产值中扣除外购物品及服务中间消耗的价值，只包括固定资产折旧、工资和税利，这样才能真实地反映旅游业的贡献。

旅游增加值有狭义和广义之分，狭义的增加值指各旅游产业的增加值；广义的增加值则包括一切为旅游者提供服务的产业和部门（如商业、邮电通信业、社会服务业等）的增加值。在旅游经济活动中，统计旅游业的增加值相对比较容易，但对其他产业旅游增加值的核算则比较复杂和困难。因此在国内目前的相关研究中，往往把超出旅游业范围之外的、与旅游业相关的其他产业所提供的增加值暂不纳入旅游增加值的统计范围内，而仅从狭义的角度来测算旅游增加值。

旅游增加值的具体测算步骤如下[①]：

（1）计算旅游业内各行业的增加值率。首先可从统计年鉴中找出这些相关行业的总产值与增加值，然后根据以下增加值率公式计算出各行业的增加值率。

$$r_{GDP_i} = \frac{GDP_i}{TP_i}$$

其中，r_{GDP_i} 表示旅游业内 i 行业增加值率；GDP_i 表示旅游业内 i 行业的增

① 罗明义. 旅游经济学：分析方法·案例. 南开大学出版社，2005.

加值；TP_i 表示旅游行业内 i 行业的总产值。

（2）计算旅游业内各行业的旅游收入。旅游业内部各行业的旅游收入计算公式为：

$$T_i = T \times R_i$$

其中，T_i 表示旅游业内 i 行业的旅游收入；T 是旅游总收入；R_i 是旅游者在 i 行业的消费支出比重。

（3）计算旅游业内各行业的旅游增加值。用上面两个公式计算得出的旅游业内各行业的旅游收入与各行业的增加值率相乘，即能得到旅游业内各行业的旅游增加值。具体公式如下：

$$TG_i = T_i \times r_{GDP_i}$$

其中，TG_i 表示旅游业内 i 行业的旅游增加值。

对于与旅游业相关的其他行业和部门旅游增加值的核算，应先计算出与旅游消费相关的增加值，将其从这些部门的全部增加值中剥离出来，计算到旅游增加值中。对相关部门中旅游消费增加值的计算是根据各行业的旅游消费剥离系数乘以各行业增加值得出。旅游消费剥离系数就是各相关行业的旅游消费增加值与该行业全部增加值的比例。

旅游卫星账户体系也为我们提供了一种科学有效的测度旅游增加值的工具。根据世界旅游组织、世界经合组织和联合国于 2001 年联合发布的《旅游卫星账户：推荐方法框架》(Tourism Satellite Account: Recommended methodological framework, TSA: RMF），旅游产业增加值（Value Added of Tourism Industries, VATI）和旅游增加值（Tourism Value Added, TVA）是两个评价旅游经济影响的核心指标，也是两个需要加以区别的概念。旅游产业增加值是指将所有旅游行业创造的增加值进行累加，而不论这些产品是提供给旅游者还是非旅游者。它等于旅游产业的总产出减去中间投入。旅游增加值是指由于旅游消费而形成的由旅游产业和其他相关产业共同创造的增加值。它考察的是因旅游消费（入境旅游消费和国内旅游消费的总和）而引致的增加值，而不论这个增加值是产生于旅游产业还是其他产业。

按照《旅游卫星账户：推荐方法框架》的解释，旅游增加值加上因旅游消费而产生的税收，再减去政府返还的补贴，就是旅游 GDP（Tourism GDP, TGDP），它是旅游卫星账户的另一个核心经济指标。表 7-2 说明了旅游产业增加值、旅游增加值和旅游 GDP 三者之间的区别与联系。

表 7-2　旅游产业增加值、旅游增加值和旅游 GDP 之间的区别与联系

	旅游产业增加值（VATI）	旅游增加值（TVA）	旅游 GDP（TGDP）
旅游产业旅游消费产生的增加值	Yes	Yes	Yes
旅游产业非旅游消费产生的增加值	Yes	No	No
非旅游产业旅游消费产生的增加值	No	Yes	Yes
非旅游产业非旅游消费产生的增加值	No	No	No
旅游消费引起的税收	No	No	Yes

资料来源：TSA: RMF（2001）. 转引自葛宇菁. 旅游卫星账户的概念、结构与方法. 旅游调研，2006（5）.

三、旅游发展的社会效益与环境效益分析

分析旅游宏观效益，不仅要考虑旅游业的经济效益，同时还要考虑其对社会经济以及对生态环境的保护和改善所做的贡献。

（一）旅游发展的社会效益分析

旅游发展所产生的一个重要社会效益就是旅游就业。旅游业作为最大的服务产业，在解决就业方面有显著的能力和优势（Rex, 1997），尤其表现在吸纳妇女就业（Ireland, 1993）、无工作阅历的年轻人就业（Ross, 1992）和农村剩余劳动力就业等方面①。很多经济发达国家已经把发展旅游业的主要目的从获取外汇收入的经济目的转向增加就业的社会目的。研究旅游就业对于缓解我国的就业压力、建设和谐社会也具有重要意义。

表 7-3 为天津市旅游就业乘数效应。

表 7-3　天津市旅游就业乘数效应（2003 年）

部门名称	旅游就业乘数（人/万元）	部门名称	旅游就业乘数（人/万元）
公共设施服务业	4.1976	航空客运业	3.9767
娱乐服务业	4.2089	公路客运业	3.8941
旅游业	4.5349	邮政业	4.1742
旅馆业	4.3968	电信业	4.2966
餐饮业	4.7856	商业	4.9857
铁路客运业	4.2677	居民服务业	4.8185

在计算旅游成本时，除了要考虑旅游业各部门向游客提供产品和服务而产生的直接消耗外，还要考虑它对社会产出的负面效应，即附加成本，也就是游

① 转引自张辉，魏翔编著. 新编旅游学. 南开大学出版社，2007：341.

客向目的地居民或他人转嫁而未予补偿的费用。这个附加成本包括两部分：一部分是旅游活动直接给当地居民和社会带来的负面影响，称为直接附加成本；另一部分是由于发展旅游业间接给当地社会带来的压力，构成间接附加成本。由于游客的涌入，造成地区的交通阻塞，交通事故增多，水、空气污染更加严重，噪音增多，疾病流行，以及自然风光被破坏，历史文化遗迹被损毁等。为了维持社会的正常秩序，保护自然、人文遗产，政府要采取防治和处理措施，要投入大量的费用，这种由于旅游活动直接带来的投入就是所谓的直接附加成本。同时由于发展旅游业，可能会吸引大批的外地劳动力进入，他们的长期逗留造成目的地人口增加，从而可能引起当地住房不足、教育经费不足、犯罪率上升、医疗保健设备短缺等一系列问题的产生，当地政府为了防治和处理这些负面影响而投入的费用开支，通常称为间接附加成本。附加成本一般由政府的财政负担，而政府的财政成本又是以税收的形式转嫁于居民。

国家旅游管理部门应按游客类别或细分市场来衡量附加成本。

首先，要确定哪些是与游客相关的附加成本及其相应的财政成本，如表 7-4 所示。

只要选定了表中与游客相关的附加成本类别，即可确定需要衡量的有关财政成本，如关心水污染造成的附加成本，就要衡量相关的供水和污水处理部门的开支。

其次，要确定各类财政成本的估计变量。衡量游客造成的财政成本，需要将表 7-4 种所列的各类财政成本根据游客比例分配，以计算出由游客产生的各类财政成本的总值。

表 7-4　附加成本及相关的财政成本

附加成本	财政成本
交通拥挤	建设高速公路、警察服务、交通港口和终点站设施
犯罪	警察服务、司法部门
火灾	消防
水污染	供水及污水处理
空气污染	警察服务、公共交通、车辆管理部门
乱扔废弃物	垃圾收集和处理
毁坏野生动植物	警察服务、公园和娱乐设施、森林保护、渔猎管理
破坏自然景观	公园和娱乐设施、警察服务
疾病	医院及其他保健设施、卫生设施、饮食服务管理
交通事故	警察服务、司法部门

资料来源：WTO，旅游统计数字的收集和编纂，第 145 页。

表 7-5 显示了公共服务开支在游客和某地区居民之间按比例分配的衡量单位。对每一类情况，都要求估计出总值和游客使用值。表中的日平均人口统计是对一个国家或地区一年中每天所拥有的人口平均数的估计。

表 7-5　估计游客财政成本的建议变量

财政成本类别	估计变量
高速公路的建设与养护	车辆—里程
渔猎管理	售出的许可证数量
公园和娱乐设施	游客人天数（门票数）
港口及车站设施	抵离的游客数量
森林保护	游客人天数
公共交通补贴	游客数量
警察服务	日平均人口统计
消防	日平均人口统计
医院和其他保健设施	日平均人口统计
环境保护	日平均人口统计
清洁卫生服务	日平均人口统计
供水和污水处理	日平均人口统计

资料来源：WTO，旅游统计数字的收集和编纂，第 147 页。

最后，评估现有的行政数据，包括各财政成本类别的公共开支、入出境游客人天数、居民人口和其他估计财政成本的变量。要注意的是，必须获得每个变量的估计总值及与游客相关的估计值，以确定与游客相关的比例。

当所有必需的数据获得之后，即可将数据输入估计表中，得出因游客而产生的财政成本估计，可如表 7-6 所示。

表 7-6　因游客而产生的财政成本的估计

财政成本类别（1）	公共开支总值（2）	估计变量：与游客相关的估计变量/总值（3）	因游客而产生的财政成本（2）×（3）
高速公路的建设与养护	—	车辆—里程	—
渔猎管理	—	售出的许可证	—
公园和娱乐设施	—	游客人天数或人次	—
港口和车站设施	—	抵离人数	—
森林保护	—	游客人天数或人次	—
公共交通补贴	—	游客数量	—
警察服务	—	日平均人口统计	—

续表

财政成本类别（1）	公共开支总值（2）	估计变量：与游客相关的估计变量/总值（3）	因游客而产生的财政成本（2）×（3）
消防	—	日平均人口统计	—
医院和其他保健设施	—	日平均人口统计	—
环境保护	—	日平均人口统计	—
清洁卫生服务	—	日平均人口统计	—
供水和污水处理	—	日平均人口统计	—
总计	—		—

表中第一列为财政成本类别，第二列是各类公共开支总值，第三列是与游客相关的各类成本估计变量除以该变量总值。例如，第一项“高速公路的建设与养护”的第三列是因游客而产生的高速公路车辆—里程数除以高速公路的车辆—里程总数。第四列则显示各类别因游客而产生的财政成本（第二列的值与第三列的值之乘积），这就是该类别游客或细分市场的财政成本总值。

在进行旅游效益分析时，就要将一国或地区的旅游附加成本和旅游服务成本相加，得出旅游总成本。旅游服务成本是国家、企业和私人的旅游投资成本，可以由旅游消费支出得到补偿；而附加成本则为没有相应补偿而被转嫁给他人的成本。然后再将旅游总成本与旅游总收益进行比较，就能得出旅游收益－成本比例系数$\eta=\frac{TC}{TR}$，其中TC为总成本，TR为总收益。若$0<\eta<1$，表示发展旅游的总成本小于总收益；而当$\eta>1$时，则表示发展旅游的总成本大于总收益。

需要指出的是，旅游发展对社会的各种影响中，无论是有利影响还是不利影响，都不是旅游发展所必然产生的结果。这里，旅游环境承载力是一个重要的界值。当接待的来访游客数量超过了目的地的旅游环境承载力时，旅游发展对当地社会产生负面影响的可能性将成倍增加。从社会角度对旅游环境承载力进行分析，主要是分析旅游业发展对旅游目的地基础设施建设的影响，对旅游目的地社会就业的促进，外来文化与旅游目的地文化的交流和变化，当地居民对发展旅游的期望和观念的变化等[①]。对这些因素的分析和研究往往采用问卷调查来进行。黎洁（2006）提出了社会心理承载力这一评价指标，认为社会心理承载力可以从居民心理承载力和旅游者心理承载力两方面进行具体分析。其中，居民心理承载力是居民点面积与当地居民不产生反感的游客密度最大值之

① 罗明义主编. 旅游经济学：分析方法·案例. 南开大学出版社，2005：170.

乘积。旅游者心理承载力受两方面因素的影响：一是来自旅游者自身数量过大而导致的视觉干扰和感觉气氛的破坏；二是来自开发不当而导致的景观美感度的损害。

可见，只有在科学规划旅游发展规模和对旅游发展进行有效管理的前提下，才能最大限度地发挥旅游的积极作用，同时尽可能避免旅游对社会的消极影响。

（二）旅游发展的环境效益分析

1. 环境问题的经济学解释

旅游资源和环境质量决定了目的地旅游吸引力的大小，直接影响旅游者的旅游感受和旅游消费决策，进而对旅游经济效益产生影响。然而对于旅游业来说，用于环境保护方面的投资很难在短期内获得经济效益，因此有些目的地或旅游经营者出于追求短期经济利益的目的而无视环境问题的存在，甚至为了短期经济利益不惜以牺牲环境为代价。但这种暂时的经济效益很快就会被旅游资源的耗损和生态环境的恶化所抵消，最终使旅游业无以为继。

按照西方经济学的观点，产生环境问题的经济根源是由于生产、消费等社会经济活动所造成的一种外部不经济性后果。作为微观经济主体的企业和个人，在生产经营活动中往往只关注对自身利益产生直接影响的成本和收益，而不考虑其活动对其他经济单位和公共物品造成的负面影响。由于环境的公共性，每代人都可以也必须使用，这种外部成本还会转嫁给未来，从而造成单个市场主体的成本和收益与社会成本和收益的不一致，出现外部不经济性。

环境作为一项“公共财富”，其产权通常是不明晰的，环境的价格被作为零来看待。按照经济学的供需理论，在人们对环境这一公共财富的消费不受经济因素的约束，同时单个利益主体对环境的损耗和破坏所带来的后果要由社会来分担的情况下，就会出现对环境的过度利用。出于对利益的追求，单个利益主体一般不会主动增加私人成本去进行污染治理，而是将污染物直接排入环境，将环境污染造成的外部成本转嫁给社会，即所谓的私人成本社会化。许多学者倾向于认为，“公共财富”的存在是产生外部性的根本原因。

2. 旅游环境效益评价

对旅游环境效益进行评价，就是要对旅游发展所引致的正向环境影响和负向环境影响进行分析和评判，尽可能减少或限制那些环境效益不佳的活动，鼓励那些能够保护环境、促进环境质量不断提高和改善的活动，最终提高旅游发展的环境效益。

对旅游环境效益的评价在很大程度上是对旅游的环境影响的研究。然而评价旅游环境影响是一项复杂且难度很大的工作，其原因我们可以从布里亚苏利斯（Briassoulis）总结出的判定旅游环境影响八大难点中找到答案[①]：（1）旅游是由相互联系的各种活动要素形成的混合体，因而很难区分某一具体因素的影响程度；（2）旅游活动来自包括当地居民在内的各种群体，还可能来自其他经济活动；（3）环境有其自然的变化，它往往叠加在旅游引起的变化之上，从而使确定后者难上加难；（4）在旅游开发活动之前，一般没有对旅游区自然本底状况的监测报告，限制了对后期开发结局的评价；（5）除了直接的环境影响之外，旅游活动的间接影响和后发影响依然存在；（6）旅游的影响不只是外在的、多种问题的综合，由于环境要素的相互关联性，旅游活动引起的一种变化也可能导致另外要素的变化；（7）从地区上看，旅游开发的环境影响会传播到更广的地域，选择的地域范围大小不同，使旅游环境影响评价更加困难；（8）评价方法的不恰当、资料的缺乏、对旅游开发过程认识的错误以及缺乏对内在规律的研究等，使得旅游环境影响评价更加困难。

我国于 2003 年开始实施的《中华人民共和环境影响评价法》，为评价旅游的环境影响提供了依据。许多学者就如何科学客观地评价旅游环境影响进行了研究，并针对各自的研究提出了不同的评价指标体系。总体来看，准确评价旅游环境影响的关键就是要把握旅游开发活动对旅游地大气、水、土壤、生物、噪声等环境因子的作用规律，科学确定合理的评价指标体系。通过系统论证旅游开发规模、结构、布局的合理性，选择最优旅游规划方案，最终达到提高旅游环境效益的目的。

将游客接待量控制在旅游环境承载力范围之内，是提高旅游环境效益的根本保证。在对自然环境承载力进行分析时，重点是要分析和评价旅游地的生态环境容量。影响生态环境容量大小的因素主要有两方面：一是自然环境的自我净化能力，二是有效管理和人工处理污染物的能力。在我国旅游发展的初期阶段，旅游地污染物的排放基本处于环境的自然降解能力之内。但随着旅游的发展和游客数量的增加，生态环境问题日益突出。对于旅游经营商来说，游客越多，其短期经济效益可能会越大。但是接待的游客数量一旦超过旅游地生态环境容量，并且又不辅以必要的人工治理，旅游地生态系统极易遭到破坏，从而给环境利用者带来外部不经济现象。

有学者提出在分析旅游地自然环境承载力时，除了要考虑生态环境容量即生态环境承载力之外，还需要考虑资源空间承载力。资源空间承载力主要是指由于游客对资源的欣赏具有时间、空间占有要求而形成的，同时在不对资源造成损害的前提下的游客承载数量。因为资源类型不同，不同游览项目和活动所

① 转引自徐虹等编著. 旅游经济学. 首都经济贸易大学出版社，2008：220～221.

需的基本空间也不同，所以其标准要视具体情况而定。

四、提高旅游宏观效益的途径

（一）转变观念，强化对旅游综合效益的认识

由于我国现实经济发展的需要，长期以来人们对旅游效益的认识更多的局限在其经济意义上。许多地区把促进当地经济发展作为发展旅游业的唯一目的，片面强调旅游的经济效益而忽视了旅游对社会其他方面可能产生的种种不利影响。旅游宏观效益是经济效益、社会效益和环境效益等方面综合作用的结果。只有在全面认识旅游宏观效益内涵的基础上，才能对其进行综合考虑和科学分析，这是提高旅游宏观效益的前提和保证。

（二）明确政府职能，改善宏观调控

旅游经济活动的顺利开展不但需要旅游业各组成部分之间的协调和密切配合，同时也必须得到国民经济以及社会中其他相关部门的支持。因此，要提高旅游宏观效益，就要不断加强和改善政府的宏观调控职能，通过制定和完善旅游产业政策，规范和指导旅游产业发展，协调旅游业与各相关部门的关系，调动社会各方面的积极性，为旅游业发展创造良好的外部环境，同时最大程度地发挥旅游业对整个社会经济的关联带动作用。

（三）加强科学规划，实现旅游的可持续发展

提高目的地旅游宏观效益的一个关键就是要把游客的接待规模控制在目的地旅游环境承载力范围之内。长期超负荷接待对旅游目的地社会和环境的负面影响往往会抵消甚至超过游客规模扩大所带来的短期经济效益，并最终影响目的地获得长期经济效益的能力。因此，加强旅游规划工作，科学地确定旅游环境承载力水平，是提高旅游宏观效益、实现旅游可持续发展的重要途径。旅游环境承载力是反映某一旅游地对旅游活动强度的承受能力大小的综合指标。目前对旅游环境承载力的研究，主要是从自然环境承载力、经济环境承载力和社会环境承载力三个方面来进行分析，不同学者有针对性地提出了一些不同的量化分析方法。旅游环境承载力受到上述三个方面的承载力的综合影响。由于每项承载力对整体承载力的影响程度不同，因此还应根据专项调查法获得各指标的影响权重数，才能最终确定旅游地的旅游环境承载力。

（四）完善旅游产品结构

旅游产品结构是否完善，在很大程度上影响着目的地旅游宏观效益。旅游产品结构不合理会导致旅游消费结构不合理，进而影响旅游宏观经济效益、社会效益的提高，对环境也可能产生不利影响。我国长期以来以单一的观光旅游产品为主导的产品结构所造成的经济效益低下以及对环境的过度利用就是一个

典型的例子（可参见第五章相关内容）。完善的旅游产品结构意味着能更好地满足旅游市场的多种需求，同时也是对各种资源要素更为合理的利用。因此，进行旅游产品结构的合理调整和升级换代，不断完善旅游产品结构，是提高旅游宏观效益的重要途径。

【案例分析】

三亚派发“民生红包”值得旅游城市学习吗

据报道，海南省三亚市近日决定启动物价补贴联动机制，为符合条件的城乡居民发放2014年上半年物价补贴。这种普惠式的“民生红包”尽管在港澳地区已持续多年，但在国内城市尚不多见，引发了公众热议。

事实上，早在2010年，三亚市就开始发放价格补贴。从2010年到2014年，三亚已经累计向居民发放价格补贴超13亿元。而三亚市连续多年向城乡居民发放物价补贴的“红包”，也早已从政府临时性补救措施，发展成政府财政资金预算的一种制度性安排。

三亚之所以向居民派发“民生红包”，与其独特的旅游城市属性紧密相关，突出体现在两个方面，一是旅游业对城市发展具有决定性影响。以2013年为例，三亚旅游收入占GDP的比重达62.5%，全年接待过夜游客总人数达常住居民的近20倍。二是旅游旺季时间长，张力大。作为我国唯一的热带滨海度假城市，每年11月到次年4月，三亚都会迎来大批避寒游客，春节黄金周更是人满为患，造成了外地游客同本地居民争夺资源的局面，导致居民消费支出压力明显增加，大大冲抵了与之对应的收益。放眼国内，像三亚这种受旅游全方位影响的城市为数甚少，也注定了这种普惠式“派发红包”范围推广的局限。

有学者认为，不管这种影响是大是小，对旅游目的地而言，派发“民生红包”都很有必要，并值得推广。

从理论上分析，旅游是一项具有较强外部性特征的行为。单就旅游目的地而言，一方面，能够实现提高当地财政收入，创造就业机会，活跃人流、物流和资金流的“正效应”；另一方面，由于短时间大量旅客涌入，也造成了当地物资供应紧张、物价飞涨、房价高企、交通混乱以及生态环境破坏等负面影响。正效应的受益者往往局限为政府、直接或间接从事旅游行业的单位或个人；而造成的负面影响则需要全体常住居民共同买单。这种情形若长期存在，难免会引发当地居民的抱怨，积攒对旅游发展的负面情绪，进而传导至对待外地游客的态度上，从广义上讲，还将直接影响到一个城市的整体形象。

古典经济学理论认为，征收“庇古税”、给予补贴和明确产权，都是消除外部性不利影响的可选措施。但对于一个旅游城市而言，并不具备征税和界定产权的权限。给予受损者补贴，成为最为可行和有效的方式。

从实践层面看，派发“民生红包”对旅游城市健康、可持续发展具有多重现实意义：一是有利于减轻旅游目的地居民因物价上涨而增加的生活压力，尤其对低收入者而言，能够产生雪中送炭的效应，有助于营造和谐的社会氛围。二是增强老百姓对城市发展“整体”为居民“个体”带来实惠的切身感受，让他们参与到维护城市形象、抵制不良行为、促进城市旅游发展的“大业”中，形成“一荣俱荣、一损俱损”的利益共同体。三是能够塑造旅游目的地城市政府勤政为民的形象，增强地区知名度、美誉度和吸引力，产生“软广告”效应。

由此可见，这种对内顺应民意、对外彰显形象的行为，应当被更多的旅游目的地城市所借鉴和推广。

笔者认为，尽管这种补贴行为能够产生积极的正面效应，但也不宜过分、长期倚重。事实上，世界上没有哪个国家和地区，能够长时期给予居民这种福利。旅游城市居民也不应形成优越意识和依赖心理。

长期来看，旅游城市要形成稳定、和谐的社会局面，一要靠国家“抑通胀、稳物价、控房价”的宏观调控能力；二要靠完善、健全的社会保障体系；三要靠旅游城市政府完善基础设施，创造就业机会，提高服务能力，提升居民素质。唯有如此，才能实现政府安心、居民舒心、游客放心，让旅游城市在平稳、健康、可持续的轨道上运行。

资料来源：马振涛，张欣亮. 三亚派发“民生红包”值得旅游城市学习吗. 中国旅游报，2014-05-10.

案例思考题

1. 发展海滨度假旅游会对目的地产生哪些方面的影响？
2. 你认为滨海型旅游目的地综合效益的提高需要哪些条件？

【复习思考题】

1. 旅游综合效益的含义是什么？它包括哪些主要研究内容？
2. 旅游微观经济效益有哪些主要的评价指标？
3. 说明旅游微观经济效益的主要评价方法。
4. 如何提高旅游微观经济效益？
5. 简述旅游宏观效益的含义及评价旅游宏观效益时应注意的问题。
6. 旅游宏观经济效益的主要评价指标有哪些？
7. 分析旅游发展可能对目的地产生的社会收益和社会成本。
8. 你认为如何才能提高旅游宏观效益？

第八章　旅游发展观与发展模式

【案例导学】

西班牙旅游业成功经验

旅游业是西班牙国民经济中最重要的产业之一，占国内生产总值的11%并提供了12%的就业机会。旅游业同样是西班牙社会现代化和国际化的因素，通过所谓的模仿效应，使当地居民与其他欧洲国家数以百万计的游客直接联系起来。从这个意义上说，旅游业间接地改变着西班牙社会，推动西班牙社会过渡到民主统治，有着显著的政治作用。

西班牙旅游业开始于20世纪初。20世纪上半叶西班牙是以文化旅游为特点的，以西班牙的异国情调吸引欧洲旅客，主要是来自英国上层阶级的游客。直到20世纪50年代，大众旅游才开始发展。在中产阶级及工人阶级间渐渐产生休闲和放松的旅游需求，一般去以阳光与海滩为主的旅游目的地。

西班牙旅游业的成功，是通过其对国民经济的贡献和在整个历史演进中的持续增长来衡量的，主要基于以下基本因素：

1. 西班牙旅游企业的活力。这些企业在建立之初缺乏传统（西班牙大部分大型旅游机构都源于个体发起，没有旅游企业的经验，采取家族经营的方式），后逐步发展并成功地创建了稳固的业务结构，达到国际水平，已经设计和实施了一系列的旅游产品（如自助游），使得它能够为客户提供极具吸引力的价格和优质的服务。这个因素反映在较高的顾客满意度上（平均分为8.4分，总分为10分），同时游客的忠诚度也比较高，会选择西班牙作为休闲目的地。前往西班牙的游客中，有83%的游客在此前已到过西班牙，40%曾到访西班牙超过10次。

2. 地理位置接近主要客源市场。每年西班牙接收的游客中，有90%是欧洲游客。75%的游客选择乘坐航空交通工具抵达西班牙，欧洲往返西班牙的航班为短途航班。开放的航空交通政策，如包机，以及后来逐步发展的低成本航空公司，有助于拓展西班牙与欧洲市场的联系，也促进了旅游业的发展。

3. 配置一个高度专业化的旅游局。旅游局一直服务于西班牙旅游业，实行历任政府制定的旅游政策，不因各种政治变革的影响而发生重大的改变。

4. 旅游公共管理局开展的促进旅游业发展的工作。通过媒体宣传和广告创建并确立了西班牙作为旅游目的地的形象，并建立了一个平台支持西班牙旅游企业开发的旅游产品的营销。这项工作的主要部分已由西班牙旅游办事处进行，该办事处创办于20世纪上半叶，在20世纪下半叶迅速发展，并在近十几年把业务拓展到新兴市场。它的主要任务是研究市场，加强媒体公关，策划和开展推广旅游产品的营销活动，与主要客源市场的专业旅行社加强接触，以上种种工作都促进了西班牙旅游业的发展，提高适应不断变化的需求趋势的能力，以保持竞争力。西班牙旅游业采用表达情感的宣传口号："与众不同的西班牙""一切沐浴在阳光中""生活的热情""西班牙标志"。而采用米罗标志则是世界旅游历史上独一无二的做法，此标志已使用了超过30年，认可程度非常高，已成为西班牙旅游品牌甚至西班牙的形象代表。

5. 西班牙旅游产品营销方面。这一过程在大众旅游时期发生了重大变化，自1950年起，"阳光与海滩"的旅游产品掌握在控制客源市场的旅行社手中，甚至酒店真正的客人不是游客而是旅行社。随着时间的推移，旅游者更倾向于自助游，特别是前往西班牙的游客，因对西班牙的忠诚度较高，已经旅游过多次。

资料来源：http://www.bescn.com/hynews30/4145.html.

【学习目的】

通过本章的学习，掌握旅游发展观的基本内容，认识可持续旅游发展的概念和实现思路，掌握旅游经济发展战略的含义、特点和制定原则，了解旅游经济发展模式的概念、特点和类型，了解我国旅游经济发展模式的选择。

第一节　旅游发展观的概念

一、旅游发展观的概念及其特征

纵观世界旅游业发展历程，主要存在三种不同的旅游发展观，它们分别是经济动力型发展观、双重动力型发展观和可持续发展观。

（一）经济动力型发展观

1. 经济动力型发展观的含义

经济动力型发展观是指从经济或产业角度出发，国家和企业将旅游发展的经济功能置于首位的发展观。这种发展观多见于发展中国家。因为这些国家由于经济不够发达，缺乏发展经济所需的外汇，于是凭借丰富的旅游资源，将发展旅游作为获取外汇的一条重要渠道，以平衡其国际收支差额。事实证明，许多发展中国家通过发展旅游经济获得了可观的外汇收入，也有不少国家尤其是资源比较贫乏的岛国，发展旅游带动了相关行业的发展，从而提高了国家的经济发展水平。有些国家已获得了很好的效果，旅游业甚至成为当地的支柱产业，如加勒比地区的国家，旅游经济产值已占国内生产总值的相当大比重。至于旅游企业当然也获得了相当的经营利润。

2. 经济动力型发展观下的旅游业主要特征

（1）旅游业的发展以入境国际旅游为主。这样做的好处是：在国家层次，可以为经济发展提供进口设备和技术所需要的外汇；在地方层次，可以促进当地经济的发展和基础设施与公用设施的建设，扩大就业渠道；在居民层次，有利于当地部分居民生活水平的改善。在这种发展观指导下的国家，旅游经济的发展主要是围绕满足国外游客的需要进行的，有关旅游政策的制定、旅游产业体系的建立、旅游设施的建造、旅游产品的设计开发等都是以国外游客为主要对象。但是由于入境国际旅游的发展是在国内经济发展水平比较薄弱的情况下进行的，且又主要以国外游客为主，所以处理不好的话，由于资源配置向境外游客倾斜，因而容易引起境外游客与当地居民之间的矛盾。

（2）政府主导下的超常规发展。所谓超常规发展是指旅游产业的发展主要不是建立在国家经济建设的基础上，而主要依靠三方面的力量进行：一是政府的力量，即政府通过行政手段树立和贯彻旅游发展的意志，优先配置旅游发展的资源要素；二是借助国外的资金，即通过引进外资或同外资合作进行旅游设施的建设和旅游资源的开发以及旅游业的经营管理；三是境外的旅游需求，即境外游客对其旅游产品的需求。这种需求的扩大，部分是依靠公营与私营机构和企业的促销努力，部分是依靠外资或合资企业的招徕和销售网络。

这种超常规发展的好处是能够集合各方力量，较快地促进旅游产业的形成，并能就地学习境外先进的旅游管理技术和经验。但是这种超常规发展也可能要付出相当大的代价，如大量的外汇漏损，另外由于过分依赖国外旅游需求的注入，所以一旦由于各种原因需求下降的话，旅游经济运行受冲击的风险较大。

（3）外延型的数量扩张。由于受经济动力型发展观的指导，在经济利益的驱动下往往容易以接待人次与旅游收入作为旅游业发展的主要衡量尺度，而达到这一尺度要求的代价就是旅游环境的恶化和生态的污染，这是一种典型的外延式数量扩张。其好处就是旅游业发展速度较快，短暂的旅游经济效益较可观。但是，从长久来看，由于资源耗竭的速度加快，经济效益不会持久。

（二）双重动力型发展观

1. 双重动力型发展观的含义

双重动力型发展观是指从经济和社会结合的角度，既考虑旅游业发展的经济功能，又考虑其发展的社会功能。

这种发展观多见于发达国家。在这些国家，由于经济发达，人均收入水平高，对旅游需求强烈。政府为适应这种需求，对旅游业的发展采取了积极支持的态度。政府的支持主要表现在：（1）成立相应的旅游管理机构，制定旅游发展政策；（2）开展旅游宣传活动，吸引境外游客前来旅游；（3）在主要客源国设立旅游办事处，开展境外旅游宣传、调研和促销；（4）给予旅游业一定的资金补贴，支持其开展有关促进旅游经济发展的活动。

政府主导旅游产业发展是澳大利亚和新西兰旅游业兴旺发达的关键因素。当地政府从产业比较优势和生态环境保护的目标出发，明智地选择了旅游业作为支柱产业。澳大利亚联邦政府每年举行两次会议，由贸易、工业、旅游和资源部长及业界代表一起，共商发展旅游产业的大政方针。政府鼓励私人资本积极参与旅游项目开发。政府注重利用电视、网络、广告等多种形式进行旅游宣传促销，将旅游的资源优势转化为旅游的市场优势。两国政府每年都投入大量资金用于市场开拓、旅游推广、宣传促销。据介绍，昆士兰州、维多利亚州、新南威尔士州每年政府拨款分别达到4600万澳元、3800万澳元和2800万澳元，而这仅仅是各个旅游局全年开支经费的40%，专项用于旅游宣传促销。昆士兰州、新南威尔士州各自在9个和7个主要客源国家设有办事处，联邦和州的旅游机构虽有职能分工，但每年都会举办境外促销活动，去年维多利亚州就在中国举办了为期一个月的大规模的巡展活动。新西兰的市场促销很具创意，利用《指环王》三部曲在全球的广泛影响，适时地推出“新西兰—中土世界壮丽景色”推广活动，上半年入境客源增幅达11.8%，当年入境客源总量有望突破220万。前不久亚太地区旅游协会授予新西兰市场推广大奖，政府还十分重视举办大型活动吸引游客，如新西兰举办的“美洲杯”帆船赛，澳大利亚举办的悉尼奥运会、F1汽车大奖赛、澳网公开赛、墨尔本赛马节等，都对推广促进本国的旅游业起到了重要作用。

政府支持的目的主要不是看中经济效益，而是更多关注以下几个目的：（1）树立国家形象，增进外国游客对本国的了解；（2）拓宽就业渠道，缓解国内就业的压力；（3）满足国内居民的旅游消费需求，稳定社会秩序；（4）积极发展入境旅游，以弥补国内居民出境旅游的外汇流失。当然，由于各国的国情不同，面临的发展困难和需要也不同，所以并非都是如此，如西班牙发展旅游的主要目的还是多创外汇，所以以发展入境旅游为主；而日本则大力鼓励居民出境旅游，以缓解其因外贸大量顺差而引起的其他国家施加的压力。

2. 双重动力型发展观下的旅游业主要特征

（1）旅游业的发展主要是由居民的消费需求推动的。这些国家经济发展水平高，居民的支付能力强，不仅旅游消费需求强烈，而且这种需求已成为人们生活中的一种必需。相应地满足这种需求的旅游供给也不是很紧缺，旅游经济活动发展所需的各种基础设施不仅完善、先进且发展也十分平稳顺利。

（2）旅游业的发展主要是由市场机制调节的。由于这些国家市场经济比较发达，旅游业发展中的各种关系主要不是靠政府干预，而是通过供求规律、价格和竞争等机制进行调节。只有在特殊情况下，政府才采取某些限制措施，如提高旅游税收、限制居民出境旅游所携带的外汇数额等。

（3）旅游业发展的规模较大，速度相对较低，但是质量高，效益好。在这些国家，旅游业发展的时间较长，三类旅游的规模都较大，且双向旅游十分发达。但是由于其基数大，发展速度相对较低，然而每个百分点所含绝对数较大，其设施设备完善，从业人员素质较高，经验丰富，因而确保了发展质量高，管理水平高，经济效益显著。

这种发展观虽然兼顾了经济效益和社会效益，但是由于市场竞争日益激烈，旅游企业经营者盲目追求自身利益，政府干预又少，因此常常会对旅游资源及其环境造成破坏和污染，影响了国家和地方的旅游形象与整体利益。

（三）可持续发展观

1. 可持续发展观的含义

可持续发展观是指旅游的发展要从经济、社会、文化和环境等领域相协调的角度出发，确保旅游发展可资利用的资源能够用来“满足当代人的需要而不危及满足今后各代人需要的能力”的发展观。

这种发展观要求：（1）旅游业的发展要满足当代人的需要，无论是穷国还是富国，是穷人还是富人，都有生存权和发展权；（2）旅游业的发展要与自然、文化和人类生存环境形成一个整体，必须建立在生态环境可承受能力之上，符合当地经济发展状况和社会道德规范，使之与经济、社会、文化等其他领域的发展相协调；（3）旅游业的发展既要满足当代人的需求，又要从长远利益出发，考虑今后各代人需要的满足；（4）维护和改善自然环境和社会环境，节约使用资源是所有参与旅游活动者的共同责任。总之，“地球不是我们从先辈那里继承来的，而是我们从后代那里借来的”。

2. 可持续发展观下的旅游业主要特征

（1）政府主导下的循序渐进发展。要实现旅游业可持续发展，政府应充分发挥主导作用，制定与各时期的经济、社会、文化和环境发展相协调的旅游发展规划，在规划的指导下加强管理。同时，制定切实可行的法规和制度，规范旅游投资者、经营者、社区居民和游客的行为，调节国家、地方、社区、居民和旅游投资者、经营者的利益关系，确保旅游业协调有序的发展。

（2）资源得以永续利用的发展。旅游业发展需要利用的资源有两大类：一类是可以形成旅游吸引物的资源；另一类是旅游发展所需要的各类经济资源，如资金、原材料、能源、技术、人才等。前一类资源又可分为可再生资源和不可再生资源两种。对于可再生资源，应充分利用；对不可再生资源，要坚持"保护第一"原则，对其进行保护性开发，有限利用。对于第二类资源，应集约化利用，使同量的资源能产生最大效益，以保证旅游发展所需资源的有效利用和永续利用。

（3）经济效益、社会效益和环境效益相统一发展。按照可持续发展观的要求，旅游业的发展不仅要实现经济效益，为国家的经济发展扩大内需，创造财富，而且要扩大其社会效益和环境效益，为社会创造更多的就业机会，改善居民的生活环境，更好地满足人们日益增长的物质和文化需要，精心保护和管理好自然生态环境，从而在一国乃至全世界范围内实现经济发展目标和社会发展目标的结合。

上述三种发展观是在不同的社会经济发展的基础上产生的，是不同社会经济发展水平的反映。

二、可持续旅游经济发展的概念及实现思路

（一）可持续旅游经济发展的概念

自然资源和环境资源的稀缺性以及由此产生的资源分配及利用问题是可持续经济发展理论研究的出发点和理论基石。纵观可持续经济发展思想的发展历程可以看出，可持续经济发展是一种从环境和自然资源角度提出的关于人类长期经济发展的战略和模式，它不是一般意义上的经济发展，而是强调经济发展的可持续性。

可持续旅游经济发展是在保持自然资源与环境的质量和其提供的服务质量的前提下实现的旅游经济发展。其本质含义包括：旅游经济的发展不能超过资源和环境的承载能力，要与之相协调；旅游经济的发展既要考虑满足当前经济发展的需要，也要考虑未来旅游经济发展的需要，要处理好代际公平问题。理解这个概念要注意以下几点：

1. 处理好旅游经济发展与增长之间的关系。旅游经济发展不仅要求实现规模上的增长，更要求实现运行质量上的提高。在科学发展观指导下，要重新审视实现旅游经济增长的方式和目的。可持续旅游经济发展要求旅游经济增长适度、质量提高，要求旅游经济发展以保护生态环境为前提，以可持续性为特征，以改善居民生活水平为目的。那种盲目追求旅游接待人数和旅游收入的旅游经济增长势必会破坏可持续旅游经济发展所依赖的旅游环境质量，从而降低游客满意率，也损害当地人的生活质量。因此，要处理好旅游经济适度增长与旅游经济良性发展的关系。

2. 处理好旅游环境保护与开发之间的关系。旅游环境开发不仅要实现当期经济利用价值的实现，更要注意在环境承载力范围内的合理开发利用价值的实现。既然旅游经济的发展离不开旅游环境的支持，那么就必须在开发的同时，解决好环境承载力的监督问题，通过控制以牺牲环境为代价的生产和消费方式来防止环境污染，改善环境质量。保护是为了使开发更有效益，开发是为了使保护得以实现。不仅环境退化的治理成本非常巨大，而且也使开发行动更加困难。

3. 处理好旅游开发中的公平与效率之间的关系。公平主要是指人类在分配资源和获取收入或积累财富上机会均等。旅游开发不仅要解决当代人的机会均等问题，还要解决当代人不能为了自己的发展而损害后代人利用环境谋求发展的权利，要担负起代际间合理分配资源和占有财富的伦理责任。效率是指环境资源的有效使用和有效配置问题，它是可持续旅游经济发展的内在要求。高效率配置环境中的各项要素，可以为公平地分配收入提供基础，而发展机会的均等也能提高人们的积极性，从而促进效率的提高。

4. 处理好经济与社会、文化、政治及自然环境之间的关系。可持续旅游经济发展是一个涉及经济、社会、文化、政治及自然环境等诸多方面的综合性概念。旅游活动本身就是一个综合性概念，伴随旅游活动而形成的旅游经济系统也是一个复杂的有机体，它们彼此相互依托、相互促进、相互发展，任何一方面的不可持续都会影响到旅游经济的可持续发展，所以要处理好它们之间的相互关系，并在变革中不断协调好彼此的动态变化关系，最大限度地发挥相互促进的作用。

（二）可持续旅游经济发展的实现思路

可持续旅游经济发展的实现不能仅停留于理念上，而要真正落实在经济发展的行动上。

首先，要大力提倡和践行循环经济发展范式。基于不同的社会历史状况、技术水平、经济发展的前提条件、运行机制及其对环境问题的不同理解和认识，可以将经济发展范式归纳为两种，一种是生产过程末端治理范式，另一种是循环经济范式[①]。人类社会经济发展的历史证明，生产过程末端治理范式虽然曾经对遏止环境污染的扩散发挥了历史性作用，但是并未从根本上解决问题。而作为一种新型的经济形态，循环经济是集经济、技术、社会于一体的系统工程，其发展的脉络是以生态工业链为主线，以生态工业园为载体，以清洁生产为重要手段，要求物质资源的减量化，最终达到经济与生态协调发展的根本目标[②]。旅游循环经济就是在人、自然和人文社会资源以及科学技术的大系统内，在资源投入、企业生产、产品消费及其废弃的全过程中，不断提高资源利用效率，把传统的依赖资源净消耗线性增长的发展，转变为依靠生态型资源循环来发展的经济。目前在全国各地迅猛发展绿色饭店、绿色餐饮、绿色消费等循环型生产消费行动就是在基层践行循环经济思想的最好体现，但是仅限于此还不够，还需要将范围扩大，将影响辐射到旅游活动的各个方面，从而构建一个旅游经济循环系统。

其次，与旅游循环经济范式相适应，必须转变传统的衡量旅游经济运行效果的指标体系。一个社会对经济系统采用何种指标体系进行衡量不仅反映了该系统的运行效果，更是对该经济系统运行中各利益主体行为进行引导的指挥棒。如果一味强调旅游经济发展的数量指标和经济产出指标，毫无疑问就会引导经济主体放弃循环的可持续的理念，而过度追求短期经济效益。因此，从具有操作性的角度出发，旅游经济运行效果的衡量必须是多角度、全方位的综合指标体系，将旅游经济运行的社会、经济、环境、文化等领域都纳入到衡量体系中，直至实行环境的一票否决制。

最后，选择组合式旅游经济调控手段，提高旅游经济调控效果。面对旅游可持续经济发展的长远目标与近期追求速度、规模和经济效益的短期行为之间的矛盾，单纯用行政命令去化解难以奏效，同样单纯用市场手段加以引导也难以发挥应有作用。因此必须将多种调控手段综合运用，既要加强政府宏观调控政策的引导，强化法制法规建设和对违规行为的处罚力度，必要时运用行政手段予以规范，还要充分运用和发挥市场调控和利益引导的力量，全面落实污染者付费原则，建立和完善环境资源的价格体系，运用价格杠杆引导投资者行为。只有将两者有机结合在一起，才有可能最大化实现可持续旅游发展的目标。

① 冯之浚. 循环经济导论. 北京：人民出版社，2004：72～93.
② 明庆忠，李庆雷. 旅游循环经济学. 天津：南开大学出版社，2007：5.

第二节　旅游经济发展战略

一、旅游经济发展战略的含义

旅游经济发展战略是指一个国家或地区对其旅游产业的发展所做的长期谋划和指导原则。内容主要包括：（1）旅游产业发展的战略目标。它是制定旅游经济发展战略的首要问题，主要包括旅游产业发展所要达到的数量指标、增长速度、产业结构的变化、技术进步以及提高经济效益和社会综合效益的要求等；（2）实现旅游产业发展战略目标的对策、途径和手段，即战略重点、战略步骤等，主要包括旅游产品的发展、旅游资源的开发、旅游设施的建设、旅游市场的开拓、旅游产业结构的调整、旅游人才的培养以及资金的筹措等。

二、旅游经济发展战略的特点

1. 全局性。旅游经济发展战略是对一定时间过程中旅游业的整体发展所制定的整体和全过程的行动方针，因而具有全局性。

2. 长期性。旅游经济发展战略的一个特定要素就是时间性，一方面，战略强调的是长远目标的谋划，而策略考虑的是近期目标的实现问题；另一方面，离开特定时间界定的战略也是不存在的。因而战略的确定需要有长远的思维。

3. 层次性。战略是由分别完成某一特定目标的子战略及其相关环境有机组合而形成的复合体，是一个庞大的复杂系统。这个复杂系统具有层次性，这种层次性分别为空间层次性、时间层次性和部门层次性。任何低一层次的发展战略总是上一层次发展战略的组成部分。

三、制定旅游经济发展战略的依据

不同的国家或地区，由于各自情况不同，政治经济和社会发展水平不同，旅游资源丰富程度和发展潜力不同，旅游产业发展所处阶段不同，因而各国在各个时期的旅游经济发展战略也不一样。一般来说，影响和决定旅游经济发展战略的主要因素有：

1. 社会经济发展水平。社会经济发展水平是影响和决定一个国家或地区旅游经济发展战略的基础性条件。一方面，社会经济发展水平的高低会对旅游产业的发展提出不同的要求，即经济发展水平高，居民的收入水平也高，旅游需求也强烈，因而客观上要求旅游业快速发展；经济发展水平低，虽然当地居民旅游需求薄弱，但为了尽快促进经济发展，加速外汇的吸收以积累发展所需的资金，常常要求加速发展入境旅游。另一方面，经济发展水平又会对旅游产业的发展形成制约，即与发展旅游产业相关的其他产业能对旅游业提供多大的支持。如经济发展水平高，这种支持就比较有保障，反之有限的支持会制约旅游业的发展。所以在制定旅游经济发展战略尤其是战略目标时，必须考虑到不同时期社会经济发展会对旅游业提出什么要求以及能提供多大支持。

2. 旅游资源的丰富程度和开发潜力。一个国家或地区的旅游资源状况是其旅游产业发展的前提条件，对制定旅游经济发展战略有直接影响。如果旅游资源丰富，品种又齐全，就可以提供多种类型的旅游产品，满足各种不同的旅游需求；并且由于开发潜力大，旅游产业发展的后劲也足，在制定旅游经济发展战略时就可以放得更宽更远。反之，若旅游资源不够丰富，又比较单一，如某些岛国主要以海滨度假旅游为主，其发展过程中的风险就较大，同时也会受到一定限制。

3. 旅游产业发展所处的不同阶段。不同的发展阶段意味着旅游产业发展的基础不同，进一步发展的要求也不同，制定的旅游经济发展战略也会有所不同。一般来说，旅游产业若处于初期发展阶段，其发展速度较快，需要的基础设施投资大，旅游产业发展呈现出比较明显的数量型增长特征；旅游产业若处于中期发展阶段，其发展速度相对减缓，所需投资仍然较大，但与初期阶段相比有所减少，且此时的发展开始注重质量和效益，表现为从数量型增长向质量型提高方向转化；进入成熟期阶段的旅游业，各项基础设施已成龙配套，各种接待设施比较完善，服务质量和管理水平较高，产业体系比较健全，经济运行通畅，旅游产业的发展主要表现为低速度、高质量和高效益，即以内涵式扩大再生产为主的效益型发展。

总之，影响制定旅游经济发展战略的因素是多方面的，并非仅局限于以上三方面，其他因素如政治因素、经济发展模式、产业政策、旅游市场需求与竞争格局、国内外环境等都会产生不同的影响。在具体制定战略时，必须认真分析内外因素，认清自身发展的优劣势，通盘考虑多种因素相互作用及其影响。

四、制定旅游经济发展战略的原则

1. 适时适地发展原则。虽然旅游业是当今世界发展的朝阳产业，但并非所有地方都适合发展旅游业，在国民经济产业体系中，旅游业也不是推动经济发展的唯一产业。因此，不能一刀切地都将旅游业作为支柱产业来发展。正如前面所分析的那样，一定要考虑旅游产业的发展是具有阶段性的这一客观规律，任何发展战略一旦脱离了当地所处的环境和发展条件，再好的战略也是空谈。保持中国特色，不盲目照搬国外的做法，也体现了适时适地的精髓。

2. 旅游经济与国民经济相适应原则。旅游经济作为国民经济的一个组成部分，其发展不可能脱离国民经济发展而独立展开。国民经济发展为旅游经济发展提供必要的基础和前提，包括市场基础和各类生产要素及其技术基础。当然，旅游经济的发展也为国民经济其他产业的发展提供所需的积累、外汇和市场环境等。两者相辅相成，缺一不可。需要注意的是，相适应并非绝对相等，在不同的发展阶段也可能会有一定的超前发展的现象，但要控制一个度的把握。

3. 旅游经济发展与国际市场接轨原则。旅游经济天然地具有国际性，因为随着游客在世界范围内的流动，必然在市场、经营、价格、接待、标准、文化等诸多方面发生密切和复杂的联系，因此在制定旅游经济发展战略时，必须以全球化的视野、跨文化的思维、国际化的手段，将本国旅游经济融入到国际旅游经济发展变动之中，这样才能确保一国或地区旅游经济发展的动态先进性。

4. 全面可持续发展原则。旅游经济的发展目标不仅仅是经济效益为先，围绕旅游经济发展的多功能性应该更全面地把握旅游经济发展方向，随着旅游经济发展的不断深入，旅游经济发展的民生性功能、就业功能、环境改善功能等要放到更为突出的位置，在全面协调发展的基础上，实现可持续旅游经济发展才是任何旅游经济发展战略都不可回避的重要准则。

五、我国旅游经济发展战略

（一）适度超前战略

1. 适度超前战略的含义

适度超前战略包含三层含义：首先，在与国民经济发展相适应的前提下，在与旅游发展密切相关的其他产业（如民航、铁路等）协调发展的基础上，旅游业的发展速度略高于国民经济的发展速度；其次，在相当长的一段时间内，旅游业的总体发展水平适度超前，即在旅游资源丰富、配套设施相对完备、可进入性强、商业价值高、经济效益比较好、发展旅游比较利益显著的城市和地区超前发展，而那些暂时不具备这些条件的地方不能盲目超前；最后，并不排除在个别年度发展速度相对滞后的情况。

2. 采取适度超前战略的主要原因

（1）国民经济发展的需要。总体来看，我国经济发展水平仍然较低，技术装备与经济发达国家相比存在不小的差距，迫切需要引进资金、技术和管理经验。但我国在货物贸易中的竞争力有限，且出口物资多为初级产品或原料，经济附加值低，换汇成本高。超前发展入境旅游相当于就地劳务出口，换汇成本低，资金周转快，因而成为早期获取外汇的重要渠道。虽然随着我国经济的发展，近些年来我国国际贸易顺差较大，旅游出口创汇的重要性有所下降，但不能否认旅游服务贸易出口创汇在我国经济发展中起到的作用，经济的服务化发展趋势也预示着创汇作用仍然重要。

（2）旅游业自身发展的需要。同世界上旅游业发展先进的国家相比，我国旅游业起步较晚，虽然经过 30 多年的发展和努力，在旅游设施、服务质量、人员素质、经营管理水平等方面都取得了很大进步，但仍存在不少差距。面对国际旅游经济发展中日益激烈的竞争环境，旅游业必须加速发展，抓住国际旅游服务贸易大发展的好形势，提升自身的国际竞争力，才能在国际旅游经济格局中保持自己的位置。

（3）我国旅游业发展的要素条件已经具备。我国拥有丰富的自然和人文旅游资源，不仅数量多，而且很有特色，对境外旅游者吸引力很强。改革开放后，不断加大旅游设施建设的投资力度，硬件设施已达到一定规模，旅游教育培养了大量专业人才。这一切都为适度超前发展奠定了一定基础。

（4）我国旅游业发展的市场基础雄厚。从境外旅游市场需求来看，港澳台同胞每年都要回乡探亲访友、度假，成为一股数量巨大的需求力量；我国分布于世界各地的华侨数量巨大，他们回国观光度假的需求也很旺盛；古老文明古国的风韵对外国游客具有很强的吸引力。不仅这些境外市场十分庞大且潜力尚待挖掘，而且国内旅游需求的日益增长已成为一股不可忽视的力量，现在每年国内游客有十几亿人次在流动，中国已成为世界上最大的国内旅游市场。这一切都为适度超前发展奠定了坚实的市场基础。

适度超前发展战略的实施对我国旅游业的快速成长和发展提供了有力的保证。在该战略的指导下，我国旅游业规模不断扩大，供给能力全面增长，产业地位不断提升，已无可争议地成为国民经济新的增长点，旅游产业对国民经济和社会发展的贡献日益显著，三大旅游市场全面成长，三足鼎立之势已经形成，旅游业的综合效益不断提高。应该说，这些成绩的取得与适度超前发展战略的实施不无关系。

（二）可持续发展战略

可持续发展战略是指“既满足当代人的需求，又不对后代人满足自身需求的能力构成危害的发展”。这是由联合国组建的高级专家委员会在 1987 年主持制定的《我们共同的未来》这一纲领性文件中提出的定义。按照该定义，可持续发展的要求是：（1）要满足当代人的需求，即世界各国无论是富国还是穷国，无论是富人还是穷人，都有生存的权利和发展的权利；（2）在当代的发展中，要考虑后代人发展的需要，即当代的发展不能危及后代人需求的满足；（3）在当代的发展中要考虑资源和环境的承受限度，以避免影响和破坏后代人需求能力的发挥。因此，世界各国都必须实施可持续发展战略。

实施可持续发展战略需要实现人口、环境、资源、技术和制度上的协调统一。在经济发展上，既要重视数量上的增长，更要注重质量和效益的提高以及资源的节约；在生态环境上，既要注重保护，更要使保护与发展形成良性互动关系；在社会发展上，既要促进社会的进步，又要注重提高人们的生活质量。

1994 年，我国政府制定了《中国 21 世纪议程》，将可持续发展战略列为国家发展的两大战略之一。我国旅游业坚持可持续发展战略既是国家经济和发展的需要，也是旅游业自身发展的需要。因为保护环境、提高生活质量是可持续发展的目的，旅游是满足人们较高层次需要的活动，它的发展同自然生态环境的维护高度相关。旅游业发展的目标就是要通过不断维护和改善自然生态环境和社会环境，以满足游客旅游过程中物质文化生活的需要。这一目标同可持续发展的目的是一致的。所以，旅游业的发展同可持续发展具有天然的耦合关系，同其他产业的发展相比，具有比较优势。

1995 年 4 月，联合国教科文组织、联合国环境规划署、世界旅游组织和岛屿发展国际科学理事会在西班牙的加那利群岛召开了可持续旅游发展世界会议，会上通过了《可持续发展宪章》和《可持续旅游发展行动计划》，强调：（1）仅认识旅游对经济发展的重要性还不够，还应认识旅游对环境保护的依赖性；（2）发展旅游要立足长远，克服短期行为；（3）旅游和环境保护结合起来才能获得持续发展；（4）旅游业的持续发展应与经济、文化等其他领域的发展相协调；（5）21 世纪是环境保护的关键时期。

虽然这些会议成果已广为人知，但要真正将它落实在旅游业发展实践中，却是一项长期艰苦的任务，各国政府和企业界必须真正处理好局部利益与整体利益、眼前利益与长远利益、经济利益与社会环境利益、当代人利益与后代人利益、开发商及游客利益与当地社区居民利益等之间的矛盾，当地居民和旅游者也必须参与进来，身体力行，约束自身的消费行为。只有各利益主体共同参与，才有望实现可持续发展目标。

第三节　旅游经济发展模式

一、旅游经济发展模式的概念

旅游经济发展模式是指一个国家或地区在某一特定时期内旅游产业发展的总体方式，包括旅游产业发育和旅游产业演进两方面内容。它是对该国或该地区在特定时期的旅游经济系统所做的理论概括。

虽然各国由于所处的社会经济发展水平不同，社会经济制度和经济发展模式不同，旅游产业的形成时期和发展阶段不同，各国的旅游经济发展模式也不尽相同。但是作为一种理论概括，旅游经济发展模式都具有以下几个特点：

1. 概括性，即旅游经济发展模式是对一个国家或地区旅游产业发展原则和方式的高度理论概括和理论抽象，它全面而概括地体现了旅游产业在一定时期发展的主导思想和本质特征，反映了旅游产业在一定时期的发展战略要求和发展方向。因此，研究旅游经济发展模式不仅有助于制定有效可行的旅游经济发展战略，而且有助于分析和把握旅游经济活动的运行规律。

2. 阶段性，即旅游经济发展模式对一个国家或地区而言所具有的时期性，时期的长短则依不同国家或地区的具体情况而有所不同。阶段性要求一个国家或地区要根据其具体的社会经济发展需要和旅游产业发展的实际情况，适时地研究和调整旅游产业的发展方向和发展战略。

3. 相对稳定性，即旅游经济发展模式一经确立，在某一特定时期内其旅游产业的发展方向和方式应维持不变，以充分发挥该模式的功能，获得相应的旅游经济社会效益。但这种稳定是相对的，因为当旅游产业发展的内部条件和外部环境发生了质的变化，原有的发展模式难以适应新的需求发展时，就必然会有新的模式替代旧的模式，所以变化就是不可避免的了。

4. 特指性，即旅游经济发展模式是由一个国家或地区的社会经济发展情况、经济制度和经济发展模式以及其历史与自然环境状况来确定的。也就是说，不同的国家或地区，由于其经济发展水平、社会经济制度以及经济发展模式不同，处于不同的历史发展阶段，以及自然地理环境上的差异，旅游经济发展模式不尽相同，即使在同一类型发展模式的国家中，由于上述方面的差异，也会呈现出不同的特点。例如，同属于市场型发展模式的欧美发达国家中，美国市场机制的作用表现得十分充分，而西班牙政府的扶持作用表现得相当明显。

二、旅游经济发展模式的分类

由于对旅游经济发展模式分析的角度不同，因此可以得出不同的分类结果。纵观世界各国旅游产业发展的历史和现实，可以分别从以下几个角度进行分类研究：

1. 从旅游产业的形成、发展同国民经济的关系角度进行分析，可以将旅游经济发展模式划分为超前型旅游经济发展模式和滞后型旅游经济发展模式

超前型旅游经济发展模式是指旅游产业的形成和发展超越了国民经济总体发展的一定阶段，通过发展旅游产业来带动和促进与其相关联的国民经济其他产业和地区发展的一种发展模式。这种模式一般发生在经济不够发达的发展中国家或地区，它们利用丰富的旅游资源，在政府的支持下优先发展入境旅游，以获得经济发展所需的外汇，推动相关产业和地区的发展。超前型发展模式的存在必须具备三个条件：（1）拥有足以吸引游客的旅游资源，这是采取这种发展模式的内部条件；（2）在境外存在对其旅游资源的相应需求，这是采取这种发展模式的外部条件；（3）政府在包括吸引境外资金投入在内的各项政策支持和必要的启动资金的投入，这是采取这种发展模式有力的推动力量。对大多数发展中国家来说，具备这些条件的一般是经济基础相对较好的城市和沿海地区。

滞后型旅游经济发展模式是指旅游产业成长滞后于国民经济总体发展水平，即在国民经济发展到一定阶段后，旅游产业自然形成和发展起来的一种发展模式。这种发展模式多发生在经济发达的国家，如西欧、北美的一些国家在19世纪产业革命之后，伴随着经济的迅速发展，城市人口增加、商品贸易繁荣、人们收入水平不断提高，产生了对旅游的大量需求，而社会也具备了满足这种需求的供给能力，于是自然形成了旅游产业成长的市场基础，由于这种旅游经济发展模式是一种常规的旅游产业成长模式，因而也叫自然型发展模式，这种模式的存在充分体现了旅游活动是社会经济发展的必然产物这一客观规律。

2. 从旅游产业发展协调机制的角度进行分析，可以将旅游经济发展模式划分为市场型旅游经济发展模式和政府主导型旅游经济发展模式

市场型旅游经济发展模式是指主要依靠市场调节机制来推动旅游产业成长和演变的发展模式。市场调节机制主要有价格、供求矛盾运动和竞争等。在这些机制的作用下，实现旅游产业资源的配置，推动旅游产业内部的自动调节和自动均衡的实现。这种旅游发展模式具有以下三个特点：（1）旅游产业的成长侧重于产业内部的自均衡和自调节过程；（2）外部的政策作用力量是间接的，主要是通过一定的市场参数来实现调节；（3）国家产业政策主要侧重于市场需求方面。

丽江从一个名不见经传的西南边陲小镇发展成为国际精品旅游城市，主要得益于文化与旅游的互动，其中“非遗”成了丽江发展文化旅游的重要卖点。丽江申遗后在旅游业发展上取得的巨大成功，很大程度上对国内申遗热潮的出现起到了推波助澜的作用。丽江“以遗产带动旅游业，以旅游发展回馈遗产保护”的策略被看作一种超前的眼光和宏阔的视角。通过一系列举措，丽江古城古朴宁静的历史风貌被完好地保留和展现，文化旅游兴起，形成独特的“丽江模式”。

政府主导型旅游经济发展模式是指政府通过各个时期的旅游产业发展规划和产业政策来干预和推动旅游产业发展的一种发展模式。一般来说，这种发展模式常发生在两种情况下：一种情况是具有干预和控制经济的历史传统；另一种情况是需要在短时期内快速推进旅游产业成长的国家或地区。这种发展模式具有如下几个特点：（1）旅游产业的发展主要由政府来推动，政府不仅通过制定有关政策和法规对旅游业的发展进行规范，而且还对旅游产业的发展规模、发展速度进行计划和控制；（2）市场对旅游产业发展的调节作用处于辅助地位；（3）国家产业政策对旅游产业发展的影响主要侧重于旅游供给方面。

中国国家旅游局职能转变如表 8-1 所示。

表 8-1　中国国家旅游局的职能转变

阶段	时间	职能	特点
第一阶段	1949～1976年	外事为主 政企合一	中央一级由国务院有关部门归口代管，各地由中国国际旅行社总社和中国华侨旅行服务社总社兼管 1964 年成立中国旅行游览事业管理局 1970 年以后，旅游机构开始逐步恢复 此阶段旅游管理的特征是作为外事的一部分，由外事部门代管
第二阶段	1978～1980年	产业运作 政企合一	该阶段旅游管理的特点是政企不分、领导与经营一体化 旅游业的性质由外交事业的补充向经济创汇方向发展
第三阶段	1981～1986年	政企分开 统一领导	1982 年，更名为国家旅游局，与国旅总社正式分开 这一阶段，实现从外事接待型向经济创汇型的转变，旅游管理体制趋向多元化
第四阶段	1986～1997年	中央重视 分级管理	由行政管理向行业管理转变，由直接管理向间接管理转变，由直接管理企业转变为通过市场间接进行管理和调节，旅游部门彻底转到经济管理的轨道上
第五阶段	1997年至今	大旅游 小政府	行业管理进一步向“大旅游、大市场、大产业”的方向推进 旅游管理体制加速与社会主义市场经济接轨

资料来源：匡林著. 旅游业政府主导型发展战略研究. 中国旅游出版社，2001.

3. 从旅游产业成长演进模式的角度进行分析，可以将旅游经济发展模式划分为延伸型旅游经济发展模式和推进型旅游经济发展模式

延伸型旅游经济发展模式是一种先发展国内旅游，在此基础上再发展入境旅游，并随着国民出游能力的提高再发展出境旅游，最终形成国内旅游、入境旅游和出境旅游全方位发展的旅游经济发展模式。这种发展模式的特点是：（1）入境旅游和出境旅游都是在国内旅游发展基础上的一种自然延伸，所以消费者的消费行为比较成熟，而旅游供给的质量也相对较为稳定；（2）三种类型的旅游发展都是在国家经济发展达到一定基础的情况下自然形成的，所以相对而言，基础设施较为成熟和完善，专门为发展旅游经济的投资较少，旅游业表现为较好的投入产出率。

旅游经济发达地区往往采用延伸型旅游经济发展模式，此种模式的代表国家是美国。美国的旅游管理体制基本实行“小政府、大社会”的模式，以半官方旅游机构为主，而管理职责主要是从事海外促销、国际交往和政策协调，并要注意开发市场。这些发达国家旅游业的经营以大企业为主导、小企业为基础，运营主要通过市场来实现，以稳定经济、扩大就业、提高国家声誉为主要发展目标。

推进型旅游经济发展模式是一种先发展国际入境旅游，通过发展国际入境旅游推动本国旅游经济基本构架形成，并随本国社会经济的发展，逐步发展国内旅游，最终形成完整的旅游产业体系的发展模式。这种发展模式的特点表现为：（1）国内旅游和出境旅游的发展是在入境旅游发展基础上逐步推进的；（2）整个旅游产业的发展虽然主要以社会经济的发展为基础，然而政府在其中起着不可替代的作用。但由于发展旅游的基础条件相对较差，往往需要从国外进口相应的设施设备甚至人力资源，从而降低了旅游业的投入产出率。

以印度为代表的一些发展中国家（包括经济欠发达地区）往往会采取推进型旅游经济发展模式。这些国家有独特的旅游资源，但旅游业的发展受其经济落后的制约，并且旅游管理体制不完善，国有企业在旅游业的发展中起龙头作用并形成垄断。属于该模式的国家还包括巴基斯坦、斯里兰卡、尼泊尔、孟加拉、肯尼亚、不丹等。

总之，上述旅游经济发展模式的分类是从世界范围旅游业发展的总体角度进行的理论概括，在现实中，由于各国政治、经济、社会和文化传统的不同，即使同一发展模式也会呈现出不同的特点。

三、旅游经济发展模式的选择

（一）旅游经济发展模式的比较

在以上旅游经济发展模式的分析中，从三个不同角度划分所形成的两种不

同的旅游经济发展模式，实际上是在不同的经济发展水平下发展中国家和发达国家的旅游产业成长模式，发达国家的旅游产业成长模式是从国内旅游向国际旅游延伸的模式，而发展中国家的旅游产业成长模式是从国际旅游向国内旅游推进的模式。在发达国家，由于社会经济发展水平高，旅游业的发展首先从国内旅游开始，又由于社会经济体系比较完善，国内旅游产业在社会经济发展过程中随之形成，并随着社会经济的发展，国内旅游产业水平也不断提高。在这种情况下，入境旅游和出境旅游的发展只不过是地域的延伸而已。无论是国内游客还是国际游客，在对服务质量的要求和消费水平方面并无太大差异，因而国内旅游产业体系和国际旅游产业体系是合二为一的。这种旅游经济发展格局主要是依靠市场力量推动的延伸型发展模式。相反，在大多数发展中国家，由于其社会经济发展水平相对滞后，居民生活水平相对较低，国内旅游还未形成大量的需求。为了获取经济建设所需的外汇和促进与旅游相关产业的发展，往往在政府的主导下首先发展入境旅游，并建立相应的国际旅游产业体系。在国际入境旅游的影响和带动下，一部分收入较高的居民率先产生了国内旅游的需求，在这种需求的推动下，国内旅游产业体系逐步形成。随着经济发展水平的提高，国内旅游的进一步发展，人们进而产生了出境旅游的需要，从而建立起比较完整的旅游产业体系。这种旅游经济发展格局是一种在政府主导下推进型的旅游产业发展模式。

从经济学的角度进行比较，由市场力量推动的延伸型旅游经济发展模式是建立在社会经济较高发展水平之上的，旅游产业的形成和发展是由居民的消费需求推动的。因此，在其整个发展过程中，不需要国家或地方政府大量投资，国家或地方政府也并不以支持旅游产业发展而从中获取特定的经济效益，政府的支持更多地侧重于社会效益，如提供就业渠道、维持社会稳定等。由于这种发展模式是以社会经济的较高发展水平为基础的，旅游产业发展所需的各种基础设施和公共设施在经济发展过程中已准备就绪，旅游产业的发展只需随着需求的增加相应增建一些旅游地面设施即可，因此具有“投资少、见效快、收益大”的产业发展特点，而且这种发展模式在国际化扩张当中，相对来说更具有产业扩张的比较优势。

政府主导的推进型旅游经济发展模式，由于是建立在社会经济较低发展水平之上的，旅游产业的形成和发展不是由本国居民消费需求增长推动的，而是由于经济建设需要大量外汇以及旅游业可以促进相关产业发展的特点，因而采取首先发展国际入境旅游的超前战略，促使国际旅游产业体系率先形成和发展，然后随着居民收入水平的逐步提高，适时地发展国内旅游。所以，这种旅游经济发展模式在其初期阶段是完全建立在境外居民的旅游需求之上 的，政府支持旅游业的主要目的是为了获得特定的经济效益。随着国际入境旅游和国内旅游的发展，政府也越来越重视从中获取包括经济效益在内的社会综合效益。由于这种发展模式是建立在社会经济发展水平较低的基础之上，发展国际入境旅游所需的较高标准的旅游基础设施、地面设施和相应的公共设施都要新建或改扩建，需要投入大量资金，所以，在旅游经济发展的初期和中期，推进型旅游经济发展模式不具有"投资少、见效快、收益大"的特点。

（二）我国旅游经济发展模式的选择

1. 我国旅游经济发展模式的确定及其依据

我国是一个发展中国家，20 世纪 80 年代初开始发展旅游时，经济基础还比较薄弱，国民的消费观念和消费能力还比较陈旧和低下，客观环境状况决定了我国当时只能采取政府主导的超前的、推进型旅游发展模式，作出这种选择主要依据是：

（1）旅游经济发展模式的选择必须考虑当时当地的社会经济发展状况。旅游需求是旅游经济得以发展的市场基础，我国刚开始发展旅游的时候，国内经济发展水平决定了很难形成强大的国内旅游需求，因而发展旅游经济只能走吸引境外旅游需求的路子，而改革开放政策的实施正好为我国旅游产业的发展提供了契机，一方面改革开放为旅游产业吸引了大量的境外客源，另一方面外资的流入又为我国旅游设施的建设注入了资金，所以，客观情况注定了我国旅游经济的发展要在政府主导下选择超前的、推进型发展模式。

（2）旅游经济发展模式的选择还要考虑到社会经济发展的动态变化情况。虽然当时我国国内旅游需求很弱，但是随着国内经济的不断发展，人们可自由支配收入日益增加，而国际入境旅游的发展所带来的示范效应也在不断改变着人们的消费观念，国内旅游需求及出境旅游需求的动机和能力不断增强，因而发展模式中很自然地就出现了在入境旅游发展的基础上国内旅游和出境旅游的大发展局面。

2. 我国旅游经济发展模式的主要特征

（1）从旅游发展的空间结构来看，呈现出以中心城市和东南沿海地区旅游业发展为先导，逐渐向中心城市以外及中西部地区推进的特征。这是因为：一方面，中心城市和东南沿海地区相对于其他地区来说，经济比较发达，新中国成立后为适应外事工作的需要，先后在这些地区兴建了一批宾馆饭店，因而这些地区只需要增加少量投资，就可以启动旅游业的发展；另一方面，这些地区相对来说交通比较便利，一些中心城市如北京、上海、广州本身就是口岸城市，境外游客入出境甚为便利，因此这些地区相对于客源国家或地区来说具有交通优势。总之，无论是在旅游资源开发、旅游设施建设，还是在旅游投资的分配、专业人才的培养、旅游线路的设计等方面，中心城市和东南沿海地区都占有明显的优势。

（2）从旅游产品结构来看，呈现出由观光旅游为主向混合型产品结构推进的特征。这是因为：一方面，我国观光旅游资源丰富且具有很强的垄断性，国外游客比较喜欢，因此观光旅游产品便成为我国旅游业发展初期的必然选择；另一方面，随着游客需求的变化，必须不断地丰富旅游产品内容，更新和开发新的旅游产品，从而促成了混合型旅游产品结构的出现，如休闲度假游、专项主题游、自然探险游等多种类型的旅游产品层出不穷。旅游需求拉动我国旅游产品发展格局的变化，促成了我国旅游产品结构的丰富化。

（3）从旅游的组织形式来看，呈现出由团队旅游向团队与散客相结合的多种方式并存的特征。这是因为：一方面，旅游发展初期，我国的旅游接待系统并不完善，而观光产品作为线性产品需要协调多方面的资源，由旅行社统一安排比较方便；另一方面，由于先发展入境旅游，国外游客对我国旅游信息了解有限，交流不太方便，所以缺乏对自助游产品的需求，因此大多表现为团队旅游形式。但随着游客旅游经历的日益丰富，尤其是国内旅游需求的蓬勃发展，私家车的日益增多，个性化产品日益受到青睐，所以旅游形式也呈现出日益多样化的特征。

（4）从旅游设施的建设档次来看，呈现出由高等级向中低等级推进，最终形成以中档为主体的高中低相结合的特征。这是因为：旅游发展初期，旅游服务对象主要是境外游客，为适应境外游客消费水平和消费习惯的需要，在旅游设施建设上主要以高等级为主。随着境外游客职业构成的变化，特别是国内旅游的迅猛发展，又建设了许多满足中低档次需要的旅游设施。由此呈现出由单一高档次向多种多档次演变的格局，最终形成了可以满足不同档次需要的旅游设施体系。

（5）从政府管理旅游的思路来看，呈现出由微观管理为主向宏观调控为主转化的特征。总体来看，在我国旅游业发展初期，由于受计划经济体制和部门管理的制约和影响，政府对旅游业的微观支持和管理占主导地位。随着社会主义市场经济体制的建立和完善，政企分开、职能转变的要求日益强烈，政府对旅游经济管理的方式也更多地转变为宏观调控，主要通过旅游产业政策引导市场行为，通过法律法规规范市场秩序，从而呈现出更加符合市场运行规律的政府主导的旅游发展模式。

【案例分析】

泰国可持续旅游发展战略

泰国的国际旅游业是亚洲发展中国家的佼佼者，泰国旅游业收入占泰国GDP的7%以上，是泰国最大的外汇收入来源。从20世纪末到21世纪初的头几年，全世界范围内不断发生天灾人祸，从1997年亚洲金融危机、2001年“9·11”恐怖事件、2003年美伊战争和亚洲地区的非典疫情、2004年泰国南部地区暴乱及禽流感的蔓延，到2004年底东南亚发生的海啸，这些都给泰国旅游业带来了巨大的挑战，但泰国旅游业总能战胜困难，继续以较高速度增长。这其中的原因，除了泰国政府应对得力，泰国原先形成的管理规范化和坚持以客为本的理念等外，还有泰国政府制定的整体旅游业发展战略，尤其是泰国可持续旅游发展战略起到了不可或缺的作用。

1. 泰国旅游业发展中存在的问题

（1）生态环境和文物资源的破坏。以前由于泰国旅游业的高速发展，泰国政府和一些旅游开发商投入大量人力、财力、物力进行旅游开发，他们较多重视经济效益而较少考虑环境问题。于是竭泽而渔似的旅游开发结果是越来越多地占用山川、岛屿、河流、海滩和森林，风景区内城市化现象严重，景区质量受到严重破坏，旅游业的发展跨越了生态保护和可持续发展的界限，泰国许多风景区由于过度开发，已使景区内环境走到恶化的边缘。泰国的文物保护也被一定程度地忽视。文物古迹本身蕴含着深刻的文化内涵和历史吸引力，旅游和文化的有机共生更能有效提升景区可观赏性。但泰国的一些地区为了所谓的旅游经济效益而将文物作为招徕游客的手段，草草将其修复，结果造成文物古迹修复性破坏。大批的建筑群也在文物古迹旁拔地而起，每天文物景区内超负荷接待，有些游客甚至有意无意地对文物古迹的破坏，使文物遗产保护困难重重。

（2）旅游业引发了诸多社会文化问题。文化传统被当作商品和经济资源，导致社会道德意识下降，引发吸毒、赌博、卖淫等犯罪，在经济不发达地区由于旅游开发，这些社会问题尤为加重。泰国旅游业的发展不仅没有达到促进当地社会的和谐发展，反而加剧了旅游业所引发的诸多社会问题。

2. 泰国可持续旅游发展战略内容与措施

泰国旅游局制定《1997～2003年促进旅游业发展的政策》，该政策充分地考虑了旅游的可持续发展，具体包括以下几点内容：

（1）加强环境的保护与管理：①将促进艺术、文化的复兴及环境旅游资源的保护放在可持续发展旅游业的首要位置，使之能在保持国家原有风貌的基础上符合长期增长的游客需求；②增进公共与私人部门之间的合作，政府和当地团体一起承担、解决旅游业的相关问题，加强对旅游资源的管理，尽可能减少旅游资源的损失，促进旅游业的可持续发展；③利用先进的技术手段支持基础设施的发展，尤其是通过国内与国际计算机网络技术提供地区的相关资讯，推广泰国各地的景点；④采用经济手段对旅游景点加以控制，如热门景点采取限制旅游客人数，增收使用税，采取不同价格体系和建立商业准入许可证等方式，目的是使游客量不超过景点的承载能力，将旅游对环境的负面影响减到最小；⑤在努力开发新市场的同时，以不同形式开发旅游产品满足不同层次游客的需求。

（2）促进旅游人才培养的同时，提高旅游服务质量。

（3）提升旅游业在国民经济中的地位。

（4）加强区域旅游业的合作。为了保证政策的连续性，2001 年泰国政府制定了《关于可持续旅游发展的国家议程》，议程中规划了 2002 年至 2006 年泰国旅游业发展战略。其主要战略措施有：①议程的实施与重组；②地方政府的能力建设；③可持续旅游发展；④电子旅游；⑤会展和奖励旅游的促销；⑥社区旅游和中小型企业；⑦朝着成为世界级目的地的目标改进质量；⑧促进知识社会的旅游发展；⑨旅游市场的促销与扩大；⑩作为亚太地区旅游中心的泰国。以上内容全面地规划了泰国旅游发展的目标，结合了时代发展的需要，对泰国旅游产业进行全面升级。其中，可持续旅游发展战略是其核心战略之一。其主要内容包含如下几个方面：

（1）政府运用宏观调控及法律法规方面：

①通过各种税收和经济手段，包括转让开发权等紧急措施来控制环境质量，减少污染，使地方政府有权对那些由于保护环境以及由于土地使用控制措施而蒙受商业损失者进行补偿。这样，地方政府就能够把位于确定的旅游开发区内的私有土地变成公有，进而改进其景观，增加绿化区。

②鼓励有关的政府机构贯彻实施全国生态旅游委员会制定的全国生态旅游行动计划，使该计划在全国得到和谐有效的实施。

③各省要提供更多的公用绿化区和露天活动场所。

④为保护生态系统制定法规和标准，对那些对环境带来不利影响的旅游行业进行治理。

⑤在根据《旅游法》确定旅游开发区之前的过渡阶级，政府应该根据 1992 年的《全国环境质量提高与保护法》，在那些旅游增多但无序并缺乏充足基础设施的沿海度假区内确定“污染控制区”和“环境保护区”。

（2）对旅游景点和景区的要求：

①通过确认旅游需求来扩大旅游景点的承载力，这些需求往往超过并大于当地居民本身的需求，尤其是固体垃圾和废水处理能力。

②准确宣布关于对国家公园以及野生动物保护区内提供服务的政策，并公开服务计划、法规、服务时间和费用等。

③制定并公布准确的关于保护区内服务和娱乐区的生态、旅游管理规划，详细说明允许开发的地理区域、允许开展的活动以及允许开展活动所需要达到的标准，必须确保规划得以严格实施，以便在试点项目中树立一个良好的样板。

（3）加强宣传方面：

向旅游者、学生和广大公众传播关于在生态旅游中正确行为的知识，并鼓励他们参与各种自然景点、历史景点、文化景点的环境保护工作。另外，创建一个全国性的环境监测网络。

（4）信息技术手段的运用：

①建立一个生态旅游开发信息中心。该中心将收集有关政府机构和其他在生态旅游相关领域工作的研究人员所做的研究工作的信息和技术信息。信息放在一个电子数据库系统上，方便那些需要这些信息准备进行旅游开发和管理计划的人获取。这一措施将有助于确保泰国的旅游业能以一种高效率的方式，在一个坚实的技术基础上发展。

②编写《生态旅游景点名录》。该《名录》的内容包括有关生态旅游活动的信息，举行这些活动的旅游景点以及其他方面的详细情况，例如，现有设施、可进入性、特点以及特定旅游景点所面临的问题等。这些信息有助于建立一个关于全国各地旅游景点生态旅游开发与管理的数据库。

③完成泰国旅游局已经着手建立的旅游资源监测系统。有关在监测中发现的严重环境问题的信息，提供给全国旅游开发促进委员会办公室。此外，和地方环境团体一起创建一个网络，通过大众媒体传播这些信息，以造成社会压力，使那些相关人士在国家旅游资源的保护中承担起更多的责任。

资料来源：王育谦. 泰国可持续旅游发展战略及借鉴[J]. 东南亚纵横，2006（10）.

案例思考题

1. 政府在可持续旅游发展中的作用是什么？

2. 由泰国的实践来看，你认为法律法规对可持续旅游发展的实现起到了什么作用？

3. 除了法律法规以外，你认为宣传教育的作用是什么？是否必要？

【复习思考题】

1. 旅游发展观的含义是什么？概括来说分别有几种旅游发展观？不同发展观的区别是什么？

2. 旅游发展观的演变受什么因素影响？

3. 可持续旅游发展观的先进性体现在哪里？

4. 你认为实现可持续旅游发展观的难度在哪里？如何有效地践行这一先进的理念？

5. 为什么要制定旅游经济发展战略？制定该战略的原则是什么？你如何认识我国旅游经济发展战略？

6. 旅游经济发展模式的含义是什么？它是如何进行分类的？

7. 发展中国家旅游经济发展模式为何与发达国家不同？你是如何认识发展模式选择的历史性的？

第九章 全球视野下的旅游经济发展

【案例导学】

携程牵手美国在线旅游公司（Priceline）James（詹姆斯）梁太极拳打出“邦德风范”

美国在线旅游公司——Priceline 宣布与携程旅行网达成投资合作协议，Priceline 将向携程投资 5 亿美元，以扩展两家公司在中国的出入境旅行业务。

携程自梁建章回归，启动二次创业，可以说是对携程在中国旅游大变革年代的一次浴火重生。表面上，业内人士和旅游消费者看到的是发力“移动战略”，携程手机客户端应用程序（App）下载 1.8 亿人次，活跃人数约 1 亿。但实际上远超过表象，至少有五个方面由内到外，梁建章有着电影 007 詹姆斯·邦德的雷厉风行、一剑封喉的精干作风，将企业管理升华为企业创新。

第一，制度创新，内部组织构架再造，划分成 14 个事业部，由各个小 CEO（首席执行官）带领 SBU（战略业务）杀向市场，力争在各个专业领域取得第一。对核心员工直接进行激励，关键业务指标与股价挂钩。第二，产品创新，从订房订票到休闲度假、差旅管家，进而拓展到签证服务、租车服务、订餐服务、旅游保险等，尤其是旅游保险给携程带来超过 1/4 的净利润；第三，产业链创新，通过收购兼并，抢占目的地资源，将同程、途牛归入携程体系，还有途风、途家等，携程投资成为中国旅游业最强劲的风投之一。第四，国际合作，放眼世界 500 强，坚定地与中国的 BAT 抗衡，这次与美国在线旅游公司（Priceline）合作更是棋高一筹。第五，平台创新，不仅是移动客户的手机端，还有打造旅游同行的开放平台，上线后已经有获得每月 1 亿的流水，同时，携程在北京开设的“体验店”，又是集聚客源地 200 家旅行社的产品推广。

此次美国在线旅游公司（Priceline）最终和携程达成投资协议，双方在海外休闲度假、出境自助游市场将会有较大的合作空间。

数据显示，2013 年，中国出境旅游人数达到了 9730 万人次，同比增长 18%，出境旅游花费 1200 亿美元，同比增长 20%。现在，这一市场依然主要掌控在传统旅游服务机构手中。在自由行逐渐兴起后，携程等在线旅游企业未来也需要和美国艾派迪公司（Expedia）、美国在线旅游公司（Priceline）等国外公司的合作来提升自己在海外的服务能力。

美国在线旅游公司（Priceline）与携程旅行网的声明显示，美国在线旅游公司（Priceline）将有望最多持有携程总流通股的10%，美国在线旅游公司（Priceline）将向携程开放其在大中华区以外的全球超过50万家酒店资源，同样，携程在大中华区超过10万家酒店资源也将对美国在线旅游公司（Priceline）的客户开放。而早前携程对北美目的地服务商途风旅行网旗下顶级旅游品牌HHtravel的投资布局，也代表携程通过投资开发出更多优质的细分产品，将服务延伸到细分市场用户群体。

资料来源：智慧旅游手机客户端。

【学习目的】

通过本章的学习，要了解旅游活动的全球化进程以及旅游经济全球化发展的状况，认识旅游企业跨国经营的必要性，掌握旅游经济全球化发展中竞争与合作的关系，认识旅游经济全球化发展中的法律法规和国际旅游贸易政策的主要内容，掌握全球旅游经济可持续发展的要求及从供给和需求两方面提出的实现可持续发展的责任。

第一节 旅游经济的全球化发展

一、旅游活动的全球化与旅游服务贸易的国际化

（一）旅游活动的全球化

旅游活动由来已久，其开展活动的范围随着人们消费实践的不断丰富和消费能力的不断提高而日益扩大，从最初的近距离国内旅游到邻国旅游直至在全球范围内的旅游活动成为当今世界的一种规模巨大的消费活动，无不体现着由近及远的发展演变规律，甚至现在的探月旅游也已成为现实，虽然由于各种条件的局限还不能普及，但是它所体现出来的趋势却是意义深远的。

由于各国主权的存在和国界的划定，使得旅游者跨越国界的旅游活动成为一种国际旅游活动，当国际旅游活动达到足够规模并遍布世界各地时，就表现为旅游活动的全球化。全球化下的旅游市场是融为一体的，因为任何一个国家

都可能由于其独特的旅游资源和产品开发而成为其他国家旅游者选择的旅游目的地，同样，该国的居民也可能选择其他国家作为外出旅游的目的地，这样从旅游市场方面就体现为全球化旅游市场。旅游活动的全球化是旅游者的旅游空间范围打破了国界限制后，国与国之间的旅游联系以及由此而形成的经济联系。

（二）旅游服务贸易的国际化

全球化旅游市场下的需求满足可以通过不同形式得以实现。如可以通过国际旅游服务贸易的方式满足旅游活动全球化的需要，即在旅游需求国与旅游目的地国之间，通过各自的旅游企业间的服务交易行为实现游客国际旅游需求；也可以通过旅游企业的跨国经营方式满足旅游活动全球化的需要。从国际贸易的角度讲，国际旅游是服务贸易的重要组成部分。与货物贸易相类似，出境旅游类似于客源国的服务进口，入境旅游类似于目的地国的服务出口。由于国际旅游活动的开展，入境旅游者和出境旅游者的消费相应地会引起某一国家外汇的流入和流出，导致财富在国际间流动。

国际旅游贸易的发展是伴随着旅游活动的全球化而展开的。旅游活动的全球化不过是一个国家国内旅游发展到一定阶段，人们的旅游消费水平逐渐提高、旅游消费地域空间逐渐延伸的一种必然反映。而具体到一个国家，是否在旅游活动全球化过程中大力发展国际旅游贸易则可以依据李嘉图的比较优势理论予以解释。如果一个国家比别的国家在生产旅游产品方面效率更高，那么就可以通过发展国际旅游服务来获得贸易收益。

1. 全球旅游服务贸易的发展

第二次世界大战以后，随着大众旅游的迅速崛起和旅游活动地域空间的逐渐延伸，国际旅游贸易获得了前所未有的发展（参见表 9-1），1980 年全球旅游服务贸易总收入只有 1010.16 亿美元，1990 年增加到 2660.50 亿美元，2000 年则增加到 4758.2 亿美元，年均增长速度达到 6.58%[①]。据世界旅游组织的预测，未来几年内国际旅游服务贸易将保持良好的发展势头，2000～2020 年国际旅游活动的年平均增长率为 4.4%，2020 年全球国际旅游消费收入将达到 2 万亿美元，国际旅游年均增长率为 6.7%，远远高于世界财富年均 3%的增长率。届时，国际旅游人口将占世界总人口的 3.5%，旅游服务贸易将在全球经济的重构中发挥重要作用[②]。

① 根据 1996～2004 年《国际收支统计年鉴》计算得出。
② 2003 年世界旅游组织的统计报告。

表 9-1　二战后国际旅游发展情况

年份	旅游人数（亿人次）	增长率（%）	旅游收入（亿美元）	增长率（%）
1950	0.25	—	21	—
1960	0.73	183	68	224
1970	1.59	121	179	163
1980	2.80	76	1010.16	430
1990	4.15	48	2660.50	176
2000	6.98	68	4758.20	82
2010	9.48	36	9310	96
2013	10.87	15	11590	24

资料来源：世界旅游组织（UNWTO）。

2. 亚太地区国际旅游的发展

在整个国际旅游大发展格局中，亚太地区的国际旅游发展速度尤为突出，从 1990～2013 年间，始终保持在年均增长率 6.2%的水平上（参见表 9-2）。

表 9-2　1990～2013 年世界各地区国际旅游接待量

单位：百万人次

地区	1990	1995	2000	2005	2010	2012	2013	1990～2013 年均增长率%	2012～2013 年均增长率%
欧洲	261.1	304.0	388.2	448.9	484.8	534.4	563.4	2.9	5.4
亚太	55.8	82.0	110.1	153.5	204.9	233.5	248.1	6.2	6.2
美洲	92.8	109.1	128.2	133.3	150.6	162.7	167.9	2.9	3.2
非洲	14.7	18.7	26.2	34.8	49.9	52.9	55.8	6.1	5.4
中东	9.6	13.7	24.1	36.3	58.2	51.7	51.6	4.5	-0.2
总计	434	528	677	284.4	948	1035	1087	3.8	5.0

资料来源：世界旅游组织（UNWTO）。

3. 我国国际旅游贸易的发展

我国国际旅游贸易发展迅猛，在我国服务贸易出口额中所占比重最大，2005 年在我国服务贸易出口的部门构成中，旅游服务部门所占比重最大，为 39.64%。无论是出境旅游还是入境旅游都表现出较高的增长幅度（参见表 9-3、表 9-4 和表 9-5）。

表 9-3 我国旅游服务贸易总量变动情况

单位：亿美元，%

年份	我国旅游服务贸易总量	我国服务贸易总量	世界旅游服务贸易总量	我国旅游服务贸易量占我国服务贸易量的比重	我国旅游服务贸易量占世界旅游服务贸易量的比重
1995	124.18	430.65	7905	28.84	1.57
1996	146.74	429.36	8214	34.18	1.79
1997	202.04	522.28	8242	38.68	2.45
1998	218.07	503.46	8262	43.31	2.64
1999	249.62	571.32	8421	43.69	2.96
2000	293.45	660.04	8606	44.46	3.41
2001	317.01	719.33	8496	44.07	3.73
2002	357.83	854.61	9817	41.87	4.10
2003	325.93	1012.27	9199	32.19	3.54
2004	448.88	1336.58	10170	33.58	4.41
2005	510.55	1582	10810	32.27	4.72
2010	1006.94	3624.2	18077	27.78	5.57

资料来源：根据 WTO 官方网站 DATABASE 数据库计算得出。

表 9-4 2000～2013 年我国入境旅游情况

年份	入境旅游者（百万人次）	增长率（%）	入境旅游收入（亿美元）	增长率（%）
2000	83.44	14.63	162.31	15.1
2001	89.01	6.7	177.92	9.7
2002	97.90	9.99	203.85	14.6
2003	91.66	-6.38	174.06	-14.6
2004	109.00	18.96	257.39	47.87
2005	120.29	10.32	293.00	13.82
2006	124.94	3.9	339.49	15.9
2007	131.87	5.5	419.19	23.5
2008	130.02	-1.4	408.43	-2.6
2009	126.48	-2.7	396.75	-2.9
2010	133.76	5.8	458.14	15.5
2011	135.42	1.2	484.64	5.8
2012	132.40	-2.2	500.28	3.2
2013	129.08	-2.5	516.64	14.4

资料来源：根据国家旅游局、国家外汇管理局、UNWTO 统计数据整理。

表 9-5 2000～2013 年我国出境旅游情况

年份	出境旅游者（百万人次）	增长率（%）	出境旅游花费（亿美元）	增长率（%）
2000	10.47	13.43	131	20.7
2001	12.13	15.85	139	6.1
2002	16.60	36.85	154	10.7
2003	20.22	21.69	152	-1.4
2004	28.85	42.68	191	26.1
2005	31.02	7.5	218	13.6
2006	34.52	11.28	243	11.8
2007	40.95	18.6	298	22.6
2008	45.84	11.9	362	21.5
2009	47.66	4.0	437	20.7
2010	57.39	20.4	549	25.6
2011	70.25	22.4	726	32.2
2012	83.18	18.4	1020	40.5
2013	98.19	18.0	1286	23.8

资料来源：根据国家旅游局、国家外汇管理局统计数据整理。

二、旅游企业的跨国经营与旅游经济的全球化

如果说旅游服务贸易的国际化是由于本国作为旅游目的地国的比较优势存在而产生的贸易现象的话，那么旅游企业的跨国经营则是由于本国作为旅游客源国在出境旅游规模和集中程度达到一定水平和旅游企业具备一定扩张实力时产生的资本投资与扩张的现象。当然，无论是国际旅游服务贸易还是旅游企业跨国经营，都必须以旅游活动的全球化为前提。

正如前面所说的，作为一个国家来讲，最终都可能既是客源国也是目的地国。但是由于各国经济发展水平不同，旅游资源禀赋不同，旅游者的需求能力各异，在实现既是旅游目的地国又是旅游客源国的道路上表现出不同的阶段性。有些国家由于资源禀赋丰富且有特色，对某些国家的需求者产生了强大的吸引力，于是成为了这些国家出境旅游需求的目的地国，从而使得国内市场成为世界旅游投资市场的重要组成部分。作为旅游目的地的这些国家，就可以通过发展国际旅游服务贸易来满足世界旅游市场对其旅游产品的需求，从而挣得服务贸易的外汇收入。但是，这种国际经济联系是建立在以旅游客源国为主体或主宰地位上的经济联系，旅游目的地国在这种关系下向成为旅游客源国输出旅游

资源或旅游吸引物的一个基地，成为旅游客源国旅游企业扩张经营行动的一个空间飞地。一旦旅游客源国卡住输出的客源数量，那么旅游目的地国的旅游服务贸易量就会受到严重的削弱。所以，作为一种初级形式的旅游企业，必须随着经济发展和国民出境旅游需求的增长而有所改变。

旅游企业国际化的进程是不断演进的，由单向的国际贸易形式转变为双向的贸易加跨国经营形式。也就是说，伴随着本国国民经济发展水平的提高和国内旅游需求的空间范围的日益扩大，本国公民出境旅游规模会不断增加，为更好地服务于本国居民并由此实现创收外汇的目的，本国有实力的旅游企业就会向本国旅游者出游选择的旅游目的地国进行直接投资，从而实现了一个国家双重属性（既是旅游目的地国又是旅游客源国）下的完整的旅游企业国际化进程。如果旅游活动的国际化是旅游企业跨国经营的前提条件，那么，一定的客源自然垄断、充足的资本、先进的技术和管理模式则是旅游企业跨国经营的必备条件①。

第二节　全球旅游经济发展中的区域合作问题

一、全球旅游经济发展中的区域布局及其变化

区域性是旅游经济发展的必然现象。一方面，旅游需求具有明显的区域性，另一方面旅游供给也具有明显的区域性。全球旅游经济在不断发展的过程中，由于需求和供给的发达程度不同，在市场上常常被划分为不同的区域。世界旅游组织根据世界各地旅游发展情况和客源集中程度，将世界划分为五大区域旅游市场，它们分别是欧洲、美洲、亚太、非洲、中东。从五大区域旅游经济发展的格局来看，几十年来，欧洲与美洲一直在全球旅游经济体系中占主导地位，无论是旅游供给量还是旅游需求量都是如此。虽然其所占的比重在逐年下降，而其他地区所占比重在逐年上升，尤其是亚太地区的增速很快，显示了强大的发展潜力，但是以欧美为主导的格局依然没有改变。

1950～2013 年世界各旅游区接待国际旅游者的比重如表 9-6 所示。

① 张辉，厉新建编著. 旅游经济学原理. 旅游教育出版社，2004：231.

表 9-6 1950～2013 年世界各旅游区接待国际旅游者比重

单位：%

地区	1950 年	1960 年	1970 年	1980 年	1990 年	2000 年	2010 年	2013 年
欧洲	66.4	72.5	70.5	66.0	62.4	57.8	51.1	51.8
美洲	29.6	24.1	23.0	21.3	20.5	18.6	15.9	15.5
亚太	0.8	1.0	3.0	11.5	11.5	16.0	21.6	22.8
非洲	2.1	1.1	1.5	3.3	3.3	3.8	5.3	5.1
中东	0.9	1.0	1.4	1.6	1.6	2.9	6.1	4.7
全球	100.0	100.0	100.0	100.0	100.0	100.0	100.0	100.0

资料来源：世界旅游组织（UNWTO）。

据预测，2010～2030 年，国际旅游接待量将以年均 3.3%的速度增长，2020 年全球国际旅游接待量将超过 16 亿人次，2030 年将达到 18 亿人次。欧洲将继续成为最大的国际旅游目的地，但其国际旅游接待量的增长速度低于全球平均水平，这将导致其市场份额降至 45%。东亚太地区的国际旅游接待量将会以年均 7%的速度增长，从而超过美洲成为第二大旅游目的地，到 2020 年将占有 27%的市场份额，而同年美洲的市场份额将仅为 18%。到 2020 年，非洲、中东地区和南亚地区的国际旅游接待量也将会有所增长，增长幅度分别为 5%、4%和 1%①。表 9-7 为预计 2020 年和 2030 年世界各地区旅游接待量。

表 9-7 预计世界各地区旅游接待量

地区	2020 年	2030 年
非洲	85	134
美洲	199	248
亚太	355	535
欧洲	620	744
中东	101	149
世界	1360	1809

资料来源：世界旅游组织（UNWTO）。

二、全球旅游经济发展中的竞争合作问题

从争夺全球既定的旅游市场需求来看，各大洲之间存在着激烈的竞争关系，尤其是全球旅游业蓬勃发展时期，旅游发达国家想保持住原有的优势地位，

① 查尔斯·R. 格纳德，J. R. 布伦特·里奇著. 李天元，徐虹，黄晶译. 旅游学（第 10 版）. 中国人民大学出版社，2008：509.

而旅游不发达国家欲在成长的市场中争取一定的份额以改变经济落后局面，都在竭尽全力地提高旅游吸引力和扩大旅游接待量，其竞争激烈程度可想而知。竞争不仅源于市场经济发展的需要，还源于旅游者的选择性、旅游需求的弹性、旅游产品的可替代性和旅游供给的不可储存性（葛立成，1996；李芸，2002）。

从做大全球旅游市场来看，各区域之间又有着建立合作关系的必然需求。尤其是在旅游经济发达程度存在明显差异的情况下，只有通过合作开发出更多更好的满足游客需要的旅游产品，才能在转化潜在需求、激发现实需求的过程中实现共赢。区域旅游合作是旅游经济发展和资源要素优化配置的必然要求，是地域分工和相互依存的必然要求，是产业扩张和规模经济跨区域发展的必然要求，也是技术进步和信息化进程的必然要求。

区域合作按地理范围来看，可以分为区域之间合作和区域内部合作，即区际旅游合作和区内旅游合作。从世界旅游经济区域发展的现实来看，区内旅游合作可能是更为重要的合作选择，因为无论是从游程的相临性、成本的低廉性、文化的亲缘性以及供给的匹配性上来看，区域内旅游接待量都是全球旅游经济中占有比重最大的一块。东亚太区域内的旅游合作就具有良好的发展前景，因为随着东亚太区域经济在全球经济发展中的地位日益提高，中国、印度等发展中大国的经济腾飞所创造的巨大的旅游市场需求，在全球旅游区域市场中具有举足轻重的地位，东北亚地区旅游合作、东盟“10+1”旅游合作、澜沧江—湄公河次领域旅游合作、中日韩旅游合作等的出现，都在不同程度上反映着东亚太区域旅游蓬勃发展的势头和巨大的发展潜力。

第三节　全球旅游经济发展中的法规政策问题

一、全球旅游经济发展中的服务贸易协定

（一）世界贸易组织的基本架构

世界贸易组织（World Trade Organization，WTO）是多边贸易体系的法律基础和组织基础。它规定了主要的协定义务，以决定各缔约方政府如何制定和执行国内法律制度和规章。同时，它还是各国通过集体辩论、谈判和裁判，发展其贸易关系的场所。世界贸易组织的机构共分为四个层次[①]：

① 周宝廉，徐虹. 国际贸易概论[M]. 天津：南开大学出版社，1998.

1. 部长会议。这是世贸组织的最高权力机构，由所有成员方的代表组成，至少每两年召开一次会议。

2. 总理事会。这是世贸组织的常设机构，由所有成员方的代表组成，总理事会在部长会议休会期间代表部长会议处理日常事务。此外，还以两种特别的形式开会，即作为争端解决机构监督争端解决程序和作为贸易政策评审机构对世贸组织各成员的贸易政策进行定期评审。

3. 三个理事会和四个委员会，均由各成员方的代表组成。三个理事会是接受总理事会的授权，在总理事会的指导下，分别负责监督各自有关方面协议的实施和运作情况。这三个理事会是货物贸易理事会、服务贸易理事会和与贸易有关的知识产权理事会。四个委员会分别是：贸易与环境委员会、贸易与发展委员会、国际收支限制委员会、预算财务与行政委员会，这些委员会要向总理事会报告工作。此外，世贸组织的四个诸边贸易协议都设立了自己的管理机构（民用航空器委员会、政府采购委员会、国际奶制品理事会、国际牛肉理事会）。

4. 三个理事会之下设立的委员会、工作组、监督机构等。

根据世贸组织协定的规定，成立世贸组织的目的是为了处理世贸组织成员国之间的贸易关系。其职能是：组织实施多边贸易协议和诸边贸易协议；提供多边贸易谈判的场所；管理综合性争端解决机制和贸易政策审议机制；与国际货币基金会和世界银行进行合作，共同协调国际经济政策。

（二）世界服务贸易协定的一般内容

1. 服务贸易的含义

服务贸易是指不同服务产品生产者服务产品的交换，当这种交换发生于一个国家国境之内时就形成国内服务贸易，而当这种交换发生于不同国家或地区之间时就是国际服务贸易。

在服务贸易总协定中，服务贸易的范围被界定为四种类型：（1）跨境提供，从一成员方境内向任何其他成员方境内提供服务；（2）境外消费，一成员方的国民在任何其他成员方的境内服务消费；（3）商业存在，一成员方在任何其他成员方境内通过提供服务的实体加入而提供服务；（4）自然人存在，一成员方的自然人在任何其他成员方境内提供服务。

2. 服务贸易总协定的一般原则和条款

服务贸易总协定是世界贸易组织乌拉圭回合多边贸易谈判的产物，其目的是为了消除国际服务贸易壁垒，推动国际服务业发展，促进服务贸易自由化。作为 WTO 制度框架的重要组成部分，服务贸易总协定明确规定了 WTO 成员在服务贸易上必须遵循的一般原则和应承担的义务。

（1）服务贸易的一般原则

①最惠国待遇原则。服务贸易总协定规定每一成员方给予另一成员方的服务或服务提供者的待遇，应立即无条件地以不低于前述待遇给予其他任何成员方相同的服务或服务提供者。这一条款的例外情况应符合有关免责条款所规定的条件。

②透明度原则。每一成员方必须公布与服务贸易有关的法律、法规或行政规定，以及所有与服务贸易有关的规则或通行惯例和签订的与服务贸易有关的国际协定，最迟在它们生效之前予以公布。

③发展中国家更多参与的原则。服务贸易总协定规定不同成员方通过对承担特定义务的协商，促使发展中国家成员方在世界贸易中更多地参与。为体现这一原则，服务贸易总协定列举了三种方式：发展中国家成员方努力通过各种措施特别是通过引进商业性技术、促进销售渠道和信息网络的改善等使国内服务业的力量加强及效率提高；发达国家对某一或某些于发展中国家成员方具有出口利益的部门给予自由准入的优先权；允许发展中国家成员在总体部门或单个部门中维持较高水平的保护，或者发展中国家在作出自由化承诺时可以设置条件，如要求外国投资的服务提供者只能设立合资企业或要向当地企业提供技术、信息、销售渠道等。

④经济一体化原则。服务贸易总协定不阻止任何成员方参加其他双边或多边服务贸易自由化协议，允许发展中国家成员按其发展水平达成某种协议，但此类协议不应对其他任何成员方提高在各个服务部门或分部门中原已适用的服务贸易的壁垒水平。

除以上这些一般原则以外，在服务贸易总协定的第二部分中还有国内规定、承认、紧急保障措施、对保障收支平衡的限制和例外条款等原则。

（2）国际服务贸易的具体义务规范

①市场准入。所谓市场准入就是要开放成员方本国的服务市场。服务贸易总协定要求成员就“市场准入”进行谈判，按不同的服务行业以及分部门分别作出具体承诺，并列入各国承担特定义务的计划表中，作为协定中具有约束力的组成部分。

②国民待遇。所谓国民待遇就是要求各成员国在其承担特定义务的计划表所列的部门中，在依照表内所述的各种条件和资格的前提条件下，就影响服务提高的所有规定来说，应给予其他成员国的服务或服务提供者以不低于其给予国内服务或服务提供者的待遇。服务业国民待遇的实施坚持“利益互惠”的原则。

③争端解决。总协议规定在服务贸易协议执行中若缔约方之间发生争端，

双方应进行磋商；或在一缔约方请求下，"缔约方全体"可与一个或几个缔约方进行磋商；若一方认为另一方没有认真履行义务与许诺，另一方可在提出改进建议的同时，通知"缔约方全体"；如果此类争端在一段时间内未解决，也可提交给"缔约方全体"。"缔约方全体"认为问题严重时，可以批准某缔约方对另一方暂停本身所承担的责任与义务。

服务贸易总协定的逐步自由化条款要求各成员方在本协定生效之日起的一定时间内，遵从平等互利、提高所有参加方的利益并在权利和义务方面谋求全面平衡的原则，就进一步扩大服务贸易自由化问题定期举行实质性谈判，以着眼于减少或消除对服务贸易有效的市场准入产生有害影响的措施。服务贸易总协定还规定每一参加方应制定其各服务部门或分部门承担特定义务的计划表，表中应该详细说明以下内容：有关市场准入的条件和限制；有关国民待遇的条件和限制；承担有关的附加义务；有关实施这类义务的适当时间框架；承担上述义务的生效日期等。

3. 服务贸易总协定与旅游相关服务

在服务贸易总协定中，服务贸易内容极为广泛，在服务贸易总协定谈判的框架内将服务部门分为12个主要类别，"旅游相关服务"被列为其中的第九类。旅游业作为一个独立行业编入世界服务贸易的部门分类中，已成为与建筑业、金融业、邮电通信业和运输业等行业并列的服务贸易总协定的重要组成部分。随着世界旅游业的不断发展，旅游业的朝阳形象日益突出，旅游行业的地位不断提高，旅游业已成为现代人类社会重要的生活方式和社会经济活动，重视和发展旅游业正成为整个世界的共识。

（1）服务贸易总协定与旅游相关服务市场的开放

按照服务贸易总协定的规定，各成员国有权在根据自己的经济发展状况和考虑国内政策目标的基础上提出自主承担的自由化待遇，然后通过多轮谈判，最后确定各成员国的各服务部门或分部门承担特定义务的计划表。但鉴于旅游业本身的特点以及各国对旅游业的重视，所以大部分成员国都已开放旅游相关服务市场。因此从某种意义上可以说，旅游业在服务贸易总协定中所占的地位和可起的作用可能更具影响力。

在服务贸易总协定中，"旅游相关服务"的范围被划分在四个分部门，它们是：旅馆和餐馆服务（包括餐饮业）、旅行代理商和旅游经营商服务、旅游导游服务以及其他。针对旅游相关服务的四个分部门，各成员国所做的承诺也不同。

（2）我国旅游业市场准入的承诺

我国旅游业市场准入和国民待遇方面的承诺主要包括：在跨境交付、境外消费的市场准入方面，我国对于旅行社和旅游经营者没有限制；加入时符合条件的外国服务提供者，可以在我国政府指定的旅游度假区和北京、上海、广州和西安开办中外合资旅行社，不迟于 2003 年 1 月 1 日允许外方控股；不迟于 2003 年 12 月 31 日允许设立外商独资设立旅行社；合资旅行社、旅游经营者的注册资本不得少于 400 万元人民币；中国加入后 3 年内，注册资本不得少于 250 万人民币；加入后 3 年内，将允许外资拥有多数股权；加入 6 年内，将允许设立外资独资子公司，取消地域限制。到 2005 年底，我国共有外商投资旅行社 21 家，占国际社总数的 1.32%，其中外商独资旅行社 7 家，外商控股合资旅行社 5 家，中方控股合资旅行社 9 家。在国民待遇方面，除了“外方合资或独资旅行社和旅游经营者不允许从事中国公民出境旅游业务”这一条外，其他享受与我国国内企业相同的国民待遇。但是，随着我国对外开放政策的不断发展，这一条限制肯定也会取消。

二、国际旅游贸易政策

（一）国际旅游贸易政策的含义

国际旅游贸易政策是一个国家或地区在一定时期内，开展国际旅游服务贸易所遵循的国际规则、国际惯例和所实施的法律法规、制度和措施的总和，既是各国开展旅游服务贸易的政策依据和准则，又是各国开拓国际旅游市场和促进国际旅游发展的重要措施和手段。各国制定国际旅游政策的出发点是国际旅游对其政治、经济等诸多方面的影响，以及各国对待国际旅游的态度。由于各个国家所处的发展阶段不同，旅游业在国家经济发展中的地位不同，因此达成全球协议一致的国际旅游政策是不可能的，不同时期、不同国家的国际旅游政策往往是极不相同的。

国际旅游贸易政策从内容上说主要包括四方面：旅游服务贸易总政策、出入境旅游政策、旅游要素进出口政策、旅游服务贸易国别政策①。

（二）旅游服务贸易总政策

旅游服务贸易总政策是指一个国家或地区从整个国民经济出发，根据其经济社会发展状况和总体发展战略，结合其国际旅游发展水平和国际市场中的地位，在一定时期内所制定并实施的有关旅游服务贸易的基本政策。通常分为自由贸易政策和保护贸易政策②。

一般来说，发达国家普遍实施自由贸易政策，而发展中国家普遍实施保护贸易政策。这不仅与各国宏观经济发展战略和水平密切相关，也与微观旅游企

① 罗明义，毛剑梅. 旅游服务贸易——理论 • 政策 • 实务. 云南大学出版社，2007：141.
② 同上。

业的竞争能力有关。不过，这种划分也不是绝对的，发达国家在自由贸易政策基础上也在采用一定的保护政策以维持自身的竞争优势，甚至通过保护政策以达到一定的政治目的；发展中国家在保护贸易政策的基础上也逐渐实施更加开放的贸易政策，以更多地融入到国际旅游经济体系中，并通过竞争机制提高国内旅游企业的竞争力。

（三）国际出入境旅游政策

由于国际旅游活动中，随着游客的移动会产生不同国家间外汇的流动，因此，各国将针对国民经济发展的需要，制定和实施不同的出入境政策。

如果一个国家需要大力发展入境旅游以扩大外汇收入的话，则可以通过制定宽松的入境旅游政策，激励国外游客入境旅游，如放宽入境签证限制或实行免签证手续，就能够起到刺激入境旅游发展的目的；如果一个国家需要控制外汇流出量，就有可能通过限制出境旅游政策、提高出境旅游门槛、限制出境旅游外汇携带量等，以减少外汇流失。

（四）旅游要素进出口政策

它是指一个国家或地区对于旅游生产中的要素市场如旅游管理技术、资金和人才等的进出口进行管理而制定的一系列政策。发展中国家旅游经济发展落后，一般来说更多的是制定鼓励旅游要素进口的政策，以带动和提高本国旅游经济管理水平；发达国家拥有更为丰富的旅游要素及其市场机制，在国际旅游经济一体化发展进程中，更多的是采用鼓励要素出口的政策，以实现全球发展战略。但是随着一些发展中国家的旅游经济日益崛起，尤其是出境旅游人数的不断增加，发展中国家也面临着鼓励要素市场国际化流动的新形势，所以旅游要素进出口政策也在不断调整。

（五）旅游服务贸易国别政策

它是指根据一个国家的旅游服务贸易总政策，在遵循国际贸易规则的前提下，按照该国对外经济贸易关系的需要，对不同国家或地区采取的有区别的贸易政策、策略和措施，包括开放旅游市场政策、旅游签证政策、差别关税税率政策、差别优惠待遇等。

由于各国在不同时期采用不同的旅游贸易政策，就会产生不同的贸易效果。因此，各国在国际旅游贸易交往中，都会根据各自不同的发展需要，动态地调整旅游贸易政策，使之更好地服务于一国贸易发展的需要。

第四节　全球旅游经济发展的可持续性问题

一、全球旅游经济发展中的可持续目标

（一）可持续经济发展的基本内涵

从可持续经济发展的基本定义即“可持续经济发展是在保持自然资源与环境质量和其提供服务的前提下实现的经济发展”可以看出，可持续经济发展更加强调从环境和自然资源保护的角度出发来确立的一种经济发展战略。它蕴含着一系列的辩证关系，如经济发展与环境承载力间的关系、资源开发与环境保护间的关系、对当代人需要的满足与对后代人需要的满足间的关系等。可持续经济发展并不否定经济增长的重要性，但需要解决好经济增长的目的与手段的关系，经济增长应以无损于生态环境为前提，以可持续性为特征，以改善人民的生活水平为目的。如果一味追求外延式的经济增长方式，则会出现以过度损耗资源为代价的不可持续发展的结果。

可持续经济发展的基本原则主要包括：

1. 循环性原则。由于资源和环境是人类生存和发展的基本条件，所以经济发展必须被限定在资源与环境的承载能力之内。运用循环利用的思想，通过减量化和再利用的循环系统开发实现可持续发展的目标。

2. 公平原则。公平原则强调的是经济发展不应以损害其他人或后代人的利益为代价，每个人都应具有平等的发展权利，并享受平等的发展利益。

3. 协调原则。实现可持续发展目标不仅需要多种资源或要素及手段共同发挥作用，而且最终要实现的目标也不仅仅是提高人们的物质生活水平，因此，无论从手段的角度还是目标的角度都需要协调好彼此间的关系。

4. 变革原则。传统的资源范围及其利用方式必须在变革的原则下不断被创新，才能不断提高资源的利用效率，以拓展可持续经济发展投入要素的范围及内容，确保经济发展的可持续性。

（二）可持续旅游发展的提出

伴随着可持续经济发展概念的提出，旅游的可持续发展问题日益成为人们关注的焦点。为了倡导和推荐可持续旅游的发展，国际上曾就此议题召开过几次重要会议：1989 年 4 月由众多国家参与的各国议会大会在荷兰海牙召开并第一次明确提出可持续旅游发展的口号；1990 年在加拿大召开的全球国际大会提

出了可持续旅游发展的主要框架和目标，较全面地反映了可持续旅游发展的行动领域和基本内容；1995年，联合国教科文组织环境规划署和世界旅游组织在西班牙联合召开了“可持续旅游发展世界会议”，通过了《可持续旅游发展宪章》及《可持续旅游发展行动计划》，为在全球推广可持续旅游发展提供了一套行动准则和具体的操作程序；同年，世界旅游组织环发大会在伦敦召开新闻发布会，公布了全球《旅游业21世纪议程》，将联合国制定的《21世纪议程》具体转化为全球在发展旅游业方面的行动纲领。

尽管人们不断提出可持续旅游发展口号及准则，但是在概念界定方面却存在不同观点。综观这些定义可以发现，对可持续旅游发展的基本共识集中于旅游业的发展，既要扩大接待规模和提高产品质量，同时又不对其赖以生存的自然环境产生消极作用（Cronin，1990）。在诸多的定义中，比较有广泛影响的一个定义是在《可持续旅游发展行动计划》中的表述，即可持续旅游发展被认为是在保持和增强未来发展机会的同时，满足外来游客和接待旅游地区当地居民的需要，在旅游发展中维护公平，它是对各种资源的指导，以使人们在保护文化的完整性、基本生态过程、生物多样性和生命维持系统的同时，完成经济、社会和美学需要。可持续旅游发展的基本目标包括：

1. 增进人们对旅游所产生的环境影响与经济影响的理解，加强人们的生态意识；
2. 促进旅游的公平发展；
3. 改善旅游接待地区的生活质量；
4. 向旅游者提供高质量的旅游经历；
5. 保护未来旅游开发赖以存在的环境质量。

实现可持续旅游发展目标，需要旅游活动中的各利益主体的积极参与和实践，从供需的角度来讲，尤其需要旅游消费者树立适度消费伦理观和旅游企业践行社会责任意识，实现旅游供需的可持续对接。

二、消费伦理与可持续性旅游需求

（一）社会消费观的转变

消费主义是西方发达国家的生活方式和价值观念，是指以“多买多用多扔”的生活方式和“多多益善”的价值观念为特征的消费观。在这种消费观的指引下，消费数量成为人们衡量成功的标准，拥有不断增多的物品和服务，被认为是最现实的通向个人幸福、社会地位的道路。

消费本来是人们达到幸福的一种手段，但当手段与目的颠倒了的时候，就出现了一些与消费社会责任、道德责任相背离的现象，这种现象的出现提示我们必须思考消费中的道德问题。康德在他的《实践理性批判》中写道："有两种事物，我们愈是沉思，愈感到它们的崇高与神圣，愈是增加虔诚与信仰，这就是头上的星空和心中的道德律。"这种道德律表现在我们的旅游消费行为中，就是应该做什么与不应该做什么。作为一种积极的道德责任，应该做什么体现了人类的理性、和谐和真善美的正面价值；消极的道德责任即不应该做什么则反映了人类自私、利己和文明失范的负面价值。

由于需求是无限扩张的，消费再多也不能得到满足。由于消费主义的生活方式使人们在社会关系、心理和精神需求方面，减少的甚至比得到的多。因此，人们得到一种结论：物质的丰富与生活幸福没有必然联系。不仅如此，消费主义还带来了对人类赖以生存的自然生态环境的极大破坏，如消费社会对资源的掠夺性开发，消费后过多排放的污染物，不可补偿地耗尽资源和毒害环境。这种对人对己都不利的过度消费观必须扭转，在可持续旅游发展目标的指引下，必须重新构建适度消费伦理观。

适度消费伦理观是以质量型、生态化、均衡性为基本特征的消费价值观。它主张人类需求与自然需求的和谐、人的物质需求与精神需求的均衡、代内需求和代际之间需求的公正公平，以最终建立物质文明、精神文明和生态文明共存的可持续发展社会为最终目标。它是人类在更高层次上对自身消费活动的理性约束与规范。

（二）可持续性旅游需求的内容及其实现

可持续性旅游需求应该是一种符合绿色消费理念的需求。所谓绿色消费是指在社会消费中，不仅要满足我们这一代人的消费需求和安全、健康，还要满足子孙万代的消费需求和安全、健康。它有三层含义：一是倡导消费者在消费时选择未被污染或有助于公众健康的绿色产品；二是在消费过程中注重对垃圾的处置，不造成环境污染；三是引导消费者转变消费观念，崇尚自然，追求健康，在追求生活舒适的同时，注重环保，节约资源和能源，实现可持续消费[①]。适度消费伦理观下的可持续旅游需求的实现主要通过以下的消费实现：

1. 强调增减结合的质量型消费。它并不反对随着科技进步和经济发展提高消费，而是倡导健康理性的有节制的消费。它在量上应是充足而舒适的生活，表现为旅游服务品种、质量和数量的多样化，在质上应是能够满足旅游者个性化需求，提供更多消费选择的自由。

2. 强调以环境承载力为限度的生态型绿色消费。旅游消费活动应该以不打破生态平衡的质的限度为原则，包含两层含义：一是不能破坏地球的基本生态

---

① 明庆忠，李庆雷著. 旅游循环经济学. 南开大学出版社，2007：226.

过程和生命维持系统，确保自然资源和生态系统的持续利用；二是消费的增长速度以不超过生态潜力的增长为限，以确保资源的循环使用。

3. 强调以代内及代际间消费公平的均衡型消费。在富裕国家和贫困国家之间及其不同利益群体之间，应该公平地分享资源的利用效益和承担生态成本。占世界人口 1/5 的发达国家消费着地球上 40%到 86%的各种自然资源，所以发达国家应该承担更多保护环境的责任和义务。

三、企业责任与可持续性旅游供给

（一）企业社会责任的基本含义

关于企业社会责任的认识长期以来一直没有统一的结论，美国经济学家弗里德曼认为，企业的社会责任就是增加利润。罗宾斯则认为，“企业社会责任是指超过法律和经济要求的、企业为谋求对社会有利的长远目标所承担的责任”。[①]国内多数学者倾向于将企业责任划分为两个层次：一个层次是企业基本责任，另一个层次是企业社会责任，其中基本责任是指企业的经济责任和法律责任，社会责任是指企业在履行基本经济责任、实现生产经营目标的过程中，应对政府、社区、消费者、职工、投资者等履行的相关责任。总体来看，企业社会责任可以表述为：“企业为所处社会的全面和长远利益而必须关心、全力履行的责任和义务，表现为企业对社会的适应和发展的参与。企业社会责任的内容极为丰富，既有强制的法律责任，也有自觉的道义责任”[②]。

从以上不同的观点来看，对企业社会责任的内涵认识上，基本分为纯经济观点和社会经济观点两类。纯经济观点有失偏颇，企业的社会责任是多方面的，包括盈利的经济责任、股东的权益责任、诚实的纳税责任、员工的权益责任、经营的诚信责任、环境的保护责任以及公益事业的慈善责任等。企业的社会责任不是社会强加的而是客观生成的。首先，企业是处于一定利益关系中的社会经济组织，企业在利益关系中的社会角色自然衍生了企业的社会责任；其次，企业的经济活动具有正负外部性，企业要为负外部性承担责任；最后，企业利益实现是在与利益相关者的博弈中实现的，因此企业社会责任是企业自身发展的需要。所以，和谐社会构建中，企业的作用和努力是至关重要的。目前，国家和社会越来越重视企业履行社会责任的程度，2007 年 12 月国资委下发了《关于中央企业履行社会责任的指导意见》，就充分说明了这一点。

（二）可持续性旅游供给的实现

旅游企业是实现可持续旅游供给的基本单位。可持续性旅游供给的实现是

---

① Stephen P. Robbins. Management. Englewood Cliffs, NJ: Prentice-hall, 1991, P. 124.

② 中国企业管理年鉴（1990）. 企业管理出版社，1990：778.

一个系统工程，社会各界必须共同努力，各个层级必须积极参与，各种手段必须组合运用，才有可能达到预定的目标。

1. 宏观层面，政府要积极推动和引导。体现在以下几方面：首先，从法律法规上不断完善设计，对不可持续的旅游供给行为形成法制约束。本着“污染者付费、利用者补偿、开发者保护、破坏者恢复”的原则，推行生态环境的有偿使用制度。对欺瞒游客损害游客合法权益的行为要坚决予以曝光和处罚，以引导旅游企业承担社会责任。其次，从信贷、税收政策上鼓励旅游企业勇担社会责任的行为，对慈善捐助予以一定免税奖励；最后，可大力推行有益于可持续旅游供给实现的绿色认证体系、监督评估体系及技术研发奖励体系等的建设。

2. 中观层面，行业协会要积极规范行业纪律，完善行业约束体系。通过行业协会作用的加强，可以更好地实现政府难以实现的管理效果，这也是社会主义市场经济体系建设过程中亟待完善的部分。行业协会可以建立健全企业间的沟通机制，组织企业参与有关社会责任的国际交流活动，引导旅游企业接受先进经营理念，完善行业协会有关规章制度和规定，促使旅游企业参与到社会责任的实践中来，培育更多的可持续生存的旅游企业。

3. 微观层面，旅游企业要转变发展观念和发展模式，提高企业综合竞争力。旅游企业必须转变发展观，确立明确的企业伦理观和道德观，顺应时代发展对企业的需要，以良好的社会责任形象实施旅游企业的品牌发展战略；旅游企业要加大技术创新投入，以更符合旅游者需要的新产品创造良好的综合效益，运用循环经济模式降低生产中对自然生态环境的破坏；旅游企业要加强诚信体系建设和完善操作流程与制度，确保与旅游者交易的公平公正性。

（三）国家的相关政策法规

1978 年以前，旅游更多的是国家外事接待工作的重要组成部分，扩大对外政治影响是其主要目标，因此旅游企业基本不考虑成本与经济效益，收支差额由国家补贴（杜江，1990），旅游尚不具有为国家创造自由外汇的功能。1978 年以后，随着中国对外开放政策的全面实施，具有产业属性的中国现代旅游业正式起步，国家提出了“积极发展，量力而行，稳步前进”的旅游发展政策①。由于当时国家经济建设急需外汇资金，所以 1985 年以前，我国几乎将所有旅游资源和接待能力都集中于入境旅游，国内旅游十分有限且不鼓励发展，出境旅游就更无从谈起了。

1985 年以后尤其是进入 90 年代以后，相关法律政策随形势变化而有所调整。1986 年开始的“七五”计划明确提出“要大力发展旅游业，增加外汇收入，

① 何光玮. 中国旅游业 50 年[M]. 中国旅游出版社，1999：7.

促进各国人民之间的友好往来”。到“八五”计划时期明确将旅游业作为第三产业发展的重点。“九五”计划时期将房地产业、信息业和旅游业确定为国民经济新的增长点。这一系列调整充分说明，旅游业的产业地位及产业目标的多元化正在形成，现行的“大力发展入境旅游、积极发展国内旅游、适度发展出境旅游”的旅游发展政策是最好的证明。

随着我国对外开放的进一步发展和国民经济水平的不断提高，对国际旅游贸易地位与作用的认识逐渐提高。2009 年 12 月 1 日，国务院印发《关于加快发展旅游业的意见》，提出“把旅游业培育成国民经济的战略性支柱产业和人民群众更加满意的现代服务业”的战略部署，并对我国旅游产业的规模、质量、效益提出了未来十年的具体发展目标。该《意见》强调以国内旅游为基础，充分发挥市场配置资源的基础性作用，转变发展方式，走内涵式发展、转型升级的主线。该《意见》的颁布对我国旅游业发展而言，是一个具有里程碑意义的重要文件，是我国改革开放以来发展旅游业 30 年实践总结和全行业智慧的结晶，也是推动未来 30 年发展新格局的标志性新起点。

2014 年 8 月 21 日，《国务院关于促进旅游业改革发展的若干意见》出台，文件意在进一步提振旅游产业。该《意见》指出，加快旅游业改革与发展，是适应人民群众消费升级和产业结构调整的必然要求，对于扩就业、增收入，推动中西部发展和贫困地区脱贫致富，促进经济平稳增长和生态环境改善意义重大，对于提高人民生活质量、培育和践行社会主义核心价值观也具有重要作用。从树立科学旅游观、增强旅游发展动力、拓展旅游发展空间、优化旅游发展环境、完善旅游发展政策五方面入手，进一步促进旅游产业的改革与发展。

旅游作为服务贸易的重要组成部分，在旅游进口和出口方面，必须遵循的法律法规基本上可以分为四类：

1.《服务贸易总协定》和《对外贸易法》的相关规定

《服务贸易总协定》在本章第一节已经详细介绍过，这里不作赘述。

《对外贸易法》是在《服务贸易总协定》签订之后产生的关于国际服务贸易基本原则的一部重要法律。该法在第四章中专门就国际服务贸易作了规定，确立了国际服务贸易的基本原则。该法在第 12 条中规定国家促进国际服务贸易的逐步发展，并确定了国际服务贸易逐渐自由化的方针。为促进国际服务贸易的逐步自由化，《对外贸易法》第 23 条规定国家承诺给予其他缔约国市场准入和国民待遇；第 24 条和第 25 条则规定了例外条款，在为保护国家安全或公共利益、保护生态平衡等条件下，国家可以限制或禁止国际服务贸易；第 26 条的规定则涉及国际服务贸易管理问题。该法是涉及我国国际服务贸易领域的基本法律，是国际服务贸易的基础和核心。

2. 外资法中的有关规定

《对外贸易法》第10条明确规定，国际服务贸易企业和组织的设立及经营活动，应当遵守本法及其他有关法律、行政法规的规定，因此我国的外资企业法关于国际服务贸易企业的规定也属于我国的国际服务贸易立法。外资企业法主要包括《中外合资经营企业法》《中外合作经营企业法》《外资企业法》及其有关实施细则，它们对国际服务贸易企业和组织的设立条件、方式、期限及经营活动都作了具体规定。另外，我国还制定了《外商投资产业指导目录》，详细规定了我国鼓励、允许、限制及禁止的外商投资项目。

3.《中华人民共和国旅游法》

《中华人民共和国旅游法》自2013年10月1日起施行，以保障旅游者和旅游经营者的合法权益，规范旅游市场秩序，保护和合理利用旅游资源，促进旅游业持续健康发展。在《旅游法》第四章“旅游经营”和第五章“旅游服务合同”中，以法律形式明确指出了旅游企业在进行旅游经营活动时应履行的各项义务。如第35条“旅行社不得以不合理的低价组织旅游活动，诱骗旅游者，并通过安排购物或者另行付费旅游项目获取回扣等不正当利益”、第57条“旅行社组织和安排旅游活动，应当与旅游者订立合同”等。同时也从法律层面确定了旅游者作为旅游活动的主体，在外出旅行时应遵守的规定。如第13条“旅游者在旅游活动中应当遵守社会公共秩序和社会公德，尊重当地的风俗习惯、文化传统和宗教信仰，爱护旅游资源，保护生态环境，遵守旅游文明行为规范”。《旅游法》还在第28条中明确提出了设立旅行社，招徕、组织、接待旅游者，为其提供旅游服务，应当具备的条件。

《旅游法》的颁布和实施是中国经济发展转型的大势所趋，为转方式、调结构、扩内需、促就业、富百姓提升软实力，是“中国梦”的一部分。《旅游法》可促进旅游业全面协调可持续发展。旅游是传播文明、交流文化、增进友谊的重要途径，旅游也有利于修身养性、促进人的全面发展。旅游可以拉动经济和扩大内需，也是地方经济发展的综合引擎之一。《旅游法》的出台将进一步促进扩大内需和地方经济的发展。

4. 旅游业的相关政策法规

旅游服务业的专项法规主要包括1996年10月15日国务院发布的《旅行社管理条例》和同年11月28日国家旅游局发布的《旅行社管理条例实施细则》，该条例及其实施细则对旅行社的设立条件、申报审批程序、业务经营规则、旅行者的权益保护以及对旅行社的监督检查等进行了明确规定。《旅行社管理条例》和其实施细则适用于在中国境内设立的旅行社和外国旅行社在中国境内设立的常驻机构。申请中外合资、合作经营旅行社的，则应按照国务院有关规定报经批准，办理成立手续后方可在规定区域内营业。2001 年 12 月修订出台的《旅行社管理条例》，专设了“外商投资旅行社的特别规定”一章，依照中国“入世”承诺的内容，明确了中国旅行社进一步对外开放的政策。2003 年 6 月 12 日国家旅游局、商务部发布的《设立外商控股、外商独资旅行社暂行规定》，标志着中国旅游业在加快兑现“入世承诺”方面向前迈出了一大步。根据国家旅游局的规定，自 2003 年 7 月 1 日起，我国已取消对外商投资旅行社设立分支机构的限制，并对外资旅行社的注册资本实行国民待遇。这意味着外资在注册资本上与国内旅行社享受同等待遇，外资旅行社进入中国市场的准入门槛大幅降低。我国再次提前兑现世贸组织谈判中关于开放中国旅游市场的承诺。

2002 年出境旅游市场进行了一系列政策调整：一是国务院出台了《中国公民出国旅游管理办法》，有效保障了出国旅游者和出国旅游经营者的合法权益，也反映出我国对出国旅游的管理逐渐从行政管理向法制管理转变①。二是调整了旅游出境经营体系，即扩大组团社，取消代办点，将原来的 67 家组团社扩大到 528 家，同时将原来的 380 多家代办点全部取消。三是将出国游和港澳游并轨，即经营出国游的 528 家组团社同时也可以经营港澳游业务。

此外，国家旅游局颁布的《旅行社质量保证金暂行规定》《旅行社质量保证金暂行办法》《关于旅客意外保险的暂行规定》以及《关于外国旅行社在中国设立旅游常驻机构的审批管理办法》《出境旅游领队人员管理办法》等，对旅游服务管理中不同方面的问题作出了规定，以进一步实施《旅行社管理条例》。另外，规范旅游业发展的地方法规政策也相继出台，进一步保证我国旅游对外开放的效率，充分发挥其在创汇方面的巨大潜力。同时，也说明在中国旅游市场扩大对外开放的同时，旅游法制化建设也得到了加强。

【案例分析】

日本国际旅游经济发展的经验

1. 旅游为经济的润滑剂

日本汇率经历了三个阶段，第一阶段是 1949～1971 年，依靠 380 日元兑换 1 美元的固定汇率制，以出口导向型战略，实现了国家经济增长年均 10%以上的经济奇迹。第二阶段是 1972～1985 年，从 315 日元兑 1 美元升至 200 日元兑 1 美元。第三阶段是 1985～1989 年，日本作为世界工厂，形成了巨额外贸顺差。为此，1985 年 9 月 22 日，在美国纽约广场酒店，美国财长及中央银行行

① 高舜礼. 中国旅游产业政策研究[M]. 中国旅游出版社，2006：80.

长会同英国、法国、德国、日本四国财长和央行行长（当时竹下登为日本财长、澄田智为日本银行行长）达成协议，日本被迫签订了“广场协议”，之后日元急剧升值，其他主要货币两年内贬值 30%，然后又是“卢浮宫协议”，从而迫使日元陷入不可克制的飙升阶段，1989 年，日本经济泡沫崩溃，进入十年停滞期。为此，日本提出转变国家战略，从出口导向型转向内需主导型。随着日元的急速升值，日本政府采取了公共投资、扩大内需政策以及采取低利率政策。同时，为扭转不景气情况，日本的出口企业采取了将国内生产转移到海外当地生产、零件在海外采购的做法。其结果是，虽然日元升值，但出口企业并没有受到太大的损失，同时，又为进口企业更加繁荣提供了正面帮助。与此相对应，日本的观光局和企业分别采取了一系列的对策。

（1）对外生需求的应对

一是制定出国旅游倍增计划。当时世界旅游界为之轰动。1985 年日本出境旅游人数 495 万人次，此后在急剧的日元升值和泡沫经济的推动下，1990 年达到 1100 万人次。

二是跟进黑字还流计划。把外贸形成的顺差，即黑字，通过旅游渠道释放一部分，在这个过程中旅游变成了有效的经贸工具，变成了缓解国家对外经济摩擦的润滑剂。比如当时埃及提出来要抵制日货，后来日本观光局出面，提出明年增加 20 万客人，埃及的态度马上不同了。

三是企业跟进。由此又形成了利润回流的方式。所谓利润回流是因为日本出去的人多且比较集中，如去美国的日本游客中有一半去了夏威夷，企业家跟进投资，构成了一种特殊的方式，如夏威夷的饭店一半被日本投资商买断，澳大利亚黄金海岸 70%的房地产为日本人所有。日本人出国，坐日本飞机，乘日本汽车，住日本饭店，吃日本饭菜，当地实际上就是挣点景点钱，挣点服务钱，主要的利润还是回到了日本。

日本通过这三种方式，在日元升值对经济产生较大影响的环境下，充分把握机会，减少了损失。

（2）对内生需求的刺激

积极扩大国内旅游需求，日本也采取了几个措施：

一是假日制度调整。从 1985 年之后日本开始实行双休制，同时增加了一部分公共假日，构成了黄金周消费高峰。

二是企业组织员工旅游。为此日本政府推出一个政策，企业组织员工旅游，其中一部分费用可以视为培训，进入成本，对当时拉动日本旅游内需起了很大的作用。

三是培养孩子。这一政策一直到现在还在持续。日本学生出国旅游叫修学旅游，在国内旅游叫见学旅游。从那个时候一直到现在，二十年时间，修学、见学旅游在培养一代代未来的旅游者。

2. 旅游为政治的先导

日本近现代产业政策的重点一直在制造业上，技术立国和贸易立国的道路使日本的经济实现腾飞。但在21世纪之初，日本政府提出了观光立国的发展战略，这是日本产业政策的一次重大转变。

（1）观光立国战略的主要内容体现在观光立国行动计划中

对观光立国的意义给予很高的定位，将旅游业作为人与自然和谐发展的主要内容，提出在经济全球化的发展中，利用旅游业的发展加强日本与世界各国的交流，实现东道国与客源国文化、社会的相互了解。

确立日本的魅力和地方的魅力，为日本旅游业的发展创造竞争力。

向海外大力宣传日本旅游业的品牌，通过各种渠道提高宣传力度，利用一切机会扩大日本的知名度，包括各类文化交流使团的出访，建立宣传网页等。

加强日本国内的环境整治，增强观光魅力，在视觉、触觉、味觉上打造设施与自然景观的和谐一致。

为确保观光立国战略的实施，旅游主管部门——国土交通省制定明确的“战略”规划和推进方式。

（2）基本方针

扩大日本国民国内旅游和外国人访日旅游的同时，发展日本国民的海外旅游。

为实现直到未来的丰富的国民生活，推动旅游的持续发展。

实现本地居民更加热爱故土，创造充满活力的地方社会。

为确立日本在国际社会中的名誉和地位、强化日本作为和平国家的软力量作贡献。

（3）计划期内的目标——5年的计划期内实现基本目标

到2010年吸引外国游客1000万人次，将来与日本出国者人数相当。

到2010年国际会议次数增加5成，目标为亚洲最大的会议举办国。

到2010年日本人国内旅游平均每人住宿增加一夜，目标为每人每年4夜。

到2010年日本人海外旅行达到2000万人次，扩大国际相互交流。

其他目标包括“形成国际竞争力很高的旅游目的地”“培养旅游产业国际竞争力及振兴旅游的人才”“振兴国际旅游”“促进旅游的环境治理”等25个具体目标。

为实现以上目标，还有很多的具体实施方案。

每年检查政策执行情况，之后再调整目标。

3. 满足个性化需求为企业经营之道

配合日本政府旅游先行、投资跟进的旅游业扩张模式，以及用旅游作为政治推进战略的棋子，日本旅游企业的经营之道是个性化时代满足个性化需求。

以游客满意为最高经营理念——跨国跨地区连锁经营——个性化选择与精细化服务高新技术支持的信息系统和电子商务。

高度市场化、高度竞争要求日本的旅游企业必须长远、认真地考虑企业经营。

市场高度细分，要求企业要不断满足个性需求。

小型旅游企业必须经营出特色才能生存，大型旅游企业必须跟上时代步伐，做强、做大才能不落伍。

4. 建立有效的协调机制

日本的旅游业是建立在官民协办的管理体制之下的，政府、企业和各种协会组织彼此协调又相互约束，共同促进旅游业的发展。

（1）合理的旅游管理体制

①行政机构的改革出于推进观光立国战略的需要。2003 年，日本政府在原来的旅游行业主管部门——国土交通省管辖的综合政策局观光部内，新成立了国际观光推进课，以此推动日本的国际旅游业发展。在运作的过程中，发现由于级别低，很多事情难以协调运作，于是 2004 年在国土交通省下又设立大臣官房观光审议官（局长级别）的职位，而且还增设了课长级别的大臣官房参事官职位，专门协调各种对外联络调节事宜。从实际运作情况来看，效果颇佳。

②行业协会的纽带作用。日本全面改革了国际观光振兴协会。2003 年 10 月，在原来国际观光振兴协会的基础上，成立了“独立特殊行政法人国际观光振兴机构”，其经费完全由国家支付。为此还在 2003 年 10 月 1 日颁布实施了《国际观光振兴机构法》。该法赋予国际观光振兴机构相当大的权力职能，具有浓厚的政府色彩。如接待外国旅客的涉外导游员考试审核等工作就由该机构负责办理。该法规作出相应规定：所有进入振兴机构的主体都要加入统一的行业协会，无论企业是内资、外资，还是国有、私有，都由协会统一管理。协会对任何企业都一视同仁，不搞特殊化，配合市场进行整顿和治理，制定行业的自律文件，维护企业利益，营造良好的运营环境，围绕行业管理的需要进行专题调研，并适时组织管理经验交流等，提高协会的总体水平。如有旅行社违反相关规定经营业务，协会应给予及时的处理意见。协会还从旅行社行业的整体利益出发，同相关的行业进行交流和谈判。同时，法规在会员范围方面有所改革，从国际惯例角度出发，尽量把与旅游业紧密相关的若干行业诸如航空、火车、游船等代理机构纳入旅行服务商的范畴，特别是一些单纯的订房和票务代办公司，包

括利用互联网络开展这类业务的公司（大型机关和企业出于本身业务的需要自设的部门除外），他们在做业务延伸时，实际上就是在操作旅行社业务，为进一步规范市场，创造公平、公正的市场环境，有必要将其纳入行业管理的范围内进行有效管理。这种办法对单纯进行预定业务的代理公司是一个良好的机遇，可以扩大公司的业务，提高整体经营状况。

③及时修改过时的法律法规。为适应国际旅游的迅猛发展，在第 159 届国会召开期间（2004 年 1 月），通过了新的《旅行业法》，旧法当中那些不适合旅游新形势的条款或被删除，或被修改。新法律在 2005 年 4 月 1 日开始实施。新法律实行旅游业缓和限制策略，力图使整个行业得到扩张发展，从而振兴新形势下的日本旅游业。

（2）加强对内对外的旅游营销

日本政府依国家经济形势、政治目标的需要不断调整旅游业的发展方向。从二战以前到 21 世纪，都有相应的旅游口号。二战前以吸引外国人为目的的“避暑旅游”“修学旅游”，同时培养了一批青少年学生。二战后到 20 世纪 70 年代，日本经济保持两位数的增长，推出“慰安旅游”，主要对大多数日本企业营销，增强劳动积极性和员工忠诚度。随着“泡沫经济”的来临，“体育旅游”“娱乐旅游”“购物旅游”等主题成为主体，以豪华旅游、奢侈旅游为导向，刺激消费，缓解经济过热带来的副作用。“泡沫经济”瓦解，日本经济陷入低谷，旅游倍增计划和观光立国的方针使日本政府更加注重对海外的宣传。2004 年日本国际旅游营销预算总额为 35 亿日元，观光促销费用为 32 亿日元，达到预算总额的 90%以上，仅在中国的促销活动就有三次。同时，注重日本政府和民间团体紧密合作，实行官民一体旅游促销活动，政府首脑、国会议员和业界人士都会利用一切可以利用的外界宣传机会担当旅游推介员。

资料来源：魏小安，吕宁. 日本旅游发展模式对我们的启示. 中国旅游报，2008-1-25.

案例思考题

1. 日本是如何适应国际贸易形势变化的需要，调整国际旅游经济发展战略的？对制定我国旅游经济在全球化发展进程中的战略方针有何借鉴意义？

2. 制定国际旅游发展政策时需要考虑哪些因素？

3. 国际旅游经济发展中如何协调国际旅游与国内旅游之间的关系？

【复习思考题】

1. 世界贸易组织的基本架构包括哪些内容？

2. 世界服务贸易协定的基本内容包括哪些？

3. 如何认识和理解国际旅游贸易不断发展的现象？

4. 如何看待国际旅游贸易收支平衡问题？我国在国际旅游贸易收支平衡中的主要问题是什么？如何改进？

5. 怎样理解旅游企业跨国经营的条件？

6. 我国旅游企业跨国经营的必要性和可行性是什么？

7. 旅游企业跨国经营收益管理的对策是什么？

8. 结合汇率制度的变化，谈谈旅游企业跨国经营中如何进行收益的风险管理？

参考文献

1. 张辉. 旅游经济论[M]. 旅游教育出版社，2002.

2. 罗明义. 旅游经济学：分析方法•案例[M]. 南开大学出版社，2005.

3. 张辉，魏翔. 新编旅游学[M]. 南开大学出版社，2007.

4. 徐虹，康晓梅，李敏. 旅游经济学[M]. 首都经济贸易大学出版社，2008.

5. 查尔斯•R. 格德纳，布伦特•里奇著. 李天元等译. 旅游学（第 10 版）[M]. 中国人民大学出版社，2008.

6. 李瑛，郝心华. 论海滨旅游度假区季节性供求特征及应对策略——以北戴河为例[J]. 西北大学学报（哲学社会科学版），2003（2）.

7. 曾超. 南京旅游消费结构存在问题及优化策略[J]. 商场现代化，2008（3）.

8. 葛宇菁. 旅游卫星账户的概念、结构与方法[J]. 旅游调研，2006（5）.

9. 张文，安艳艳，李娜. 我国乡村旅游发展的社会与经济效益、问题及对策[J]. 北京第二外国语学院学报，2006（3）.

10. 林南枝，陶汉军主编. 旅游经济学[M]. 南开大学出版社，2000.

11. 陶汉军等编著. 旅游经济学简明教程[M]. 上海财经大学出版社，2005.

12. 全国经济专业技术资格考试用书编写委员会编写. 旅游经济专业知识与实务（中级）[M]. 中国人事出版社，2008.

13. 吴恒安主编. 实用水利经济学[M]. 水利电力出版社，1988.

14. 严澍. 重视旅游环境质量评价——浅析旅游环境质量评价的内容、方法和指标. 中国旅游报，2005-3-2.

15. 国家旅游局. 中国旅游统计年鉴，1979～2013.

16. 世界旅游组织. 旅游统计数字的收集和编纂（技术手册之二）.

17. 克里斯•库珀等著. 张俐俐，蔡利平主译. 旅游学原理与实践[M]. 高等教育出版社，2004.

18. 冯之浚. 循环经济导论[M]. 北京人民出版社，2004.

19. 明庆忠，李庆雷. 旅游循环经济学. 南开大学出版社，2007.

20. 张辉，厉新建编著. 旅游经济学原理[M]. 旅游教育出版社，2004.

21. 周宝廉，徐虹编著．国际贸易概论[M]．南开大学出版社，1998.

22. 罗明义，毛剑梅．旅游服务贸易——理论·政策·实务[M]．云南大学出版社，2007.

23. Stephen P. Robbins. Management. Englewood Cliffs, NJ: Prentice-hall, 1991。

24. 何光暐．中国旅游业50年[M]．中国旅游出版社，1999.

25. 杜江．论中国旅游产业功能与产业政策的转变[M]．旅游教育出版社，2006.

26. 高舜礼．中国旅游产业政策研究[M]．中国旅游出版社，2006.

27. 国家旅游局．中国旅游业统计公报，2005～2012.

28. "乘邮轮"跻身新加坡最受欢迎旅游项目．中国旅游报，2014-3-7.

29. 吴必虎，党宁. 中国滑雪旅游市场需求研究. 地域研究与开发，2004，23（6）.

30. 旅游热重塑消费结构．中国日报，2014-5-15.

31. 迪士尼实现收入再分配．杭州：每日商报，2009-11-9.

32. 马振涛，张欣亮．三亚派发"民生红包"值得旅游城市学习吗．中国旅游报，2014-5-10.

33. 匡林著．旅游业政府主导型发展战略研究．中国旅游出版社，2001.